新版

木造建築設計
ワークブック

実学融合教育研究会

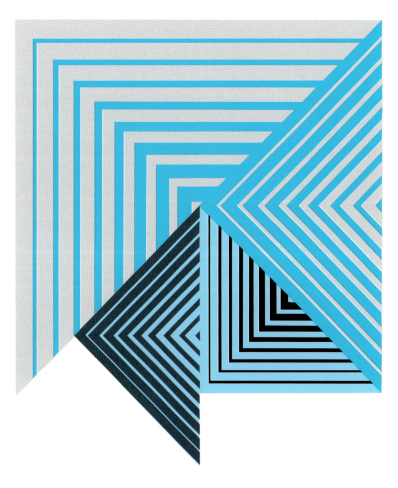

井上書院

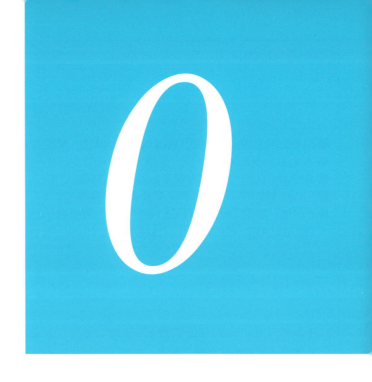

はじめに

　この本は，建築設計製図の入門書です。建物を造るために建築製図を作成するわけでありますが，まず，設計と呼ばれるプランニングやデザインを行います。次に，設計の意図を伝えるために，建築図書を作成します，これを製図と呼びます。そのためには多くの知識が必要になります。特に本書では，木造住宅の設計に限定して「建築設計」や「建築製図」を学ばれる人々を対象に大学や専門学校での教科書として，また，独学で本書を使用して学習できるようになっています。その特色としては木造住宅の新築やリフォームの計画手法や設計手法の幅広い分野を網羅しています。そのため，それぞれの項目ごとに学んでも効果があります。また，この本の最大の特色は添付されている CD-ROM を使用して映像による設計製図のトレーニングが一人で学習できることです。

　建築物を造ることはとても魅力的なことです。先人たちがその魅力に取りつかれ，特に天にも届く高さの建築物を造ってきました。聖書「創世記」11 章によると，バベルの塔は人間が塔を天まで届かせようとする傲慢さから神によって崩壊させられてしまったと言われています。私たち建築にたずさわる者にとって，ゆっくりと，一歩，一歩足場をかためながら目標にたどり着きたいものです。建築設計製図を学ぶ者も同じです，本書を使って基礎から理解し順序だてて学ばれることを願っています。

　本書の執筆者は設計，施工，教育，職業訓練など多くの分野から参加していただきました。企画から完成までのあいだ多くの時間を費やし，議論を重ねてきました。図面や文章も幾度も訂正を繰り返してきました。内容には万全を期したつもりでありますが，誤りや至らぬところがありましたらご指摘をいただければ幸いです。

　終わりに，本書をまとめるにあたり引用の許可を頂きました諸氏と関連サイトへのリンク許可を頂きました運営サイト担当諸氏の皆様にお礼申し上げます。

平成 15 年 1 月

糸井　孝雄

▼読者の皆様へ▼

● Microsft, Windows, Word, Excel は，米国マイクロソフト社の登録商標です。
● Apple, QuickTime は，米国アップルコンピュータの登録商標です。
● Acrobat は，アドビシステム社の登録商標です。
● Flash は，マイクロメディア社の登録商標です。
●その他，本書に記載されている会社名，製品名などは各社の登録商標または商標です。本文中では TM などのマークは明記していません。

ご使用上の注意

○本書及び添付ファイルに収録されたデータは，すべて著作権法によって保護されています。従って，本書の一部または全部（本書・図表・添付されているデータ等）を著作権法の定める範囲を超えて無断で複写，複製，転載することを禁じます。
○収録されたデータなどを利用したいかなる損害に対しても株式会社井上書院ならびに著者は一切の責任を負いかねます。
○添付 CD-ROM は本書を購入いただいた方が使用するためのものです。
○収録されたデータを実行するためのアプリケーションは，添付 CD-ROM には含まれておりません。別途必要なアプリケーションはユーザーの方でご用意下さい。
○添付 CD-ROM に収録されたデータを実行させるアプリケーションの使い方に関するご質問は，株式会社井上書院ならびに執筆者も承ることはしておりません。
○添付 CD-ROM に収録されたデータなどの一部には，ユーザーのマシン環境によって十分作動しない場合がありますので，あらかじめご了承下さい。
○パソコンの周辺機器操作法，各ユーザーのマシン環境の設定についてのご質問は，株式会社井上書院ならびに執筆者も承ることはしておりません。
○本書でご紹介する Web サイトについては，2017 年 10 月時点で接続を確認したものです。その後，サイトの移転あるいは閉鎖される場合がありますのでご了解下さい。
○本書でご紹介する Web サイトの内容およびそれによるいかなる損害についても株式会社井上書院ならびに著者は一切の責任を負いかねます。

本書の使い方について

　　本書は，木造住宅の建築設計について製図法から設計及び監理まで説明したものです。説明を補うために，本書では添付 CD-ROM のなかにデジタルテキストを準備しています。
　　このデジタルテキストの内容は，本書の内容と同じものですが，アニメーションで製図の作図手順や住宅空間のウォークスルー体験などをとおして学習できるように工夫されています。
　　また，学習の幅を広げていただくために関連する Web サイトの紹介をしています。

■ 添付 CD-ROM の使用について

添付 CD-ROM には，デジタルテキスト（Acrobat pdf 形式），アニメーション（QuickTime mov 形式），各種図面（dxf 形式，jww 形式），積算書（Excel xls 形式），模型作製解説書（Word doc 形式）のファイルデータで構成されています。

このファイルデータを実行するためには，次に示すアプリケーションソフトが必要です。

a）デジタルテキスト（Acrobat pdf 形式）

閲覧するには Acrobat Reader（ver.6 以上）が必要です。Acrobat Reader は，次のアドレスから無償でダウンロードすることができます。

http://get.adobe.com/jp/reader/

b）アニメーション・VR（QuickTime mov 形式）

閲覧するには QuickTime Player（無償）が必要です。QuickTime Player をダウンロードする際は次のアドレスをご利用ください。QuickTime（ver.7.6 以上）

http://Support.apple.com/ja_jp/downloads/quicktime

c）表紙および Web サイトのアニメーション

閲覧するには，Macromedia Flash Player（無償）が必要です。Macromedia Flash Player をダウンロードする際は次のアドレスをご利用ください。

http://get.adobe.com/jp/flashplayer/

d）各種図面（dxf 形式，jww 形式）

図面は，jww 形式と dxf 形式の 2 種類のデータ形式で保存されています。

各種図面をプリントアウトしたり，閲覧する場合には，次の点にご注意してください。

dxf 形式を使用する場合は，dxf 形式に対応した CAD ソフトが必要になります。ただし，DXF 形式のデータについては，使用される CAD ソフトによっては，正しく閲覧できないことがありますので，あらかじめご了承ください。

jww 形式を使用する場合には jw_cad for Windows（Ver.7.11 以上）のソフトが必要です。

e）積算書等（Excel xls 形式），模型作製解説書等（Word doc 形式）

Microsft の Excel と Word のソフトが必要になります。

■ 添付 CD-ROM の動作環境

動作環境

OS：Windows 10，8，7，Vista/cpu：1G 以上/RAM：4G 以上

動作条件：Acrobat Reader（ver.6 以上）が動作するパーソナルコンピュータ環境
動作条件：QuickTime Player が動作するパーソナルコンピュータ環境
動作条件：Macromedia Flash Player が動作するパーソナルコンピュータ環境
動作条件：JW_cad for Windows（Ver.7.11 以上）もしくは DXF データに対応した CAD ソフトが
　　　　　動作するパーソナルコンピュータ環境
動作条件：Microsft の Excel と Word2009 以上が動作するパーソナルコンピュータ環境
動作条件：インターネットに接続してあるパーソナルコンピュータ環境（推奨 ADSL 接続）

本書の使い方

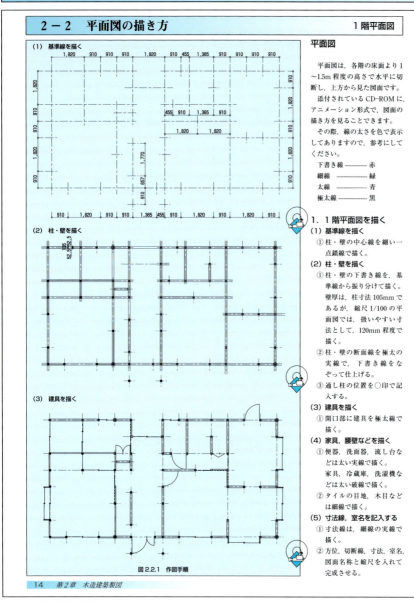

(1) 基準線を描く

(2) 柱・壁を描く

(3) 建具を描く

図 2.2.1　作図手順

14　第2章　木造建築製図

平面図

平面図は，各階の床面より1～1.5m程度の高さで水平に切断し，上方から見た図面です。

添付されている CD-ROM に，アニメーション形式で，図面の描き方を見ることできます。

その際，線の太さを色で表示してありますので，参考にしてください。

下書き線	赤
細線	緑
太線	青
極太線	黒

1. 1階平面図を描く

(1) **基準線を描く**
　① 柱・壁の中心線を細い一点鎖線で描く。

(2) **柱・壁を描く**
　① 柱・壁の下書き線を，基準線から振り分けて描く。壁厚は，柱寸法105mmであるが，縮尺1/100の平面図では，扱いやすい寸法として，120mm程度で描く。
　② 柱・壁の断面線を極太の実線で，下書き線をなぞって仕上げる。
　③ 通し柱の位置を○印で記入する。

(3) **建具を描く**
　① 開口部に建具を極太線で描く。

(4) **家具，腰壁などを描く**
　① 便器，洗面器，流し台などは太い実線で描く。家具，冷蔵庫，洗濯機などは太い破線で描く。
　② タイルの目地，木目などは細線で描く。

(5) **寸法線，室名を記入する**
　① 寸法線は，細線の実線で描く。
　② 方位，切断線，寸法，室名，図面名称と縮尺を入れて完成させる。

表 2.2.1　建具の描き方

居間：掃出し窓	
和室：片引き戸	
居間：出窓	

上の図は，1階平面図のなかにある建具を部分詳細建具や添付ファイル（建具の描き方）のアニメ

■本書の構成について

本書は，木造住宅の建築設計について製図法から設計および監理まで説明したものです。できるだけビジュアルな表現を行うため図表を豊富に配置することを心がけています。

そして，説明を補うために，添付 CD-ROM の本書デジタルテキストなかにアニメーションによる解説やバーチャル・リアリティによる体験空間などビジュアルコンテンツを多数準備しています。

また，学習の実践的発展を図るため，多数の関連 Web サイトに直接接続できるようにしました。

原則として，見開きでひとつの項目の説明が完結する構成になっています。見開きの両サイドに図または表が配置され，それについての説明文が中央に配置されています。

また，紙面のなかに CD を模したアイコンが配置されていますが，このアイコンの種類は全部で5種類あります。

このアイコンは，添付 CD-ROM のなかのデジタルテキストにデジタルコンテンツがあることを示しています。たとえば，上記に示す見開きのページにあるビデオ型 CD アイコンは動画像タイプのアニメーションで作図手順を解説するデジタルコンテツです。カメラ型 CD アイコンのデジタルコンテンツは平面図を立体視した静止画像があるということです。

これらのデジタルコンテンツを見るには，CD-ROM にあるデジタルテキストを開き，そのページのそのアイコンをマウスでクリックする必要があります。

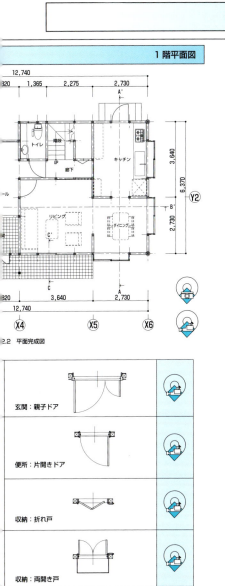

1階平面図

12,740

320 | 1,365 | 2,275 | 2,730

A'

トイレ 階段 UP

廊下 キッチン

3,640

6,370

Y2

リビング

ダイニング

2,730

B'

C'

320 | 3,640 | 2,730

12,740

C

A

X4 X5 X6

2.2 平面完成図

玄関：親子ドア

便所：片開きドア

収納：折れ戸

収納：両開き戸

示したものです。1/100で描く場合とどのように異なるか，平面図の
と比較してみてください。

第2章 木造建築製図　15

添付 CD-ROM の デジタルコンテンツ の種類を示すアイコン

関連情報サイト

その項目の関連情報サイトの内容を見ることができます。ただし，コンピュータがインターネットへ接続されている場合に限ります。

静止画像

その項目に関係する静止画を見ることができます。
内容としては，CG で作製された画像や写真画像などです。

テキスト 表・画像

その項目に関する補足的説明文や表を見ることができます。

図面

その項目に関する図面を見ることができます。

動画像 VR アニメ

その項目に関する説明を動画像で見ることできます。
VR は，比較的容量が大きいため，コンピュータのスペックによって表示状態が左右されます。
コンピュータによっては，動きや反応が鈍くなる場合がありますのでご了承ください。
アニメーションは，必要に応じて QuickTime Player のウィンドウを調節（拡大・縮小）して閲覧しやすい状態に調節してください。アニメーションはベクトルデータを使用して作成してありますので，ある程度解像度の低い画面のでも表示は可能です。

デジタルテキスト上で，アイコンにポインタを合わせるとポインタの形が「手のひら」から，指をさす形に変わります。その状態でアイコンを押すとコンテンツが開きます。

最初にビデオ型 CD アイコンを押すと右図のように Quick Time Player の起動警告ウィンドウが開きます。チェックボックスにチェックを入れて開くを押してください。

デジタルテキストの操作ボタン

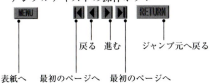

戻る　進む　ジャンプ元へ戻る

表紙へ　最初のページへ　最初のページへ

目　次

執筆者及び担当

（監修）糸井　孝雄　　職業能力開発総合大学校　名誉教授
（企画・編集）森永　智年　九州女子大学　教授

（執筆者）
岩下　陽市　　九州職業能力開発大学校　教授　　　　　　　（第1章1担当）
松尾　浩助　　大分県立工科短期大学校　教授　　　　　　　（第1章2, 3担当）
森永　智年　　　　　　　前　掲　　　　　　　　　　　　　（第2章, 3章2, 9担当）
伊藤　捷治　　インターハウス捷　代表　　　　　　　　　　（第2章, 第3章12, 第4章6）
日名子　光市　九州職業能力開発大学校　教授　　　　　　　（第3章1, 4章1, 2, 3, 5担当）
千原　雄史　　島根職業能力開発短期大学校　講師　　　　　（第3章3, 4, 5, 6, 7, 8, 10担当）
山下　良二　　大分県立工科短期大学校　教授　　　　　　　（第3章11担当）
伊藤　博子　　インテリアコディネーターオフィスそむじゅ　（第3章12担当）
松本　英一　　九州職業能力開発大学校　教授　　　　　　　（第4章4担当）
黒木　文雄　　黒木構造計画事務所　代表　　　　　　　　　（第5章担当）
篠原　章次　　福祉環境デザイン一級建築士事務所　代表　　（第6, 7章担当）
大草　正　　　「すまい」工房　代表　　　　　　　　　　　（第8章担当）
北條　雅生　　浜松職業能力開発促進センター　　　　　　　（第8章担当）
小林　博史　　飯塚職業能力開発促進センター　　　　　　　（第8章担当）

（CD-ROM担当）
松本　英一　　　　　　　前　掲　　　　　　　　　　　　　（デザイン・VR担当）
山之内　隆志　関東職業能力開発大学校　准教授　　　　　　（アニメーション担当）
森永　智年　　　　　　　前　掲　　　　　　　　　　　　　（Webサイト担当）

（企画協力）
小倉　秀治　　OSD一級建築士事務所　主宰

（イラスト）
石川　リカ子

（協力）
河野　洋一　　　前田　泰吉　　　御厨　雄一　　　工藤　文枝

1

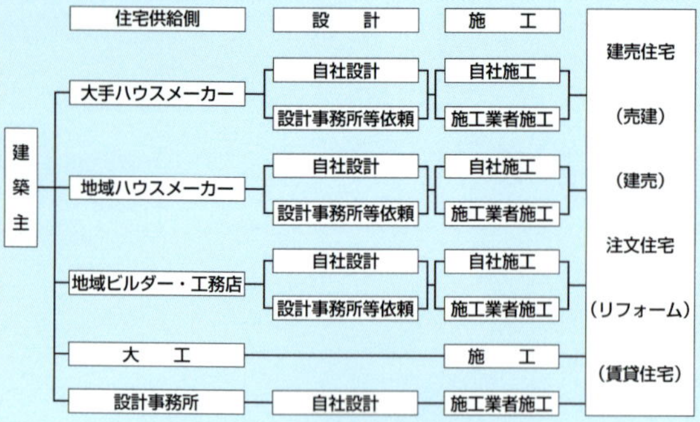

図 1.1.1　木造住宅の設計・施工

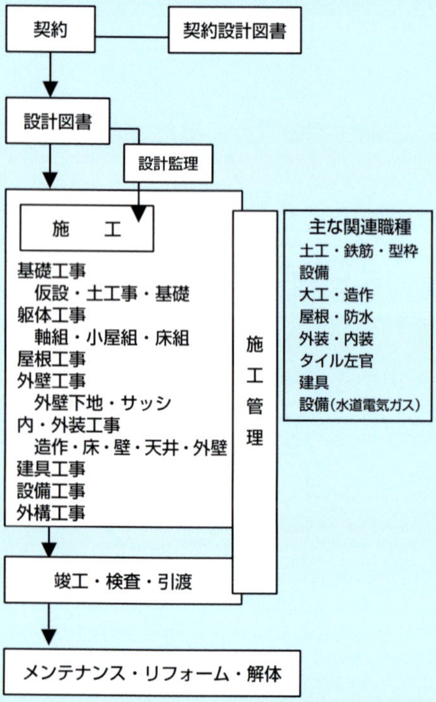

図 1.1.2　住宅生産の流れ

Web　住宅政策　　　　Web　住宅性能表示制度

Web　市場動向調査　　Web　住宅産業を取巻く動き

住宅設計の現状と今後の課題

1. 住宅設計の現状

　戸建住宅の設計はハウスメーカー，工務店，ビルダー，ディベロッパー，設計事務所等が自社設計か設計事務所等依頼設計で行われています。

　特に，最近では建築主の要求が多様化し，地場の工務店，大工の慣習的な住宅づくりでは建築主の満足が得られなくなってきています。そのため地場の工務店などでも建築主の要求に応えられる設計体制の強化が強く求められ，「設計事務所との連携」「CAD の導入」「自社住宅商品の標準プラン整備」等の対応を迫られる時代になってきました。

　建売住宅が多いなか，新しいタイプの設計形態も生まれてきています。たとえば，建築主がインターネット上で設計者の紹介を受ける場合や設計事務所等が建築主の依頼を受けてインターネット上でのコンペ（設計競技）を行って，設計者を決める場合などもあります。

　また，建築家への依頼でデザイナーズハウス（マンション）といったインテリアや空間のデザインを重視した設計が増加する傾向にあります。

2. 住宅生産の流れ

　住宅は多種多様な材料から成り立ち，それぞれの材料が独立した商品で，それを施工するいろいろな職種の職人が各工事ごとに仕事を連携して住宅をつくります。

　その流れをみると，まず，契約段階の図面関係は「契約図面」が必要になります。それは役所に提出する確認申請用の図面（配置図，平面図，立面図，矩計図等）ではなく，平面詳細図，展開図，建具表，構造図（各種伏図・軸組・矩計），設備図，仕様書，見積書，工程表です。契約を行う前に，建築主と工務店等は確実に契約図面の読合せをする必要があります。

　基礎工事では，基礎をつくるための根切りを行い，基礎配筋・アンカーボルトを確認した上でコンクリート打ちを行います。

　躯体工事では軸組（柱と梁）を組んで建入れを行います。また，土台・柱・梁等の各部に補強金物が正確に使用されているか確認します。

　軸組の次には小屋組，床組を行います。その後，屋根工事で瓦を葺きます。

　外壁工事では外壁下地をつくり，サッシを取り付けていきます。外壁にサイディング等の仕上工事を行います。

　並行して内装工事では，造作で開口部枠・断熱材・幅木・回り縁・胴縁・階段を取り付け，その後に床，内壁，天井の仕上材を取り付けます。

　その後，建具・設備機器の取付け，住宅内外部の清掃を行って，竣工・検査・引渡しとなります。

3. 今後の住宅設計方法

(1) これからの住宅設計に求められるテーマ

① 住宅のライフサイクル（設計 − 建設 − メンテ・リフォーム − 解体）のなかで廃棄物を抑制する考え方の設計方法

② 住宅のライフサイクルのなかでCO_2の発生を最大限抑制する考え方の設計方法

③ その住宅での生活におけるCO_2の発生を最大限抑制し，住宅内の消費エネルギー負荷を抑える考え方の設計方法

④ 時代性・社会性を取り入れた設計方法

⑤ 今までに築かれてきた設計方法

⑥ 住宅性能表示制度による設計・施工の建築主への新しい保証システム

これから住宅設計を行う場合，特に④⑤⑥に①〜③を付加することが重要になってくるといえます。

(2) 今後の設計要素

① **通風，採光**：住宅計画では基本的な重要事項でありながら，必ずしも設計では活かしきれていません。住宅内の消費エネルギーに大きく影響を与えます。風の流れる道をつくり，温熱をコントロールすることが大切です。

② **自然建材**：シックハウス症候群に代表されるように，石油化学系の建材，塗料，接着剤の使用で住み手の健康を蝕んでいます。これからは「人に優しい，地球環境に負荷をかけない」自然系建材の活用が大切になります。

③ **断熱**：断熱の有無は住宅内エネルギー消費のなかで，通風排熱とともにエネルギー消費量に大きく関係しています。その手法も，これまでの内断熱（充填断熱）からエアサイクル，外断熱へ移りつつあります。

③ **大断面部材**：柱・梁断面を大きく採り，耐久性・耐震性を向上させることは住宅の寿命を延ばすことになります。また，再利用可能な部材使用することで建替えによる地球環境負荷を抑えるなど循環型社会に対応できる考え方を設計に導入することが大切です。

④ **メンテナンス性**：各部位・部材のメンテナンスをやりやすくし，住宅の長寿化を図る必要があります。

⑤ **デザイン・機能・安全性：少子化・高齢社会**：多様化する生活スタイル，家族形態など住宅を取り巻く状況は，夫婦子供2人の標準家族という考え方では，おさまりきれない状況が生じてきています。

従来の設計手法は，住宅が出来上がるまでのコストを抑えるという考え方に支配されていました。

住宅内での快適性を電気エネルギー等を消費する設備機器に頼り過ぎた考え方で，自然エネルギーの恵みを忘れています。

それは，生産者側の施工性を優先したつくり方で住み手の健康を害したり，安全を守りきれていなかったり，維持費・メンテナンス・リフォーム等に多大な出費を強いているようでもあります。

これらに対応するためには，新しい要素を複合的に付加し，ミクロ的な住宅生産のための設計ではなく，地球環境も視野に入れたマクロ的な住宅生産の設計方法が必要といえます。

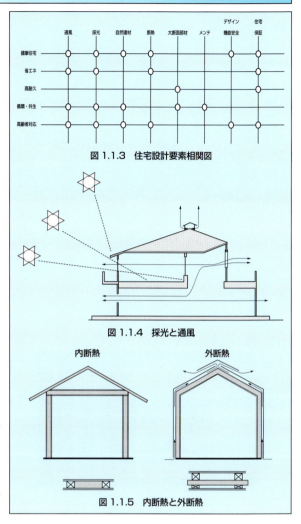

図 1.1.3　住宅設計要素相関図

図 1.1.4　採光と通風

図 1.1.5　内断熱と外断熱

表 1.1.1　住宅性能表示の区分概要

区　分	内容概要	評価方法
1. 構造の安定	地震や風等対する建物全体の強さ（倒壊，損傷のしにくさ）	壁量，壁の配置，床倍率，接合部，横架材，耐積雪のチェック，基礎，地盤
2. 火災時の安全	火災の発生時の火災感知，建物の燃えにくさ	感知警報装置，避難，延焼のおそれのある部分の開口部・外壁・軒裏の耐火時間等
3. 劣化の軽減	建物の劣化を軽減するための対策	防腐，防蟻，床下防湿，防水措置，小屋裏の換気等の基準
4. 維持管理への配慮	排水管・給水管・給湯管・ガス管の日常的点検・清掃・補修のしやすさ	配管方法，地中埋設管，排水管，排水管の清掃，配管点検口の設置基準
5. 温熱環境	断熱化による省エネルギーの程度	断熱構造の部位，躯体の断熱性能，開口部の断熱性能基準
6. 空気環境	内装材のホルムアルデヒド対策や住宅全体・各部の換気措置等	居室の内装材の仕様，気密性に応じた換気措置，局所換気，室内空気中の化学物質濃度等
7. 光・視環境	日照や採光を得る開口部面積の多さ	居室の単純開口率，方位別開口比
8. 音環境	居室のサッシおよびドアの遮音性能	JISの遮音等級（希望選択項目）
9. 高齢者等への配慮	加齢に伴う身体機能低下に配慮したバリアフリーの程度	部屋の配置，段差の解消，階段の安全性，手すりの設置，通路，出入口の幅員等

高齢者住宅

1．高齢化社会の住宅

　諸外国に比べ，わが国では急速に高齢化が進んでいます。1970年に7％であった高齢化率（65歳以上の高齢者の比率）が2020年には25％を超えることが予想されています。「4人に1人が高齢者」の社会になります。それに伴って，雇用や年金，医療・福祉，居住環境など生活のあらゆる分野での問題が顕在化しています。また，日本人の平均寿命は，男性が81歳，女性が87歳になっています。「人生わずか50年」と言われた時代からすると，30年も長生きします。定年退職の年齢が60歳だとすると，約20年間，自宅で過ごすことになり，在宅での生活時間が以前に比べ大幅に長くなってきています。

　住宅は，高齢者にとって，老後の長い時間を過ごすところになります。個人生活の上でも，地域社会での生活継続のためにも，最も重要な問題といえます。

2．高齢者対応住宅の必要性

（1）高齢化に伴う身体的変化とライフスタイルの変化

　高齢化すると一般に，その身体機能は低下してきます。体力・敏捷性，五感などの衰えが生じ始めます。特に問題になるのが，歩行および動作能力と視力です。歩幅が狭まり，体のバランス感覚が衰えます。視力・視野の低下，明暗に対しての視神経の反応速度の低下などの身体的変化が生じてきます。それに伴って，家庭内での事故の発生も増加します。また，車椅子の活用や寝たきりも増えてきます。このように，高齢化が進むと，身体機能低下や疾病により介護が必要なケースが増えてきます。

　また，核家族化や少子化によって，世帯人員の減少が急速に進み，老夫婦だけの世帯，単身高齢者の世帯も多くなっています。そのことは，これまでのように高齢者の生活維持を家庭内の介護能力に頼れなくなってきたことを意味し，同居世帯では高齢者が高齢者を介護することになります。

（2）これまでの住宅の問題点

　従来型の住宅は，段差があったり，廊下幅や部屋の面積が狭い，部屋の仕上げがベッドでの生活になじまないなど，高齢者が住宅内で生活する上での問題が指摘されています。住宅内にはいろいろなところに段差があります。たとえば，玄関のポーチ，玄関の上がり框，ドアの戸当たり，廊下と和室の境目の敷居，浴室のドアなど，住宅内の段差は身体機能の衰えた高齢者にとっては，大きな障壁（バリア）のひとつとなります。

　また，狭小な廊下幅や部屋面積は，そこに住む高齢者の移動動作，介護者の介護動作を困難にします。立上りの容易さなどから生活動作の自立に有効として，高齢者に利用されるベッドの生活には不十分です。さらに，夏向きにつくられた従来型の住宅は，室内外の温度差に左右され，健康上問題にもなります。つまり，高齢者からみると従来型の住宅は必ずしも快適で安全な住宅とはいえません。そこで，新しい高齢者に対応した住宅が求められています。

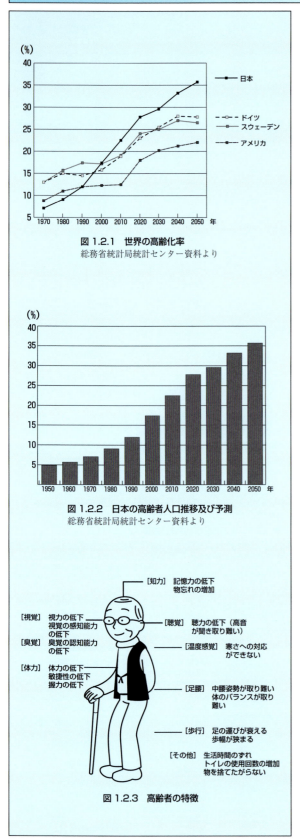

図1.2.1　世界の高齢化率
総務省統計局統計センター資料より

図1.2.2　日本の高齢者人口推移及び予測
総務省統計局統計センター資料より

図1.2.3　高齢者の特徴

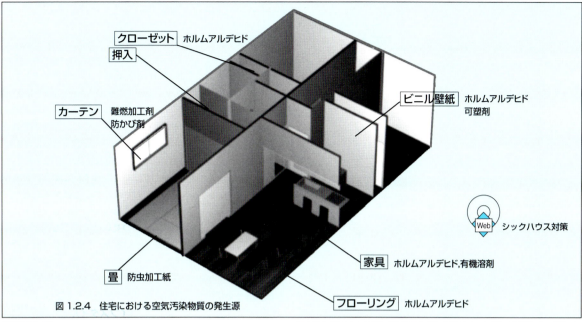

図 1.2.4　住宅における空気汚染物質の発生源

健康住宅

1. シックハウス症候群

　近年，新築した住まい，マンションに入居した人々が，頭痛や吐き気，原因不明の症状やアレルギーに悩まされるといった事態が生じ，問題となりました。これは室内に存在する有害物質が空気を汚染し，私たちの体をむしばんでいることに起因していることがわかってきました。現在では「シックハウス症候群」とよばれ，社会的な関心をよんでいます。

　シックハウス症候群にはアレルギー疾患と化学物質過敏症そして中毒があります。

(1) アレルギー

　体内に接種されたダニや化学物質，天然の有機物などに対し，体内の抵抗が過敏になり起こるものです。人体の免疫系のバランスを崩し，障害を引き起こします。原因となる物質はアレルゲンとよばれています。

(2) 化学物質過敏症

　人体が大量の化学物質にさらされることによって，体内の化学物質の量が許容量以上になると代謝することができなくなり，微量の化学物質に対しても過敏に反応するようになります。主に神経系の障害を引き起こし，人体に異常を感じさせるようになります。

(3) 中毒

　ある一定量以上の有害物質を被爆することにより，誰もが引き起こされる症状をいいます。

2. 室内の空気汚染

　住まいの空気を汚染する源にはいくつかの種類があります。
　図1.2.4に住宅の居室内における汚染の発生源を示しています。

□健康住宅研究会の優先取組み物質

　1996年，当時の建設省が厚生省，通産省，林野庁，学識経験者，関連業界各団体に呼びかけて発足した「健康住宅研究会」（1996年7月）では優先的に配慮すべき物質として，次の6つをあげています。
＊（ ）内は厚生労働省の室内濃度指針値を示しています。

①ホルムアルデヒド（室内濃度指針値 0.08ppm）
　合板やパーティクルボードに使用されている接着剤の原料として使用されます。濃度が高くなると目や喉に刺激を感じるようになり，発ガン性の可能性も指摘されています。

②トルエン（室内濃度指針値 0.07ppm）
　施工用の接着剤や塗料の溶剤等に利用され，濃度が高くなると疲労，嘔吐，運動不随等の症状が表れます。

③キシレン（室内濃度指針値 0.20ppm）
　施工用の接着剤や塗料の溶剤等に用いられ，濃度が高くなると目，鼻などが刺激され，疲労感，めまい，のぼせなどの症状が表れます。

④可塑剤
　ビニルクロスや合成樹脂系のフローリング等プラスチックの材料に柔軟性を与えたり，加工をしやすくするために使われ，最も多く用いられているフタル酸ジオクチル（DOP）などは目，気道の刺激を引き起こします。

⑤木材保存剤
　木材の防腐，防蟻，防虫，防かびを目的としたもので，倦怠感，頭痛，めまい，嘔吐等の症状を引き起こします。

⑥防蟻剤
　シロアリによる被害を防ぐため木部や土壌処理に用いられ，頭痛，鼻炎等の中毒症状を引き起こします。

対策
　シックハウス症状を防ぐ対策としては，段階によりいろいろな方法が考えられますが，基本的には以下のように集約されるといえます。
①建材・壁装材について適切な材料を選定すること。
②適切な施工を行うこと。
③通風・換気に配慮すること。

エコロジーとリサイクル

1. エコロジーとリサイクル

　私たちはこれまで科学技術の進歩に支えられ，大量のエネルギーや資源の消費と廃棄物の排出を前提とした社会構造，ライフスタイルを構築してきました。その結果，地球温暖化という現象に代表されるようなさまざまな地球的規模での問題が顕在化するようになり，これらは地球環境問題として取りざたされるようになりました。かつてのエネルギー危機問題は，今日では地球環境問題と捉えられるようになりました。

　こうした状況からの脱却を目差し，注目されるようになったのが，エコロジーの考え方です。エコロジーとは，生物とその環境との関係を問う生態学とよばれるものであり，「共生」の思想に裏付けられたものです。一方，エコロジーの持つ「持続可能性」という側面からは廃棄物の減量，再利用を目指すリサイクル（再生利用）が浮かび上がってきました。いずれも「環境負荷の軽減」を図るものであり，建築の分野においてもこれらを主眼とした動きが見られるようになりました。

2. 環境共生住宅とは

　建設省は環境問題に対処するために 1991 年に環境共生住宅研究会を発足させ，「環境共生住宅」という考え方を提唱しています。環境共生住宅は次の 3 つの基本要件を備えたものです。

（1）地球環境の保全（ロー・インパクト）

　住宅の生産・建設・廃棄に関わるそれぞれの過程で，省資源・省エネルギーを図り，自然・未利用エネルギーを活用するなど，地球環境の保全について適切な配慮が必要です。

（2）周辺環境との親和性（ハイ・コンタクト）

　住宅の計画，構・工法，維持管理，住まい方などの面で，周辺の自然環境や地域社会等との親和を念頭に置いた適切な配慮が必要です。

（3）居住環境の健康・快適性（ヘルス＆アメニティ）

　住宅の内部・外部における居住環境の健康性および快適性の実現について，計画，維持管理，住まい方のそれぞれの面で適切な配慮が必要です。

　要約すれば，省エネルギーやリサイクルの推進，周辺環境・地域社会との調和，健康で快適な室内環境の創出を図ることを目指しています。これは，単に室内空間だけに留まらず，家から町，そして地球全体までも視野に入れたものとなっています。

図 1.3.1　環境共生住宅の概念

図 1.3.2　太陽光発電システム

図 1.3.3　太陽熱温水器

 ソーラーシステム　　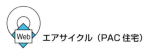 エアサイクル（PAC 住宅）

 OM ソーラー

ソーラーハウス

1. ソーラーハウスとは

　ソーラーハウスとは，太陽エネルギーを利用した住宅で，先にあげた環境共生住宅の基本要件のなかの特に「自然のエネルギーを利用した暮らしの快適さ」を目指した住宅として位置付けられるものです。

　ソーラーハウスは大別してアクティブソーラーハウスとパッシブソーラーハウスがあります。

　ソーラーハウスを有効に機能させるためには，断熱性を高め，同時に気密性を高める必要があります。また，気密性を高めた場合，換気を計画的に行う必要があります。

2. アクティブソーラーシステム

　アクティブソーラーシステムは機械設備を用いて，自然エネルギーを利用する方法で，太陽熱温水器や太陽光発電等があります。

(1) 太陽光発電

　太陽光発電はまず屋根面に設置した太陽電池で直流の電気をつくり，接続箱で一本にまとめ，パワーコンディショナーに送ります。パワーコンディショナーで直流の電気を交流の電気に変換し，分電盤へと送ります。分電盤からは商用電力と合わさり，家庭内電気製品に供給されます。発電力が不足のときは，商用電力が供給され，多い場合には電力会社に売ることができます。

(2) 太陽熱温水器

　太陽熱温水器は，自然循環型と強制循環型があります。自然循環方式は屋根の上に集熱板（コレクター）とお湯のタンクが一体となって設置されています。日中は自然対流循環によってお湯をつくり，使用した分だけ水が自動的に供給されるようになっています。強制循環方式は，集熱部と貯湯槽を分離し，不凍液をポンプで循環しながら，熱交換によって貯蓄槽内の水を昇温していくものです。

3. パッシブソーラーシステム

　パッシブソーラーシステムは大規模な機械設備によらず，さまざまな建築的な工夫によって快適な居住環境を得るものです。

　太陽エネルギーのうち，太陽熱や風を利用し，床や壁等に設けている蓄熱部位に蓄熱・蓄冷して暖冷房を行います。

　パッシブソーラーシステムは，基本的に集熱，蓄熱，断熱・気密を備えたものです。

(1) ダイレクトゲイン

　直接熱取得方式というものです。南面に比較的大きな開口部を開け，取り入れた日射を熱容量の大きい材料でつくった蓄熱床や蓄熱壁に蓄え，夜間に放熱します。夏場は日射を遮断するようにし，夜間換気などで，蓄熱部位を冷やし，蓄冷の効果を得るようにします。

(2) OMソーラーハウス

　OMソーラーハウスは，暖房が必要な時期は，屋根面で集熱した空気（外気）を棟ダクトに集め，これを床下に送り，蓄熱

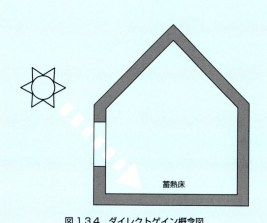

図 1.3.4　ダイレクトゲイン概念図

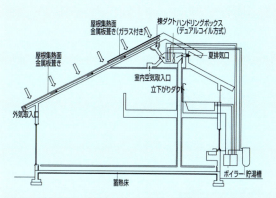

図 1.3.5　OMソーラーシステムの構成　夏：昼間

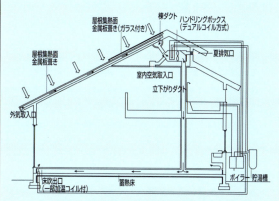

図 1.3.6　OMソーラーシステムの構成　冬：昼間

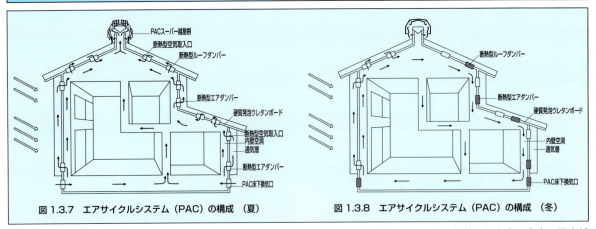

図 1.3.7　エアサイクルシステム（PAC）の構成　（夏）　　　図 1.3.8　エアサイクルシステム（PAC）の構成　（冬）

コンクリートに蓄熱させながら，床に設置した吹出し口から暖気を室内に供給します。夏場は日中，棟ダクトの暖気をそのまま排出し，夜間は屋根面で放射冷却された空気（外気）を床下に送り，床の吹出し口から，涼風を室内に供給するものです。

① 夏のシステム

夏は棟ダクトに集められた熱気は給湯に利用された後，屋外へ排気されます。

夜は比較的温度の下がった外気を軒先の外気取入れ口より導入し，棟ダクト，立下りダクトを介して，床面からの放射と吹出し口からの涼風で温度を低下させます。

② 冬のシステム

冬は屋根面で集熱され，熱せられた空気（外気）は棟ダクトを通って床下の蓄熱コンクリートに蓄熱され，余った熱は，床に設けられた吹出し口から，室内へと流れ出ます。夕方からの室温の低下とともに床面からの熱放射で床暖房を行い，温度の低下を抑えます。

(3) エアサイクル住宅（PAC 住宅の場合）

エアサイクル住宅は，断熱材を木造軸部の外側に張り，外気の入らない集熱（コレクター）層をつくり，軸部の内壁空洞と通じさせ，昇温による上昇気流やそれに伴う床下の空気の引上げにより家全体に集熱した空気を循環させ，暖房を図るシステムです。夏場は床下と小屋裏の換気口を開放し，取り入れた空気を床下で冷やした後，通気層および内壁空洞内を循環させ，小屋裏で放出します。

① 夏のシステム

夏は床下換気口と小屋換気口を開けて，排熱および夜間冷気導入を図ります。室内の熱気は天井や内壁空洞を通じて重力換気により，換気用に設けられた越屋根を通じて排熱されます。夜間は外気を床下換気口より導入し，土間コンクリートに蓄冷熱させ，翌朝の室温の上昇の低減に利用されます。

② 冬のシステム

冬は床下換気口と小屋換気口を閉じて，外気が侵入しないようにします。屋根，壁の通気層および開口部，内壁空洞により，太陽熱を集めます。暖められた空気は内壁空洞を通じて循環されるとともに，土間コンクリート，

下地材の石膏ボードなどに蓄熱されます。室内の温度低下に伴い，蓄熱された床面，壁面，天井面から室内に熱放射されます。

〔参考文献等〕

健康住宅のところ

1) 健康な住まいを手に入れる本／小若順一・高橋元編著／コモンズ

2) 健康な住まいづくりハンドブック／高橋元編著／建築資料出版社

3) シックハウス事典／(社)日本建築学会編／技報堂出版

4) 環境と共生する建築　25 のキーワード／大西正宜編著／学芸出版社

5) confort 2 月増刊　素材・建材ハンドブック／建築資料研究所

6) 建築技術 1998 NO.585「高断熱高気密からエコハウスへ」1　健康建材と空気汚染／池田耕一

7) 建築知識 1996.1「安全な材料と設備を使う」／エクスナレッジ

8) 「室内化学汚染」／田辺新一／講談社現代新書

9) 建築雑誌 2002　VOL.117　NO.1491　「特集 シックハウスから健康住宅へ」／(社)日本建築学会

エコロジーとリサイクルのところ

10) エコ・ハウジングの勧め／小玉祐一郎編著／丸善

11) 環境共生住宅 A−Z／環境共生住宅推進協議会編／ビオシティ

12) 建築技術 1998 NO.585「高断熱高気密からエコハウスへ」環境共生住宅の概念とその背景／岩村和夫

アクティブソーラーシステムのところ

13) (社)ソーラーシステム振興協会 HP　http://www.ssda.or.jp/

パッシブソーラーシステムのところ

14) 高断熱・高気密住宅の実践マニュアル／建築技術　1997.2.26

15) OM ソーラー協会 HP　http://www.omsolar.co.jp/

16) エアサイクル産業 HP　http://www.passive.co.jp/

掲載されている図面は表示されている縮尺とは異なります。

図 2.1.1　モデルプラン A の建築パース

表 2.1.1　モデルプラン A の建築概要

建築概要	モデルプラン A
建 設 地	地方都市圏の郊外周辺団地
工　　　法	在来木造 2 階建て
建築面積 1 階床面積 2 階床面積 延べ床面積	82.81m² (25.05 坪) 81.15m² (24.55 坪) 57.96m² (17.53 坪) 139.11m² (42.08 坪)
仕　　　様	・外　　部：日本瓦 4.5 寸葺 　　　　　　外壁はサイディング張り・外 　　　　　　部回り 　　　　　　建具カラーアルミサッシ ・内　　部：洋室（床はフローリング張り， 　　　　　　天井はビニールクロス貼り， 　　　　　　室内建具は木製） 　　　　　　和室（床は畳敷き，壁はビニー 　　　　　　ルクロス貼り，天井は杉柾敷 　　　　　　目地張り，床の間回り造作） ・付帯設備：ステンレスシステムキッチン， 　　　　　　システムバス，洗面キャビ 　　　　　　ネット，造付り玄関収納

課題住宅について

　本書では，2 つのタイプの木造住宅を基に説明しています。

　この章と構造設計について伏図の描き方を説明している第 5 章および設備設計について各設備図面の描き方について説明している第 6 章では，A タイプの住宅図面を使用しています。

　また，第 3 章の企画設計と第 4 章の設計のポイントでは，実際に設計実務で計画された住宅図面に変更を加えた B タイプの住宅を基に説明を加えています。

　どちらのタイプの住宅についても添付されている CD-ROM に図面の CAD データが入っていますので，作図のときにプリントアウトして使用してください。

　A タイプの住宅の概要については，その外観と内部空間を CG アニメーションで疑似体験することができます。また，作図の描き方については，段階別に描く手順をアニメーションでみることができます。添付されている CD-ROM を参照してください。

製図概要

1.　木造住宅設計で作成される設計図書の種類

　木造住宅の実施設計で作成される図面の種類とその縮尺を表 2.1.2 に一覧表で示します。なお，規模等によっては，一部図面が省略されたり，付加される場合があります。

表 2.1.2 木造住宅設計図面の種類と構成

区分	構成順番	図面（図書）の種類	縮尺	本書との関係	区分	構成順番	図面（図書）の種類	縮尺	本書との関係
仕様書	1	工事概要			意匠図	15	天井伏図	1/50	2-8
	2	一般共通仕様書				16	建具表	1/50	2-9
	3	特記仕様書				17	部分詳細図	1/5, 1/10	2-5
意匠図	4	案内図			構造図	18	基礎伏図	1/50, 1/100	5-1
	5	面積表				19	1 階床伏図	1/50, 1/100	5-4
	6	建築概要				20	2 階床伏図	1/50, 1/100	5-5
	7	配置図	1/100	2-1		21	小屋伏図	1/50, 1/100	5-6
	8	仕上表		2-10		22	軸組図	1/50, 1/100	5-2
	9	平面図（各階）	1/100	2-2	設備図	23	電気設備特記仕様書		
	10	立面図（各面）	1/50, 1/100	2-4		24	電気設備図	1/50, 1/100	6-3
	11	断面図（各面）	1/50, 1/100	2-3		25	給排水衛生設備特記仕様書		
	12	矩計図	1/20, 1/30	2-6		26	給排水衛生設備図	1/50, 1/100	6-8
	13	平面詳細図（各階）	1/30, 1/50	2-5		27	空調設備特記仕様書		
	14	展開図	1/50	2-7		28	空調換気設備図	1/50, 1/100	

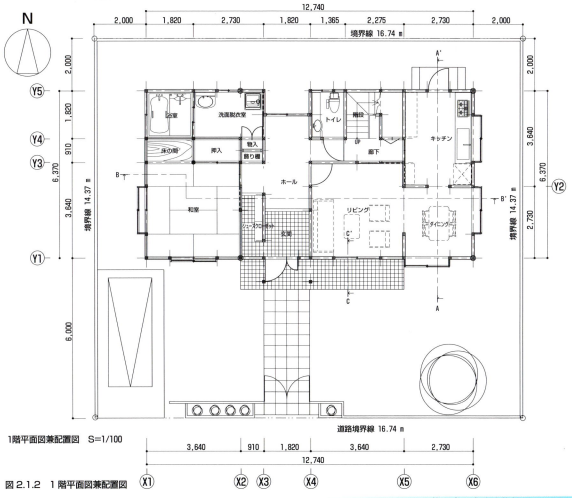

1階平面図兼配置図　S＝1/100

図 2.1.2　1 階平面図兼配置図

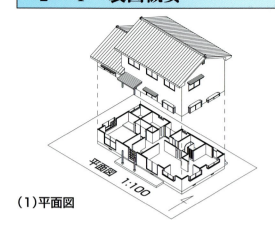

(1)平面図

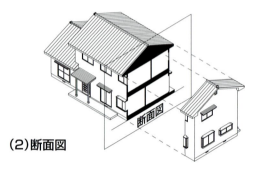

(2)断面図

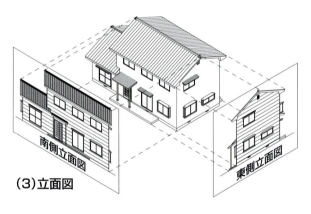

(3)立面図

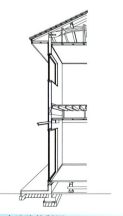

(4)矩形図

2. 各種図面の説明

(1) 平面図

平面図は，各階の床面より 1〜1.5m 程度の高さで水平に切断し，上方から見た図面です。

(2) 断面図

断面図は建物を垂直に切断したもので，建物の内部および外部の高さと周辺切断部分との関係を表現するものです。

(3) 立面図

立面図は建物外観を姿図として表した図面です。

(4) 矩計図

矩計図は，建物の主要な部屋の開口部を含む部分を垂直に切断した図面です。作図範囲は柱中心線から内外に 1m 程度の部分を描きます。

(5) 展開図

展開図は建物内部の部屋ごとの姿図です。壁の形状や仕上げの状態を表すため図面です。

(6) 天井伏図

天井伏図は建物の各階ごとに，各室の天井の形状・仕上げなどの状態を示す図面です。

天井伏図は天井を見上げた表現ではなく，床に鏡を置いて映った状態を描きます。

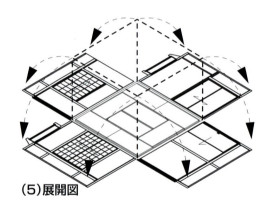

(5)展開図

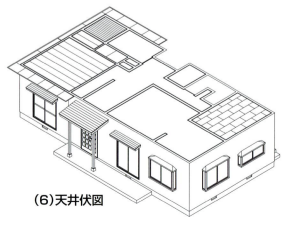

(6)天井伏図

3. 線の太さと種類

　断面の外形線は，通常見える部分の外形線よりも太い線で描きます。製図通則では，下に示す3種類の線を用います。

　細線 —— 相対的太さ：1（基準線，寸法線，化粧仕上線）
　太線 —— 相対的太さ：2（外形線）
　極太線 — 相対的太さ：4（断面線）

　線の種類は用途に応じて，線の太さと組み合わせて使い分けられます（表2.1.3参照）。

4. 文字

　文字，数字を図面に書く場合，上下に薄い補助線を引いて文字の高さを揃えます（図2.1.4参照）。

　一般に文字の大きさは，
　図面名称 —— 4mm 程度
　室名・寸法 — 2.5～3mm 程度

5. 寸法表示

　寸法は寸法線に沿って，下または右から読めるように横書きで示します（図2.1.2参照）。

6. 組立基準線

　木造では，壁の中心線を基準線として，図面上で左下隅に位置する壁を始点にX方向，Y方向へ符号を割り付けます。また，高さ方向については地盤面を始点として各階の床面ごとにへ符号を割り付けます。ただし，木造の場合は高さ方向へ符号を付けない場合が多いようです（図2.1.4参照）。

表2.1.3　線の太さと種類

線の種類			用途による名称
実線	極太線	——	断面線
	太線	——	外形線
	細線	——	寸法線，引出線，仕上線
細線または太線の破線		- - - - -	かくれ線（実際は見えない線）
細線の一点鎖線		—— · ——	基準線，中心線，切断線
細線の二点鎖線		—— ·· ——	想像線（動くものの位置を表す線）
波線またはジグザグ線		∿∿∿	破断線（省略する部分を示す線）

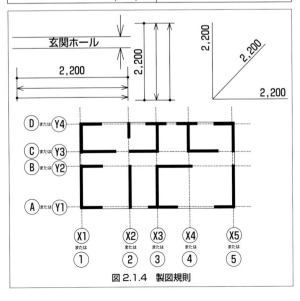

図2.1.4　製図規則

表2.1.4　平面記号と材料構造表示記号

平面記号			
出入口一般	⊐ ｜ ⊏	片開き窓	
両開きとびら		シャッター	
引違い窓		引き違い戸	
はめ殺し窓 回転窓 すべりだし窓 突き出し窓 上げ下げ窓 （上記以外の場合も開閉方法を記入する。）			

材料構造表示記号			
縮尺程度別による区分／表示事項	縮尺1:100または1:200の場合	縮尺1:20 または1:50の場合（1/100または1/200程度でも用いてもよい）	現寸および縮尺1:5程度の場合（1/20,1/50,1/100または1/200程度でも用いてもよい）
壁一般			
コンクリートおよび鉄筋コンクリート			
軽量壁一般			
普通ブロック 軽量ブロック			実形を描いて仕上げ名を記入する。
鉄骨	I		
木材および木造壁	真壁 管柱,片ふた柱,通し柱 真壁 管柱,片ふた柱,通し柱 大壁 管柱,間柱,通し柱 柱を区別しない場合	化粧材 構造材 構造補助材	化粧材（年輪または木目を記入） 構造材 構造補助材 合板
地盤			
割栗			
砂利，砂		材料名を記入する	材料名を記入する
石材または凝石		材料名及び仕上げの種類を記入する	
左官仕上			
畳			
保温吸音材		材料名を記入する	材料名を記入する
網			メタルラスの場合 ワイヤラスの場合 リブラスの場合
		材料名を記入する	
板ガラス			
タイルまたはテラコッタ		材料名を記入する	
その他の材料		輪郭を描いて材料名を記入する	輪郭または実形を描いて材料名を記入する

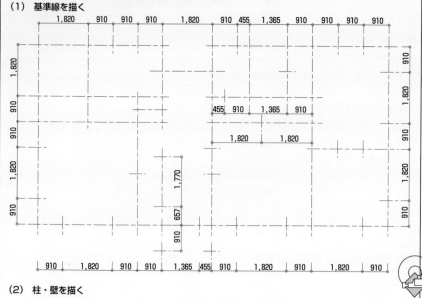

(1)　基準線を描く

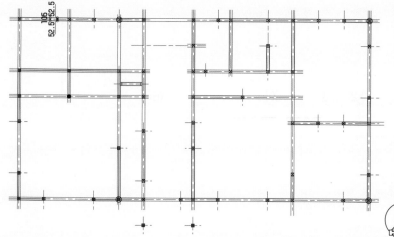

(2)　柱・壁を描く

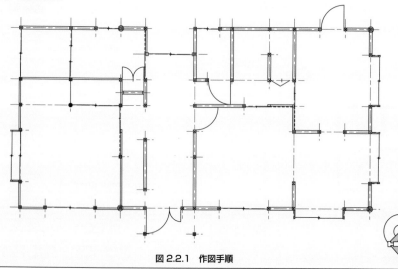

(3)　建具を描く

図 2.2.1　作図手順

平面図

　平面図は，各階の床面より1～1.5m 程度の高さで水平に切断し，上方から見た図面です。

　添付されている CD-ROM に，アニメーション形式で，図面の描き方を見ることできます。

　その際，線の太さを色で表示してありますので，参考にしてください。

下書き線 ------------ 赤
細線 ---------------- 緑
太線 ---------------- 青
極太線 -------------- 黒

1. 1 階平面図を描く

(1) 基準線を描く
① 柱・壁の中心線を細い一点鎖線で描く。

(2) 柱・壁を描く
① 柱・壁の下書き線を，基準線から振り分けて描く。壁厚は，柱寸法105mm であるが，縮尺 1/100 の平面図では，扱いやすい寸法として，120mm 程度で描く。
② 柱・壁の断面線を極太の実線で，下書き線をなぞって仕上げる。
③ 通し柱の位置を○印で記入する。

(3) 建具を描く
① 開口部に建具を極太線で描く。

(4) 家具，腰壁などを描く
① 便器，洗面器，流し台などは太い実線で描く。家具，冷蔵庫，洗濯機などは太い破線で描く。
② タイルの目地，木目などは細線で描く。

(5) 寸法線，室名を記入する
① 寸法線は，細線の実線で描く。
② 方位，切断線，寸法，室名，図面名称と縮尺を入れて完成させる。

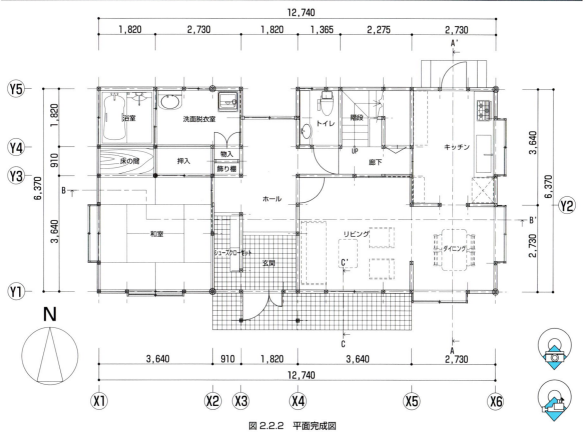

図 2.2.2　平面完成図

表 2.2.1　建具の描き方

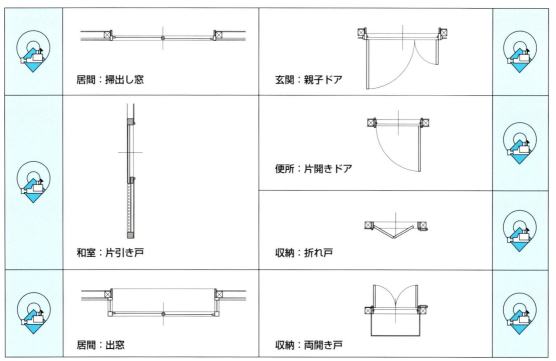

上の図は，1階平面図のなかにある建具を部分詳細図で示したものです。1/100で描く場合とどのように異なるか，平面図の建具や添付ファイル（建具の描き方）のアニメーションと比較してみてください。

(1)　基準線を描く

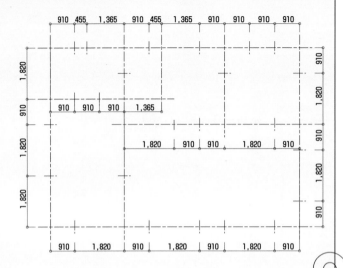

(2)　柱・壁を描く

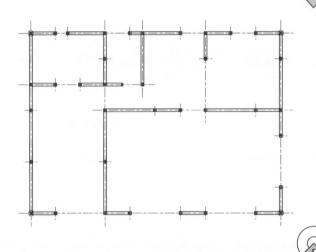

(3)　建具を描く

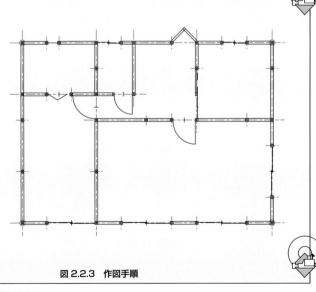

図 2.2.3　作図手順

2.　2 階平面図を描く

(1)　基準線を描く
① 柱・壁の中心線を細い一点鎖線で描く。

(2)　柱・壁を描く
① 柱・壁の下書き線を基準線から振り分けて描く。壁厚は，柱寸法 105mm であるが，縮尺 1/100 の平面図では，扱いやすい寸法として，120mm 程度で描く。

② 柱・壁の断面線を極太の実線で，下書き線をなぞって仕上げる。

③ 通し柱の位置を○印で記入する。

(3)　建具を描く
① 開口部に建具を極太線で描く。

(4)　家具，腰壁などを描く
① 便器，洗面器などは太い実線で描く。

② 家具などは太い破線で描く。

③ 木目などは細線で描く。

(5)　寸法線，室名を記入する
① 寸法線は，細線の実線で描く。

② 切断線，寸法，室名，図面名称と縮尺を入れて完成させる。

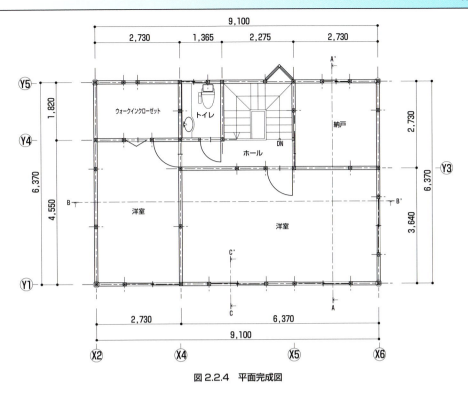

図 2.2.4　平面完成図

大壁と真壁

　大壁は，柱が壁のなかに隠れる洋室の壁の構造です。真壁は，柱が露出する和室の壁の構造です。

　また，壁を隔て和室と洋室がある場合と内部が和室で外壁が大壁の場合は，大壁と真壁を組み合わせた壁の構造になります。

　作図をする場合は，大壁と真壁の違いを明確に表現しなければなりません。

洋室の壁　大壁式

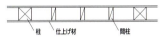

和室の壁　真壁式

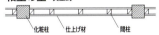

図 2.2.5　大壁と真壁

柱の配置

　柱の配置位置と間隔は，下に示す事項によって決定されます。

（1）柱の配置間隔

　① 柱間隔は，開口部以外は原則として 1 間以内に配置

（2）柱の配置位置

　① 壁の隅角部分

　② 壁の端部

　③ 大きな開口部（1 間以上）両端部

　④ 重い扉の吊り元部分

　また，柱の並びについては，できるだけ柱の通りを良くして，梁を直接柱で受けられる位置に柱を配置します。そして建物の四隅には，通し柱を設けます。

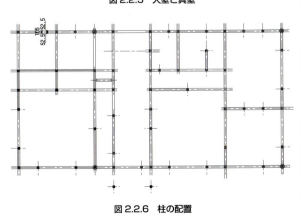

図 2.2.6　柱の配置

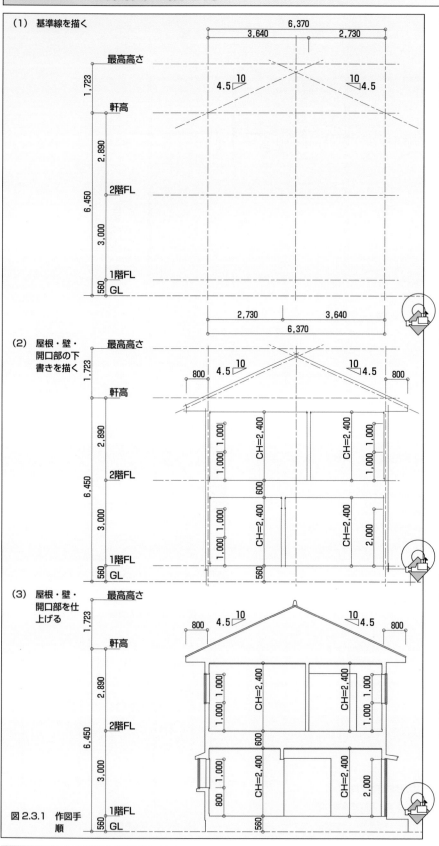

図2.3.1　作図手順

断面図

断面図は建物を垂直に切断したもので，建物の内部および外部の高さと周辺切断部分との関係を表現するものです。

1．A断面図の描き方
(1) 基準線を描く
① 一点鎖線の細線で，柱・壁の中心線を描く。
② 一点鎖線の細線で，高さの基準線を描く。
GL（地盤線）
1階床高（1階FL）
2階床高（2階FL）
軒高（軒桁天端）
屋根の勾配

(2) 屋根・壁・開口部の下書きを描く
① 下書き線で，軒の出を描く。
② 下書き線で，天井高を描く。
③ 下書き線で，開口部の内法高を描く。
④ 下書き線で，開口部の腰高を描く。
⑤ 屋根の下書き線を，屋根勾配線から厚みを付けて描く。
⑤ 柱・壁の下書き線を基準線から振り分けて描く。

(3) 屋根・壁・開口部を仕上げる
① 屋根，壁，天井，床，GLの断面線を極太の実線で，下書き線をなぞって仕上げる。
② 建具の断面線を極太の実線で仕上げる。

(4) 奥に見える壁・開口部などを描く
① 切断面より奥に見える壁，建具を太い実線で描く。
② 壁に付属する回り縁，幅木を太い実線で描く。

(5) 寸法線, 室名を記入する

① 寸法線は, 細線の実線で
描く。

② 寸法, 室名, 図面名称と
縮尺を入れて完成させる。

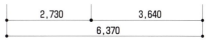

図 2.3.2　断面完成図

2. 断面寸法

(1) 床高

　床高とは, 直下の地盤面よりその上の床の仕上面までの高さ
をいいます。木床の場合では, 床高は 45cm 以上必要です。た
だし, コンクリート等で防湿した場合は, この規定は適用され
ません (施行令 22 条)。

(2) 天井高

　部屋の床仕上面から天井仕上面までの高さをいいます。居室
の天井高さは規定で 2.1m 以上必要とされています (施行令 21
条)。

(3) 階高

　床の仕上面から直上階の床仕上面までの高さをいいます。

　標準：2.9m (1 階の天井高を 2.4m とした場合)

(4) 軒高

地盤面から軒桁上端まで高さをいいます。

　① 平屋建て：2.8〜3.9m

　② 2 階建て：6.3〜6.5m

(5) 内法高

　開口部の敷居の上端から鴨居の下端までの高さをいいます。

　① 和室　出入口：172〜180cm, 腰窓：75〜150cm

　② 洋室　出入口：172〜200cm, 腰窓：75〜200cm

(6) 窓高

　床仕上面から腰高窓の敷居の上端までの高さをいいます。

　① 和室　肘掛窓：30〜50cm, 高窓：75〜100cm

　② 洋室　30〜120cm

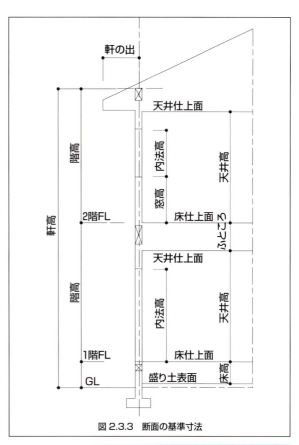

図 2.3.3　断面の基準寸法

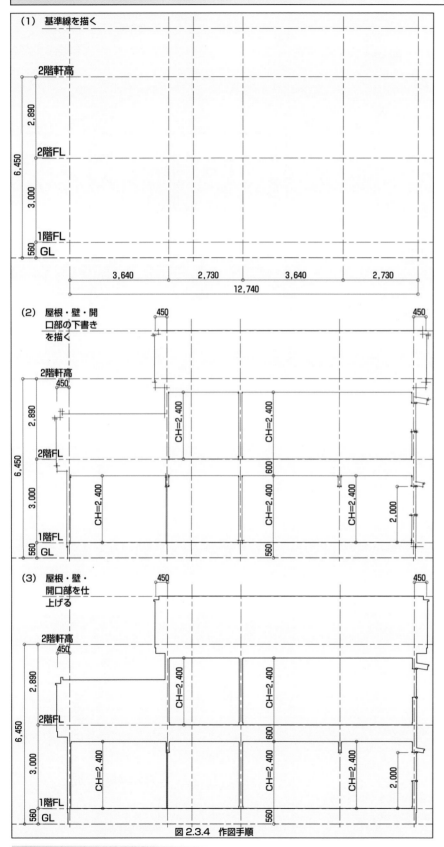

図2.3.4　作図手順

3．B断面図の描き方
（1）基準線を描く
① 一点鎖線の細線で，柱・壁の中心線を描く。

② 一点鎖線の細線で，高さの基準線を描く。
GL（地盤線）
1階床高（1階FL）
2階床高（2階FL）
軒高（軒桁天端）

（2）屋根・壁・開口部の下書きを描く
① 下書き線で，軒の出を描く。

② 下書き線で，天井高を描く。

③ 下書き線で，開口部の内法高を描く。

④ 下書き線で，開口部の腰高を描く。

⑤ 柱・壁の下書き線を基準線から振り分けて描く。

（3）屋根・壁・開口部を仕上げる
① 屋根，壁，天井，床，GLの断面線を極太の実線で，下書き線をなぞって仕上げる。

② 建具の断面線を極太の実線で仕上げる。

（4）奥に見える壁・開口部などを描く
① 切断面より奥に見える壁，建具を太い実線で描く。

② 壁に付属する回り縁，幅木を太い実線で描く。

（5）寸法線，室名を記入する
① 寸法線は，細線の実線で描く。

② 寸法，室名，図面名称と縮尺を入れて完成させる。

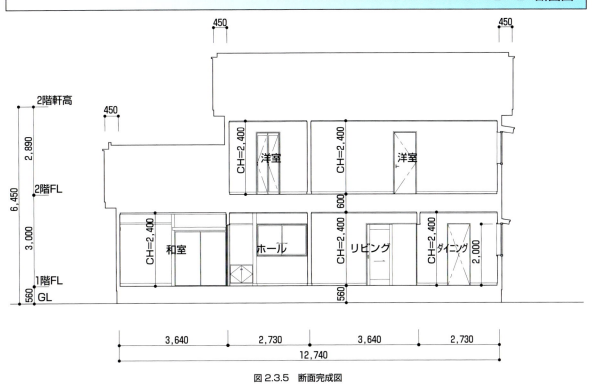

図 2.3.5　断面完成図

表 2.3.1　開閉記号

名称	平面記号	開閉記号	名称	平面記号	開閉記号
片開き戸			両折り戸		
両開き戸			引違い窓		
引違い戸			上げ窓		
四枚引違い戸			突出し窓		
片引き戸			突出し回転窓		
引込み戸			引倒し窓		

（1）基準線を描く

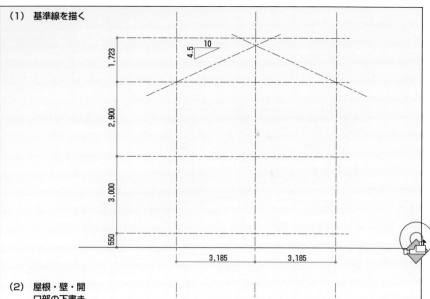

（2）屋根・壁・開口部の下書きを描く

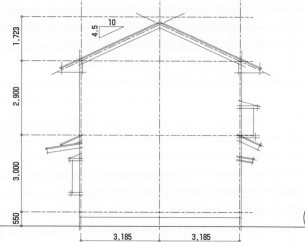

（3）屋根・壁・開口部を仕上げる

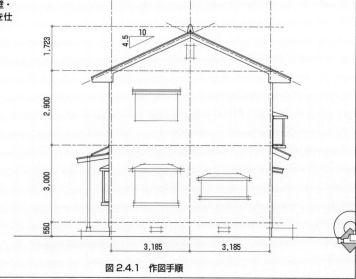

図 2.4.1　作図手順

立面図

立面図は建物外観を姿図として表した図面です。

1．東側立面図の描き方
（1）基準線を描く
① 一点鎖線の細線で，柱・壁の中心線を描く。
② 一点鎖線の細線で，高さの基準線を描く。
　GL（地盤線）
　1 階床高（1 階 FL）
　2 階床高（2 階 FL）
　軒高（軒桁天端）
　屋根の勾配

（2）屋根・壁・開口部の下書きを描く
① 下書き線で，軒の出を描く。
② 屋根の下書き線を，屋根勾配線から厚みを付けて描く。
③ 柱・壁の下書き線を基準線から厚みを付けて描く。
④ 出窓などの外形線の下書きをする。

（3）屋根・壁・開口部を仕上げる
① GL の断面線を極太の実線で，下書き線をなぞって仕上げる。
② 外壁，屋根，外壁幅木，ポーチ，建具，換気口の外形線を太い実線で仕上げる。
③ 屋根の瓦，サイディング，ポーチのタイル，換気口の格子などの線は細線で描く。

（4）図面名を記入する
① 通り名，図面名称と縮尺を入れて完成させる。

　柱割とサッシ

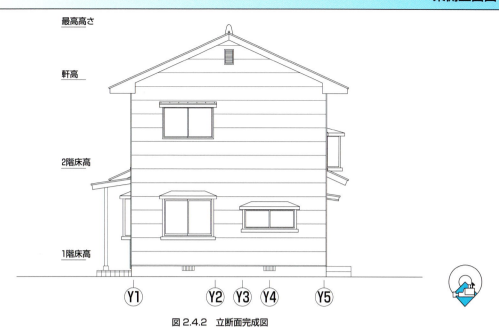

図 2.4.2 立断面完成図

最高高さ
軒高
2階床高
1階床高

Y1 Y2 Y3 Y4 Y5

開口部の配置バランス

　住宅では，部屋の用途や大きさが各部屋単位で異なります。そのため各部屋の使い勝手に合わせて窓の大きさ，位置も部屋ごとに違ってきます。そのままの状態では，外観上のバランスがとれません。そこで，一般的には内外ともに，洋室や和室の出入口，窓等の開口部上端部を一定の高さにそろえる工夫がされています。また，上下階の窓は両端をそろえることでバランスを整えることがなされています。

　最近の住宅では，体格の向上に伴って，洋室に内法高の高い窓を使用する場合が増えてきています。その結果，和室との内法高さとの調整で新たな工夫が必要となってきています。特に和室の場合，部屋全体のプロポーションが重要視されるのでバランスに配慮することが重要になります。

図 2.4.3 開口部の配置バランス

柱割と畳割

　木造建築では，柱の間隔を基準にして設計を行う方式（柱割）と畳の寸法から柱間隔を決める方式（畳割）があります。関東では柱芯間を基準とした方式を採りますが，関西や地方では，畳の寸法からの方式で行う場合があります（第3章7参照）。

　畳割方式は，畳寸法を基準にするため基準寸法の畳をそのまま使用できますが，柱割方式では，畳の大きさは，部屋を採寸して決定します。

　なお，現在では関西や地方でも柱芯間を基準にする柱割方式が一般的になっています。

　本書では，五八間（関東間）の柱割の基準寸法で解説しています。

表 2.4.1 柱割と畳割

畳の名称	通 称	柱 割		畳 割	
		1間（柱芯間寸法）	基準寸法	畳 寸 法	地 域
本 間	京間，関西間	1,972（6尺5寸）	986	1,910×955 6尺3寸×3尺1寸5分	京都を中心に近畿地方
六一間	安芸間，広島間	1,910（6尺3寸）	955	1,850×925 6尺1寸×3尺5分	中国地方，四国地方，九州地方
三六間	中京間，中間	1,910（6尺3寸）	955	1,820×910 6尺×3尺	名古屋，岐阜の中京地域，沖縄
五八間	関東間，江戸間 狭間，田舎間	1,820（6尺）	910	(1,760) 不定形 （5尺8寸）	東海，関東地方，三重 全国的に普及

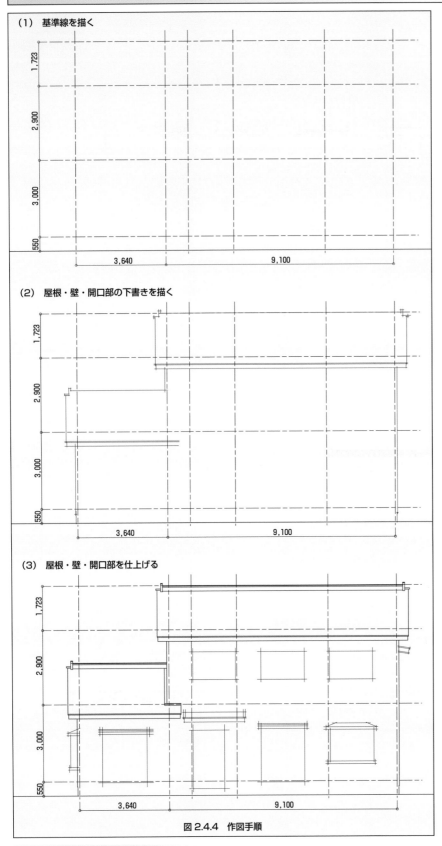

(1)　基準線を描く

(2)　屋根・壁・開口部の下書きを描く

(3)　屋根・壁・開口部を仕上げる

図2.4.4　作図手順

1．南側立面図の描き方

（1）基準線を描く

①一点鎖線の細線で，柱・壁の中心線を描く。

②一点鎖線の細線で，高さの基準線を描く。
　GL（地盤線）
　1階床高（1階FL）
　2階床高（2階FL）
　軒高（軒桁天端）
　屋根の勾配

（2）屋根・壁・開口部の下書きを描く

①下書き線で，軒の出を描く。

②屋根の下書き線を，屋根勾配線から厚みを付けて描く。

③柱・壁の下書き線を基準線から厚みを付けて描く。

④出窓などの外形線の下書きをする。

（3）屋根・壁・開口部を仕上げる

①GLの断面線を極太の実線で，下書き線をなぞって仕上げる。

②外壁，屋根，外壁幅木，ポーチ，建具，換気口の外形線を太い実線で仕上げる。

③屋根の瓦，サイディング，ポーチのタイル，換気口の格子などの線は細線で描く。

（4）図面名を記入する

①通り名，図面名称と縮尺を入れて完成させる。

2．立面図の配置

　一般的には，基準面を決めて，その面から反時計回りに各面を順次並べます。

　1列に並ばない場合は，下の段にその順で並べます。

最高高さ

軒高

2階床高

1階床高

Ⓧ1　Ⓧ2　Ⓧ3　Ⓧ4　Ⓧ5　Ⓧ6

図 2.4.5　立面完成図

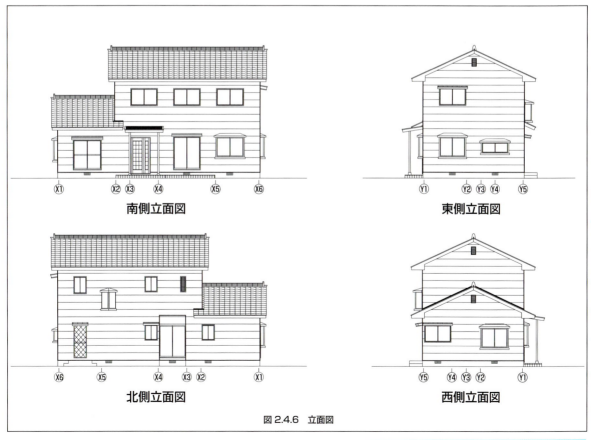

南側立面図

東側立面図

北側立面図

西側立面図

図 2.4.6　立面図

2−5　平面詳細図の描き方

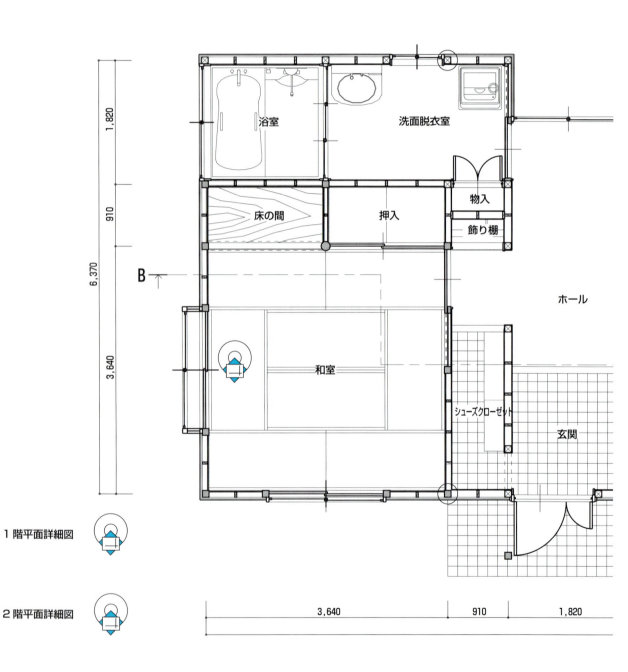

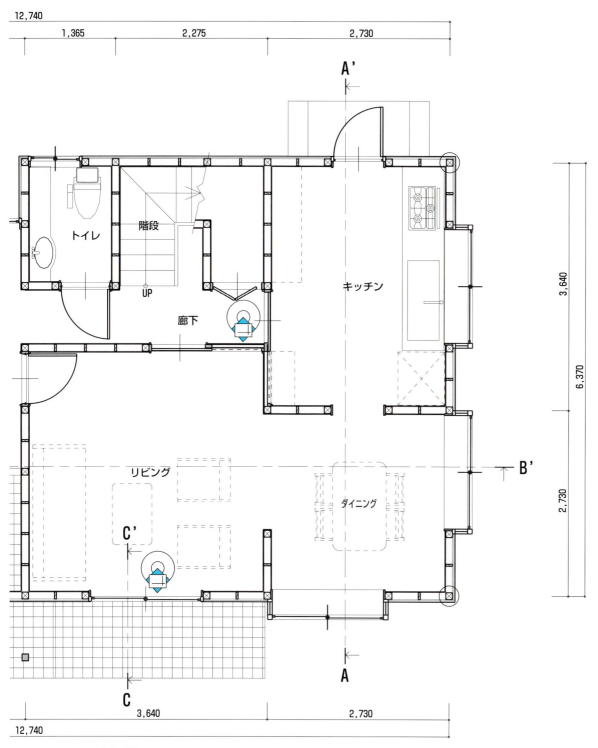

図 2.5.1　1 階平面詳細図

外部出入口（アルミ製2枚引違い戸）

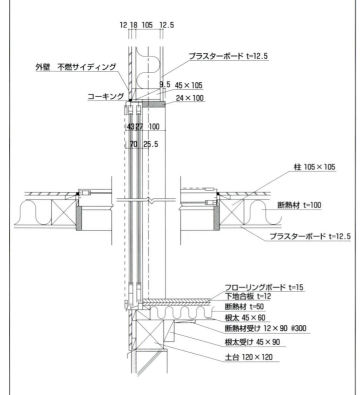

12 18 105 12.5

外壁　不燃サイディング
コーキング
プラスターボード t=12.5
9.5　45×105
24×100
43 27　100
70　25.5
柱 105×105
断熱材 t=100
プラスターボード t=12.5
フローリングボード t=15
下地合板 t=12
断熱材 t=50
根太 45×60
断熱材受け 12×90 @300
根太受け 45×90
土台 120×120

外部窓（アルミ製2枚引違い戸）

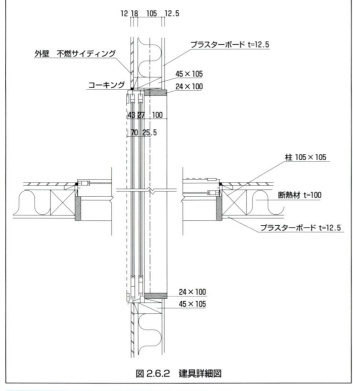

12 18 105 12.5

外壁　不燃サイディング
コーキング
プラスターボード t=12.5
45×105
24×100
43 27　100
70　25.5
柱 105×105
断熱材 t=100
プラスターボード t=12.5
24×100
45×105

図 2.6.2　建具詳細図

洋室の床と壁の取合い部の納まり

　一般的に，洋室の壁と床の取合い部分を幅木を用いて納めます。幅木の役割は，壁と床の見切り部分を納めること，人の足等による壁の汚れ・損傷を防ぐことです。

　CD-ROM に，下図の部分詳細図がありますので参照してください。

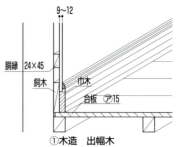

9～12
胴縁 24×45
飼木
巾木
合板 ㋐15

①木造　出幅木

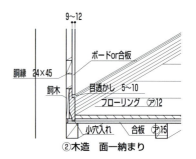

9～12
胴縁 24×45
飼木
ボードor合板
目透かし 5～10
フローリング ㋐12
小穴入れ　合板 ㋐15

②木造　面一納まり

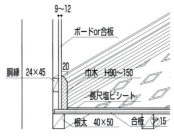

9～12
胴縁 24×45
ボードor合板
20
巾木 H90～150
長尺塩ビシート
根太 40×50　合板 ㋐15

③木造　付け幅木

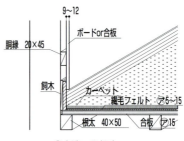

9～12
胴縁 20×45
飼木
ボードor合板
カーペット
繊毛フェルト ㋐5～15
根太 40×50　合板 ㋐15

④木造　入幅木

図 2.6.3　床と壁の取合い部の納まり

和室の床と壁の取合い部の納まり

　和室については，床が畳の場合は畳寄せを用います。また，床が板材の場合は雑巾ずりを用いて納めます。

　CD-ROM に，下図の部分詳細図がありますので参照してください。

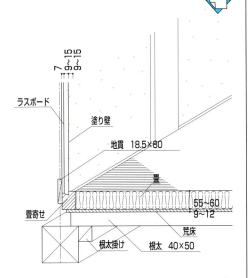

①畳寄せの納まり

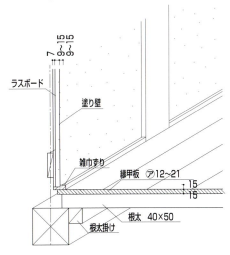

②雑巾ずりの納まり

図 2.6.4　床と壁の取合い部の納まり

内部出入口（木製開き戸）

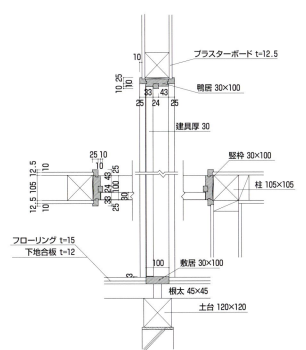

内部出入口（木製 片引き戸）

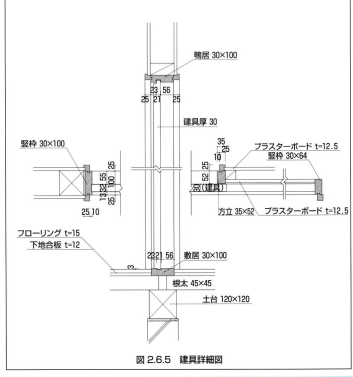

図 2.6.5　建具詳細図

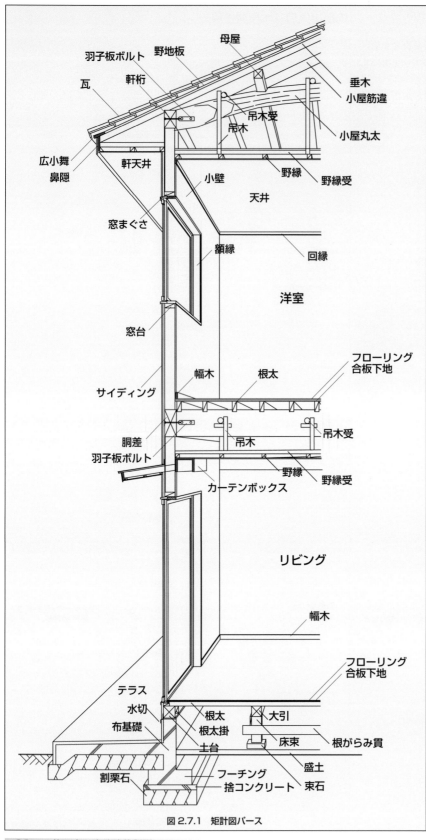

図2.7.1　矩計図パース

矩計図

　矩計図は，建物の主要な部屋の開口部を含む部分を垂直に切断した図面です。作図範囲は柱中心線から内外に1m程度の部分を描きます。

　図面に記入する必要事項は，基準高さ，部材の名称と寸法，仕上げ材料の名称と寸法および室名などを詳細に表します。

1．矩計図の描き方

（1）基準線を描く

① 一点鎖線の細線で，GLを描く。

② 一点鎖線の細線で，柱の中心線を描く。

③ 一点鎖線の細線で，高さの基準線を描く。
1階床高（1階FL）
2階床高（2階FL）
軒高（軒桁天端）
屋根の勾配
1階天井高
2階天井高

④ 一点鎖線の細線で，建具の内法高を描く。

⑤ 一点鎖線の細線で，軒の出を描く。

（2）基礎・柱・梁・屋根・床の下書きを描く

① 下書き線で，基礎とテラスを描く。

② 下書き線で，土台・大引きを描く。

③ 下書き線で，柱中心線から柱幅を振分けて描く。

④ 下書き線で，胴差・軒桁を描く。

⑤ 下書き線で，垂木・小屋梁・軒を描く。

⑥ 下書き線で，1階床・2階床とその下地を描く。

⑦ 下書き線で，建具の外形線を描く。

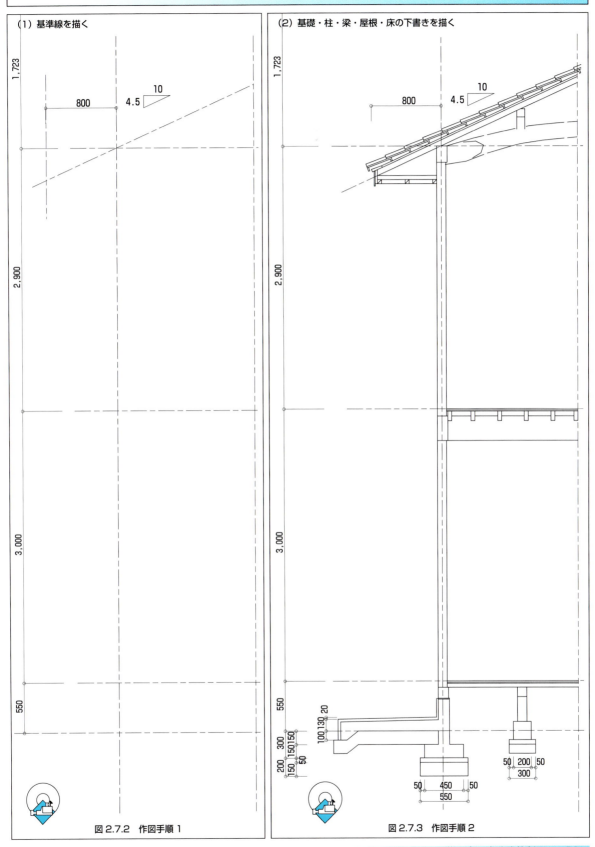

（1）基準線を描く

（2）基礎・柱・梁・屋根・床の下書きを描く

図 2.7.2　作図手順 1

図 2.7.3　作図手順 2

(3) 基礎・柱・梁・屋根・床を仕上げる

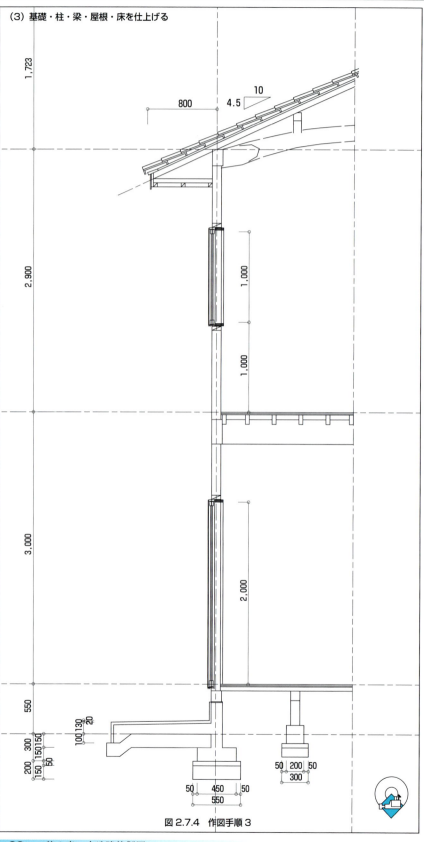

1,723

800　　10
　　　　4.5

2,900

1,000

1,000

3,000

2,000

550

100 130 20

200　300
150 150
　50

50　200　50
　　300

50　450　50
　　550

図2.7.4　作図手順3

(3) 基礎・柱・梁・屋根・床を仕上げる

① 極太の実線で，基礎・梁・屋根・床の断面線を下書き線の上からをなぞる。
② 極太の実線で，建具の断面線を描く。
③ 極太の実線で，GL，盛土を仕上げる。
④ 見えががりの各部材を太い実線で，仕上げる。
⑤ 切断面より奥に見える壁，建具を太い実線で描く。
⑥ 壁に付属する回り縁，幅木を太い実線で描く。

(4) 寸法線，室名を記入する

① 雨樋，アンカーボルト，羽子板ボルトを描く。
② 部材の断面内を表示記号に従って，細い実線で描く。
③ 寸法線は，細線の実線で描く。
④ 寸法，材料名称，室名，図面名称と縮尺を入れて完成させる。

建築材料を知ろう

 建築・インテリア材料

 建材検索

　Webサイトに建築材料の写真と解説があります。この矩計図に表示させてる材料を確認してください。

軒先の納まり

　瓦と平型化粧スレート瓦の軒先部分の納まりを下図に示します。

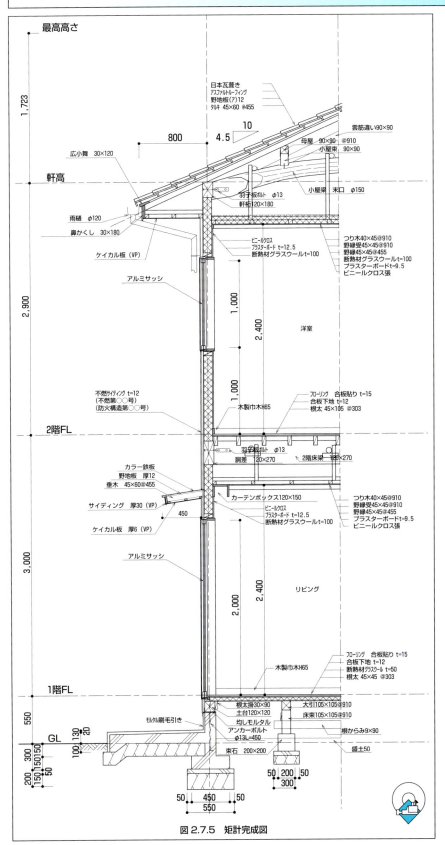

図 2.7.5　矩計完成図

① 瓦の納まり：標準的な鼻隠例

② 瓦の納まり：淀を用いた例

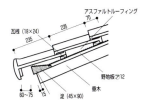

③ 瓦の納まり：立水鼻隠の例

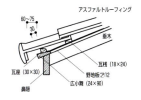

④ 平型化粧スレート瓦の納まり：標準的な鼻隠の例

⑤ 平型化粧スレート瓦の納まり：立水鼻隠の例

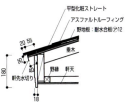

図 2.7.6　軒先の納まり

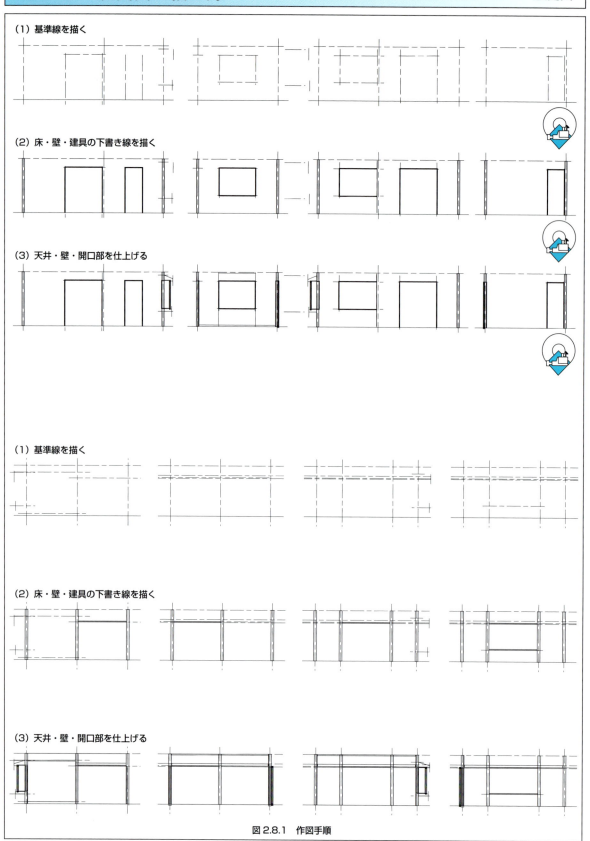

（1）基準線を描く

（2）床・壁・建具の下書き線を描く

（3）天井・壁・開口部を仕上げる

（1）基準線を描く

（2）床・壁・建具の下書き線を描く

（3）天井・壁・開口部を仕上げる

図 2.8.1　作図手順

展開図

展開図は建物内部の部屋ごとの姿図です。壁の形状や仕上げの状態を表すため図面で，一般的に基準面を決定して時計回り順で描かれます。

1．展開図の描き方

（1）基準線を描く

① 一点鎖線の細線で，床仕上げ面（FL）を描く。

② 一点鎖線の細線で，柱・壁の中心線を描く。

③ 一点鎖線の細線で，天井高，開口部内法高を描く。

（2）床・壁・建具の下書き線を描く

① 下書き線で，天井高を描く。

② 下書き線で，開口部の内法高を描く。

③ 下書き線で，開口部の腰高を描く。

④ 柱・壁の下書き線を基準線から振分けて描く。

（3）天井・壁・開口部を仕上げる

① 壁，天井，床，GL の内側断面線を極太の実線で，下書き線をなぞって仕上げる。

② 建具の断面線を極太の実線で仕上げる。

（4）奥に見える壁・開口部などを描く

① 切断面より奥に見える壁，建具を太い実線で描く。

② 壁に付属する回り縁，幅木を太い実線で描く。

（5）寸法線，室名を記入する

① 寸法線は，細線の実線で描く。

② 寸法，室名，図面名称と縮尺を入れて完成させる。

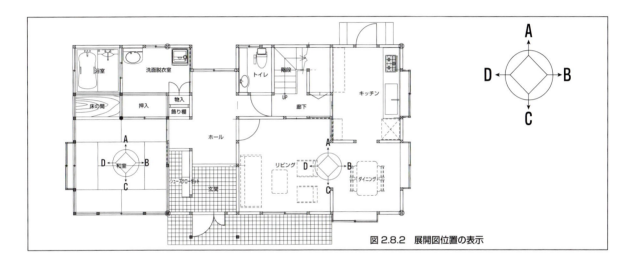

図 2.8.2 展開図位置の表示

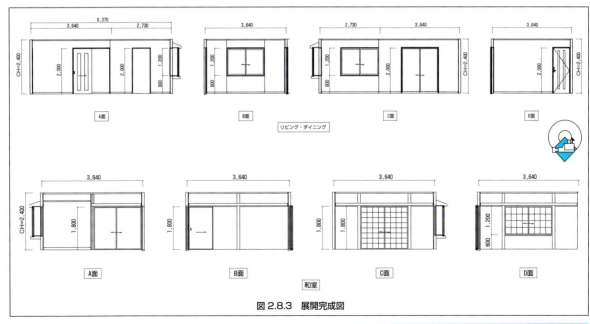

図 2.8.3 展開完成図

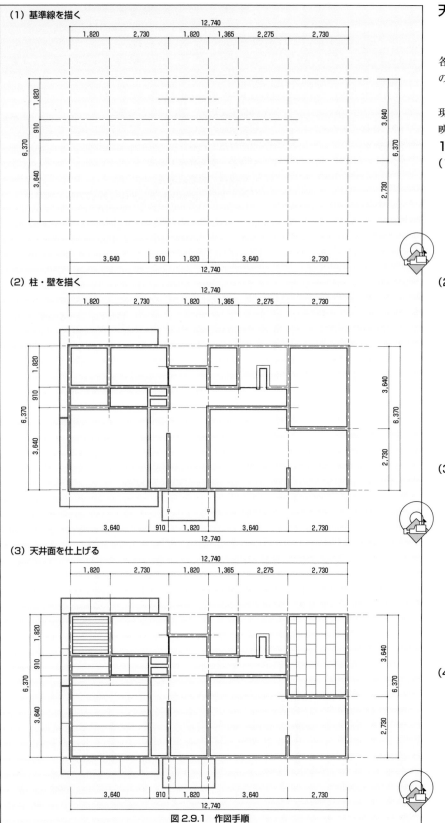

(1) 基準線を描く

(2) 柱・壁を描く

(3) 天井面を仕上げる

図 2.9.1　作図手順

天井伏図

　天井伏図は建物の各階ごとに，各室の天井の形状・仕上げなどの状態を示す図面です。

　天井伏図は天井を見上げた表現ではなく，床に鏡を置いて映った状態を描きます。

1.　天井伏図の描き方
(1) 基準線を描く
　① 柱・壁の中心線を細い一点鎖線で描く。

(2) 柱・壁を描く
　① 柱・壁の下書き線を基準線から振り分けて描く。
　② 下書き線で，軒裏を描く。
　③ 柱・壁の断面線を極太の実線で，下書き線をなぞって仕上げる。

(3) 天井面を仕上げる
　① 太い実線で，竿縁・回り縁・造付け家具を描く。
　② 照明器具の配置が決定している場合は，照明器具を描く。
　③ 細い実線で，目地の天井化粧部分を描く。

(4) 寸法線，室名を記入する
　① 寸法線は，細線の実線で描く。
　② 寸法，室名，図面名称と縮尺を入れて完成させる。

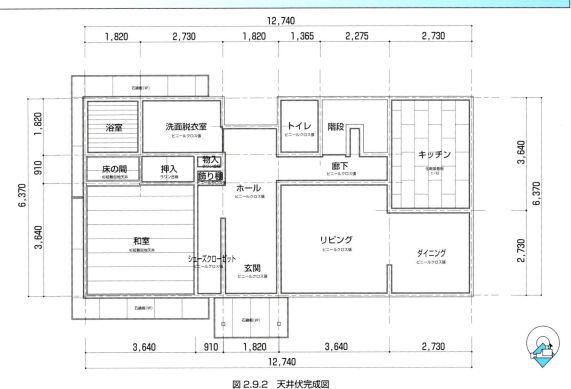

図 2.9.2　天井伏完成図

回縁の納まり

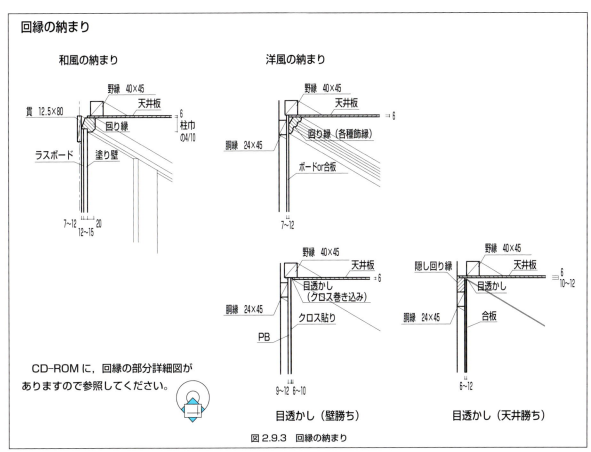

和風の納まり

洋風の納まり

野縁　40×45
貫　12.5×80
天井板
回り縁
柱巾の4/10
ラスボード
塗り壁
7～12　20
12～15

野縁　40×45
天井板
6
胴縁　24×45
回り縁（各種飾縁）
ボードor合板
7～12

野縁　40×45
天井板
6
胴縁　24×45
目透かし（クロス巻き込み）
クロス貼り
PB
9～12　6～10

野縁　40×45
天井板
隠し回り縁
6
10～12
目透かし
胴縁　24×45
合板
6～12

目透かし（壁勝ち）

目透かし（天井勝ち）

CD-ROM に，回縁の部分詳細図が
ありますので参照してください。

図 2.9.3　回縁の納まり

記号	AD 1　　2ヶ所	AD 2　　1ヶ所	AD 3　　1ヶ所	AD 4　　1ヶ所	AD 5　　1ヶ所
姿図	2,000 / 1,640	1,800 / 1,720	2,000 / 730	2,200 / 1,185	1,800 / 1,640
部屋名	1階リビング, ホール	1階和室	1階キッチン	1階玄関	1階浴室
型式	2枚引違い	2枚引違い	片開き	片開き親子	3枚引違い
材質	アルミ製	アルミ製	アルミ製	アルミ製	アルミ製
見込	70	70	70	100	70
仕上	グレー	グレー	グレー	グレー	グレー
ガラス	4mm型	4mm型	4mm型	4mm型	4mm型
金物	附属金物一式	附属金物一式	附属金物一式	附属金物一式	附属金物一式
備考					

記号	AW 3　　1ヶ所	AW 4　　1ヶ所	AW 5　　1ヶ所	AW 6　　1ヶ所	AW 7　　2ヶ所
姿図	1,000 / 730	900 / 275	1,000 / 810	600 / 1,770	1,200 / 1,630
部屋名	2階納戸	2階ウォークインクローゼット	2階ホール	1階キッチン	1階ダイニング
型式	2枚引違い	ジャロジー	三角出窓	四角出窓	四角出窓
材質	アルミ製	アルミ製	アルミ製	アルミ製	アルミ製
見込	70	70	70	70	70
仕上	グレー	グレー	グレー	グレー	グレー
ガラス	3mmトーメイ	3mmトーメイ	3mmトーメイ	3mmトーメイ	3mmトーメイ
金物	附属金物一式, 網戸	附属金物一式, 網戸	附属金物一式, 網戸	附属金物一式, 網戸	附属金物一式, 網戸
備考					

記号	WD 2　　3ヶ所	WD 3　　1ヶ所	WD 4　　2ヶ所	WD 5　　2ヶ所	S 1　　1ヶ所
姿図	2,000 / 730	2,000 / 730	2,000 / 730	2,000 / 730	1,800 / 1,715
部屋名	1,2階ホール	1階物入	1階階段, ウォークインクローゼット	1階トイレ	1階和室
型式	片開き	両開き	折戸	片開き	2枚引違い
材質	木製	木製	木製	フラッシュ	障子
見込					
仕上	化粧合板	化粧合板	化粧合板	化粧合板	スプルス
ガラス	3mmトーメイ	3mmトーメイ	3mmトーメイ	3mmトーメイ	障子紙
金物	附属金物一式	附属金物一式	附属金物一式	ドアクローザー	取手
備考					

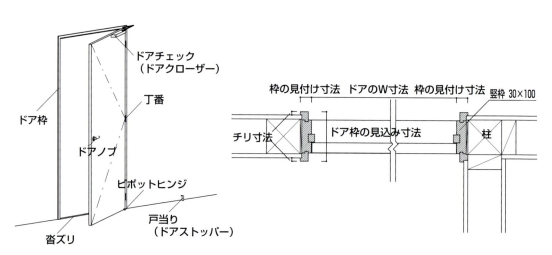

図 2.10.1　建具各部の名称

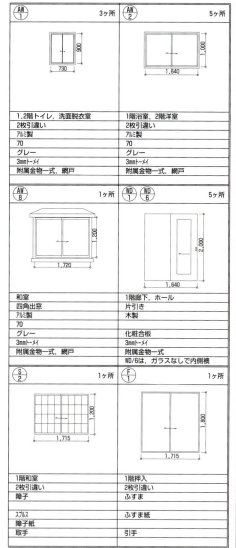

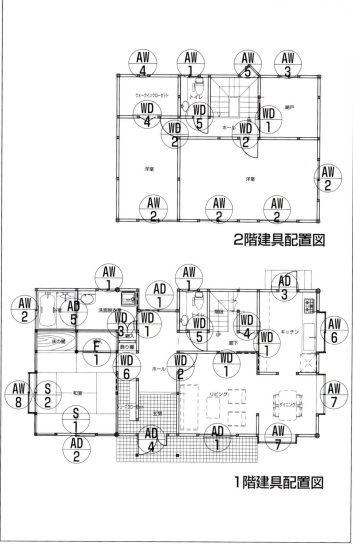

2階建具配置図

1階建具配置図

建具表

　建具表は，すべての建具を一覧表として示したもので，建具についての詳細を記載します。

1. 建具表の記載内容
　① 姿図と寸法（姿図は省略される場合もある）
　② 建具の種類
　③ 建具の個数と取付け場所
　④ 建具の材質と仕上げ
　⑤ ガラスの仕様
　⑥ 付属金物
　⑦ その他の備考
　建具の配置図は，建具表の付属図として表す場合や平面図と兼ねて記号で記載される場合と建具表のみで平面図が省略される場合もあります。

2. 建具記号
　一般的に建具を記号で平面図に記載します。上段の記号は，建具の材質や種類を表し，下段の建具番号は同一建具を同一番号で示します。

外部仕上表

基礎立上部分		外壁腰		外壁		軒天	
下 地	仕 上	下 地	仕 上	下 地	仕 上	下 地	
	モルタル刷毛引き				不燃サイディング		石綿板

内部仕上表

部 屋 名 称		床		巾 木			壁	
		下 地	仕 上	下 地	仕 上	H	下 地	仕 上
1F	シューズクローゼット	モルタル	磁器質タイル貼り 150×150	下地モルタル	磁器質タイル 150×150	250	プラスターボード t=12.5	ビニールクロス
	玄関	モルタル	磁器質タイル貼り 150×150	下地モルタル	磁器質タイル 150×150	250	プラスターボード t=12.5	ビニールクロス
	ホール	耐水合板 t=12	フローリング合板貼り t=15		木製既製品	65	プラスターボード t=12.5	ビニールクロス
	和室	杉板床下地貼り t=12	畳中級品		畳寄せ		プラスターボード t=12.5	和風ビニールクロス
	床の間	耐水合板 t=12	ケヤキ合板CL塗り				プラスターボード t=12.5	和風ビニールクロス
	飾り棚	耐水合板 t=12	フローリング合板貼り t=15		木製既製品	65	プラスターボード t=12.5	ビニールクロス
	廊下	耐水合板 t=12	フローリング合板貼り t=15		木製既製品	65	プラスターボード t=12.5	ビニールクロス
	ダイニング	耐水合板 t=12	フローリング合板貼り t=15		木製既製品	65	プラスターボード t=12.5	ビニールクロス
	キッチン	耐水合板 t=12	フローリング合板貼り t=15		木製既製品	65	耐水プラスターボード t=12.5	ビニールクロス
	リビング	耐水合板 t=12	フローリング合板貼り t=15		木製既製品	65	プラスターボード t=12.5	ビニールクロス
	洗面脱衣室	耐水合板 t=12	フローリング合板貼り t=15		木製既製品	65	耐水プラスターボード t=12.5	ビニールクロス
	浴室	ユニットバス						
	トイレ	耐水合板 t=12	フローリング合板貼り t=15		木製既製品	65	プラスターボード t=12.5	ビニールクロス
	押入		耐水合板 t=12		雑巾摺	15		押入ボード
	物入	耐水合板 t=12	フローリング合板貼り t=15		木製既製品	65		プリント合板
2F	階段	耐水合板 t=12	タモ集成材		木製既製品		プラスターボード t=12.5	ビニールクロス
	ホール	耐水合板 t=12	フローリング合板貼り t=15		木製既製品	65	プラスターボード t=12.5	ビニールクロス
	洋室	耐水合板 t=12	フローリング合板貼り t=15		木製既製品	65	プラスターボード t=12.5	ビニールクロス
	洋室	耐水合板 t=12	フローリング合板貼り t=15		木製既製品	65	プラスターボード t=12.5	ビニールクロス
	トイレ	耐水合板 t=12	フローリング合板貼り t=15		木製既製品	65	耐水プラスターボード t=12.5	ビニールクロス
	納戸	耐水合板 t=12	フローリング合板貼り t=15		木製既製品	65		プリント合板
	ウォークインクローゼット	耐水合板 t=12	フローリング合板貼り t=15		木製既製品	65	耐水プラスターボード t=12.5	ビニールクロス

仕上	屋根		備考
	下地	仕上	
(VP)	ルーフィング下地野地板	日本瓦葺き	軒樋 市販品塩ビ120 竪樋 塩ビ75

H	天井		CH	廻縁	備考
	下地	仕上			
	プラスターボード t=9.5	ビニールクロス	2650	木製既製品	下駄箱収納 市販品
	プラスターボード t=9.5	ビニールクロス	2650	木製既製品	
	プラスターボード t=9.5	ビニールクロス	2400	木製既製品	
		杉柾敷目地天井 ラミネート	2400	木製	
		杉柾敷目地天井 ラミネート	2200	木製	
	プラスターボード t=9.5	ビニールクロス	2400	木製既製品	
	プラスターボード t=9.5	ビニールクロス	2400	木製既製品	
	プラスターボード t=9.5	ビニールクロス	2400	木製既製品	
		化粧吸音板 t=12	2400	木製既製品	
	プラスターボード t=9.5	ビニールクロス	2400	木製既製品	
	プラスターボード t=9.5	ビニールクロス	2400	木製既製品	
			2400	既製品	
	プラスターボード t=9.5	ビニールクロス	2400	木製既製品	
		ラワン合板 t=3	2400	木製	
		ラワン合板 t=3	2400	木製既製品	
					階段市販品
	プラスターボード t=9.5	ビニールクロス	2400	木製既製品	
	プラスターボード t=9.5	ビニールクロス	2400	木製既製品	
	プラスターボード t=9.5	ビニールクロス	2400	木製既製品	
	プラスターボード t=9.5	ビニールクロス	2400	木製既製品	
	プラスターボード t=9.5	ビニールクロス	2400	木製既製品	
	プラスターボード t=9.5	ビニールクロス	2400	木製既製品	

仕上表

1. 外部仕上表の書き方

　外部仕上表は，建物の基礎から外壁，屋根にいたるまでの外装仕上および付属する金物を詳細に示した一覧表です。

　一般的には，基礎立上部分，外壁，軒天，屋根の順番で示します。特に，延焼のおそれのある部分の耐火・防火等の性能を要求される地域の場合には，材料および下地の選定に注意が必要です。

2. 内部仕上表の書き方

　内部仕上表は，各部屋ごとにあるいは場所ごとに内装仕上の詳細を示した一覧表です。

　一般的には，部屋の下の方から床，幅木，壁，天井，備考の順番で示します。

　確認申請が必要な工事の場合には，仕上表の添付が義務付けられます。特に，火を使う部屋で，内装制限を受けるときは不燃，準不燃等を明記し，その材料の認定番号を明記する必要があります。

仕様書

　設計図書は仕様書と設計図によって構成されています。設計図が建物の完成状態を示すものであるのに対して，仕様書は工事の仕方を示すところから仕方書ともよばれます。仕様書には，標準仕様書（共通仕様書）と特記仕様書があります。

1. 標準仕様書

　工事を標準化するために作成された仕様書で，公的機関から下記のような標準仕様書がだされています。
　① 国土交通大臣官房官庁営繕部監修　公共建築木造工事標準仕様書
　② 日本建築学会　建築工事標準仕様書
　③ 住宅金融支援機構　木造住宅工事仕様書

2. 特記仕様書

　特記仕様書は，設計図面や共通仕様書に記載できない詳細な指示を明記したものです。
　① 材料の規格，品質
　② 部材の種類
　③ 部材の仕上げおよびその性能
　④ 施工方法
　⑤ その他の指示事項
　一般に住宅工事は，特記仕様書で指定した事項以外はすべて標準仕様によって行われます。

課題

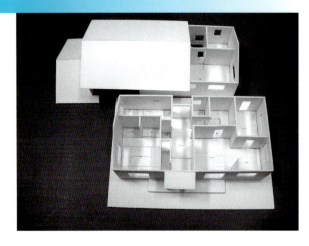

課題01　CD-ROM にモデルプラン A の 1/50 模型用図面と作製手順が示されたファイルが添付されています。プリントアウトして，模型を作製してください。

課題02　1 階平面図，2 階平面図をトレースしてください。

課題03　A-A´，B-B´ 断面図をトレースしてください。

課題04　東側立面図，南側立面図をトレースしてください。

課題05　矩計図をトレースしてください。

課題06　平面詳細図をトレースしてください。

課題07　展開図をトレースしてください。

課題08　天井伏図をトレースしてください。

　CD-ROM の「A model」フォルダに下記の dxf と jww 形式のファイルが添付されています。

 1，2 階平面図

 矩計図

 A-A´ 断面図
B-B´ 断面図

 部分詳細図

 立面図
東側　北側
西側　南側

 1，2 階天井伏図

（※）

1 階平面詳細図
2 階平面詳細図

展開図

 仕上表

 建具表

〔参考文献〕
1）JIS の製図規則解説「建築製図」新訂三版/日本建築家協会編/彰国社
2）はじめて学ぶ「建築製図」/矢吹茂郎他著/(社)日本建築士連合会
3）建築知識 1995 年 11 月号/株式会社建築知識

3

住宅の設計について

　住宅は設計者にとって最も身近な建築物であるとともに，公共建築や商業建築と異なって人間の家庭生活というプライベートを包む空間として，また，その夢を実現する装置として重要な役割を果しています。住宅設計の面白さは建築主との打合せからニーズを把握し，それに応えるための試行錯誤の過程とその結果得られる醍醐味の魅力にあるといえます。

　しかし，建築主のニーズを満足させるための企画力なり商品提案力は，設計者自身の社会的に精通した教養，ならびに人間の生活行為を高度に分析できる能力とそれを巧みにプランに反映できるデザインおよびプレゼンテーション力，そして建築材料・環境・健康など総合的な建築知識を必要とします。しかも，現代の住宅市場は大手，中小，地場の工務店と多様なものとなっています。そこでは，過激な受注競争が展開されるという現実があります。そういうなかで受注獲得のためには，競合他社よりも魅力的でコストパフォーマンスのあるプランを一刻も早く建築主に提案できる能力が必要とされます。

　入社早々の若年技術者が，建築主のニーズを的確に把握できるようになることは，複雑で難しい住宅の設計技術を習得する第一歩として必要不可欠なことです。

　この章では，モデルプランBをもとに説明します。

図3.1.1　外観イメージ

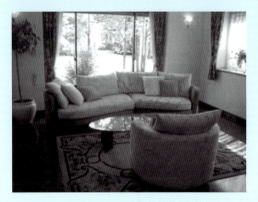

図3.1.2　インテリアイメージ

表3.1.1　注文建築の建設スケジュール

情報の収集	住宅雑誌，住宅展示場，住宅メーカーのパンフレット 建築事務所や住宅メーカー・工務店に相談
資 金 計 画	建築工事の総額を知る，住宅ローンの融資額・金利・返済条件， 公的資金（住宅金融公庫など）の必要書類 諸費用（地鎮祭・上棟式費用，引越し代，登記費用，家具・照明など）
敷 地 調 査	敷地の形状や現況（給排水・ガスの引込），地盤補強の有無と周辺環境，建築関連法規などにより設計条件を把握
プラン打合せ	プラン集や実例竣工写真集などにより，また基本構想図により建築主のイメージの固定
プラン決定 概算見積書提出	納得のいくプランを煮詰め，概略の仕様を決め手概算見積で予算計画（数社の住宅メーカーの場合は最適なものに絞る）
本見積提出 契　　約	基本設計をもとに仕様書を整理し実施設計を行い，設計図書が完成したら設計事務所なら設計・監理委託契約後，施工会社を決定， 住宅メーカーや工務店なら工事請負契約を締結
住宅ローンの申込 建築確認申請	公的融資を受けるため銀行など金融機関への手続き 設計事務所が代行して建築確認申請書を提出 施工前打合せ・内外装色打合せ
着　　工	近隣挨拶・地鎮祭・地縄検査・基礎・上棟・設備打合せ・外壁・設備・造作・内装・ 機器取付け・美装工事・外構工事　　各種工事検査　工事代金の支払い 建築主，工事監督，設計・営業立会いの竣工検査を実施 工事完了届を提出・検査済証の受取り
完成・引渡し	引越し・入居，定期点検・設計監理料や工事代金の残額支払い 法務局への表示登記・保存登記

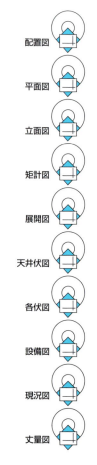

配置図

平面図

立面図

矩計図

展開図

天井伏図

各伏図

設備図

現況図

丈量図

表 3.1.2　モデルプラン B の建築概要

建築概要	モデルプラン B
建 設 地	大都市圏の郊外周辺団地
工　　法	在来木造 2 階建て
建築面積 1 階床面積 2 階床面積 延床面積	89.04m² （26.93 坪） 83.22m² （25.17 坪） 46.37m² （14.03 坪） 129.59m² （39.20 坪）
仕　　様	・外　　部：屋根はカラーベストコロニアル 5 寸下屋 　　　　　　4 寸葺 　　　　　　外壁はサイディング張・外部回り建具カ 　　　　　　ラーアルミサッシ ・内　　部：洋室（床はフローリング張，一部コルクタ 　　　　　　イル貼壁・天井はビニールクロス貼り，室 　　　　　　内建具は木製） 　　　　　　和室（床は畳敷き，壁はジュラク塗，天井 　　　　　　は杉柾合板底目張，床の間回り造作） ・付帯設備：ステンレスシステムキッチン，システムバ 　　　　　　ス（タイル貼）洗面キャビネット，造付玄 　　　　　　関収納

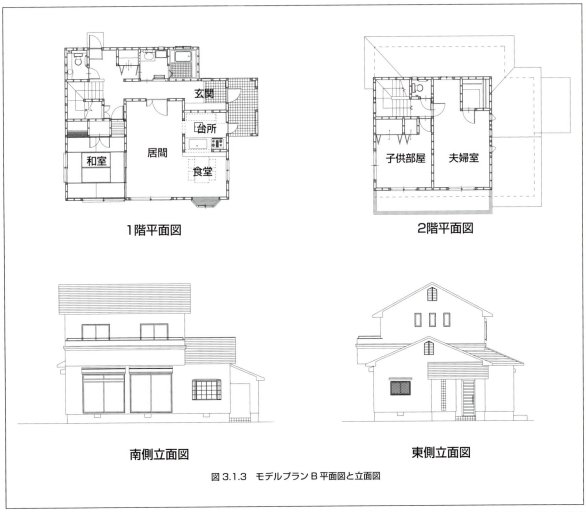

1階平面図　　　　　　　　　　2階平面図

南側立面図　　　　　　　　　　東側立面図

図 3.1.3　モデルプラン B 平面図と立面図

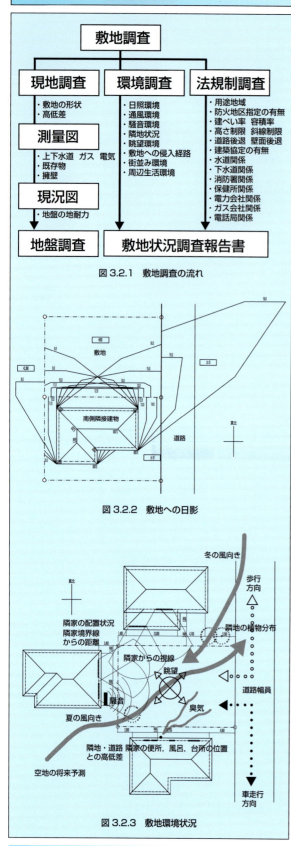

図 3.2.1　敷地調査の流れ

図 3.2.2　敷地への日影

図 3.2.3　敷地環境状況

敷地調査では，さまざまな角度からその土地の敷地条件を読み取り，設計に反映する必要があります。ここでは，土地に関する環境調査・現地調査・法規制調査に分けて説明します。

環境調査

健康で快適に生活するためには，周辺の環境を調査し，それを設計に活かすことが重要です。計画地の日照・通風等の自然条件，周辺騒音の把握，眺望とプライバシー確保等の近隣建物との関係および街並みとの調和等十分な調査が必要となります。

1．日照環境

日当たりの良い住まいを提案するために，隣家の建物，樹木等の影の影響と計画地への日当たりを調べ，記録します。
　① 土地の方位と冬至の影の影響
　② 夏の西日と冬の日当たり
日影曲線等を利用して，冬至と夏至の太陽の軌道を把握し，日照条件を明確にします。

2．通風環境

冬は暖かく，夏は風通しの良い住まいを提案するために，計画地の通風条件を調べ，記録します。
　① 夏の主な風向・風速
　② 冬の主な風向・風速
おおまかな風向きは，気象年報（気象協会）などで把握できますが，周辺の建物などの影響で風通しは変わってきます。現地で実際に風向きをつかみ，周辺住民からの情報を得るようにします。

3．騒音・臭気環境

計画地周辺の車による騒音や隣家から出る音や臭いとその方向を調べ，記録します。
　① 時間帯による交通量と騒音
　② 隣家のエアコン室外機・浄化槽の位置と騒音
　③ 隣家の浄化槽・臭突の位置と臭い
特定の騒音問題等は，周辺住民から情報を得るようにします。

4．眺望環境

相隣間のプライバシーの確保に配慮するために，計画地からの眺望と隣家の窓の位置を調べ，記録します。
　① 隣家の配置状況（高低差・距離・高さ）
　② 計画地から見える隣家のトイレ・風呂・台所の窓位置
　③ 計画地へ向いている隣家の窓位置と視角範囲
　④ 眺めの良好な近景・中景・遠景と方向の把握

5．周辺の樹木の分布状況

周辺の四季の変化を借景として，眺望設計に取り込むために，周辺敷地の植栽の分布状態を把握することもあります。

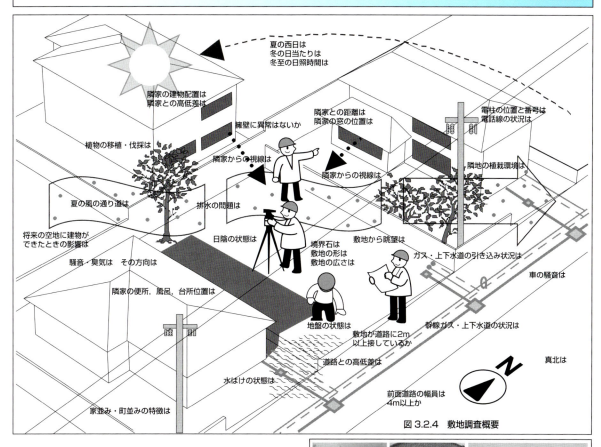

夏の西日は
冬の日当たりは
冬至の日照時間は

隣家の建物配置は
隣家との高低差は

隣家との距離は
隣家の窓の位置は

電柱の位置と番号は
電話線の状況は

擁壁に異常はないか

植物の移植・伐採は

隣家からの視線は

隣家からの視線は

隣地の植栽環境は

夏の風の通り道は

排水の問題は

将来の空地に建物が
できたときの影響は

日陰の状態は

境界石は
敷地の形は
敷地の広さは

敷地から眺望は

ガス・上下水道の引き込み状況は

騒音・臭気は　その方向は

車の騒音は

隣家の便所，風呂，台所位置は

地盤の状態は

幹線ガス・上下水道の状況は

敷地が道路に2m
以上接しているか

真北は

道路との高低差は

水はけの状態は

前面道路の幅員は
4m以上か

家並み・町並みの特徴は

N

図 3.2.4　敷地調査概要

6. 前面道路からの進入方向

通勤・通学・買物等を想定して，歩行による進入と車による進入経路を把握する必要があります。

① 周辺道路状況の把握

② 通学・買物などの歩行経路の把握

7. 街並み環境

街並みに調和した建物を提案するために，近隣の家並みを前面道路沿いに調べ，カメラで記録します。

① 家並みの持つ景観要素を把握分析

② 風土性の把握（近くの図書館等で文献調査等）

8. 敷地選定のための都市施設調査

敷地の選定から環境調査を始める場合は，都市施設などの調査を行います。

① 交通機関（駅・バス停までの距離と経路）

② 商業施設（生活必需品販売店までの距離と経路）

③ 公共施設（役所・警察・図書館・公園までの距離と経路）

④ 病院（総合病院・診療所までの距離と経路）

⑤ 教育機関（保育所・幼稚園・小中学校までの距離と経路）

⑥ ゴミ集積所（位置と収集日時）

⑦ 近隣の行事等

敷地 東側　　　敷地 南側

敷地 西側　　　敷地 北側

計画地は，山を切り開いた造成団地の中にある。敷地の東側は住宅はまだ建設されておらず，日照地でもあり冬に北東からの強い風に悩まされる。夏場の西南側風景によって夏前からの病葉害を受ける可能性がある。西側には，3mを越える擁壁の上に隣家が連接しており，当該地を見下ろすかたちになり，隣家よりの視線対策を講じる必要がある。また，エアコンの室外機の騒音が少ない。北側敷地前では，北東の方向に車庫があることより，車の出し入れによる騒音を考慮に入れる必要がある。

周辺の家並みは，古い民家や山麓沿いに広がっている。屋根瓦は石州瓦で葺かれおり，赤色の屋根と白壁で構成されているが，団地内には，統一された構成は見られない。

図 3.2.5　環境調査記録写真

B プラン敷地

表 3.2.1　コストと計画に影響する要素

建築コストに影響する要素	設計計画に影響する要素
①地盤の地耐力 ②既存擁壁の状態 ③敷地の形状／高低差 ④上下水道引込みの有無 ⑤ガス・電気引込みの有無 ⑥防火関係地域の防火対策 ⑦騒音対策	①前面道路との接道状況 ②建ぺい率 ③隣地関係状況 ④通風環境 ⑤日当たり環境 ⑥眺望環境 ⑦家並み・街並みとの調和

課題	敷地を選択して，敷地条件を報告書に整理してください。		
課題 敷地A	敷地測量図・敷地写真，ムービー・敷地調査報告書		
課題 敷地B	敷地測量図・敷地写真，ムービー・敷地調査報告書		
課題 敷地C	敷地測量図・敷地写真，ムービー・敷地調査報告書		

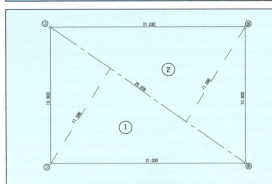

図 3.2.6　測量図

	底辺 (m)	高さ (m)	倍面積 (m²)
①	25.209	11.596	292.323564
②	25.209	11.596	292.323564
合計	－	－	584.647128
1/2	－	－	292.323564
地積	－	－	292.32

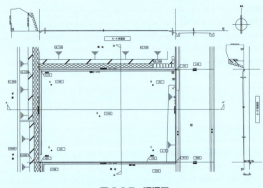

図 3.2.7　現況図

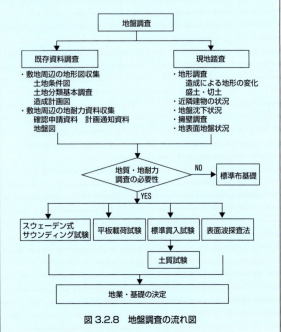

図 3.2.8　地盤調査の流れ図

現地調査

現地に出向いて計画地の敷地形状，高低差，道路の位置，給排水やガス設備等および地盤の状況を細部にわたって調査し，設計のための基礎資料とします。

1.　敷地測量

境界石（杭）が不明確の場合は，隣地所有者立会いのもと地積図などを参照して，境界を明示する測量図を作成します。

① 境界杭，境界石および境界線の確認
② 敷地の高低差
③ 敷地測量（測量図作成）

相隣問題　Web

2.　ガス・電気・給排水設備

ガス・電気の引込み，上下水道の配管状況を調べます。

① 上水道　引込みがある場合（位置・給水管径不足確認）
　　　　　　無い場合　（本管径・位置・付近の水圧確認）
② 下水道　引込みがある場合（公共桝位置・深さ確認）
　　　　　　ない場合　（本管径・位置・深さ・勾配・マンホールの位置確認）
③ 電気　　（付近幹線・電柱位置，電柱番号確認）
④ 都市ガス　引込みがある場合（引込み栓位置確認）
　　　　　　　ない場合（本管位置・管径確認）

引込みのない場合は，工期と建築費に影響を与えます。

3.　現況図作成

測量図を基に現況図を作成します。

① 道路幅員（歩道幅・道路幅・側溝幅および勾配）
② 上下水道・ガス引込み栓位置，マンホール・電柱位置
③ 擁壁・塀・樹木などの既存物

4.　その他の必要調査事項

① 整地・土盛の必要性確認
② 擁壁の必要性（許可の有無確認）
③ 既存擁壁の安全性確認
④ 水はけ状態の確認，雨水処理方法調査
⑤ 地下埋設物の把握（井戸・基礎・配管・樹木根・廃材）
⑥ 移設，除去するものを特定

5.　地盤調査

既存資料調査と現地踏査により，軟弱地盤で不同沈下が予測される場合は，地耐力や地層構成を確認するために地質・地耐力調査が必要になります。

(1) 既存資料調査　（敷地周辺の地耐力・地質図資料収集）

既存資料を調べることで，おおよその地盤の状態を予測することができます。

① 地形図

　　　谷地・湿地・斜面・崖地などを分類した地図
　　　土地条件図：国土地理院発行

土地分類基本調査：都道府県

造成図と地形図を重ね合わせ，その土地の前歴を調べます。

② 造成計画図

区画割り，切土・盛土計画，排水計画等の図面

宅地造成開発申請図面：開発課等

造成計画図より，盛土と切土の状況を判読します。

③ 近隣の地盤調査資料

確認申請資料：建築指導課等

液状化予測図：建築指導課等

地盤図：行政機関資料，出版物

近隣の地盤調査データから計画地の地盤状態を予測します。

その他，法務局で公図・登記簿謄本を閲覧し，水路などの埋立て状況・地目の変更を調べます。特に，計画地の地名が水に関係する場合，その土地の前歴に注意が必要です。

(2) 現地踏査

現地で地形と近隣建物状況および地表面を詳細に調べます。

地形の確認

軟弱地盤は，水分や空気を多く含む地盤で，主に窪地・谷地・水田・水路などがあった低湿地帯で雨水・地下水が集まる場所に多く，圧密沈下を起こしやすい。また，造成地では，盛土が厚い土地や切土と盛土が隣り合わせになっている土地は不同沈下を起こしやすく，盛土材料と経過年数を確認する必要があります。

① 周辺建物・擁壁の確認

周辺建物の基礎，外壁，塀および擁壁に異常なひび割れや変形がないか不同沈下の兆候を調べます。

② 地表面地盤状況の確認

鉄筋の差込み，素掘りなどにより，土の締り具合と土質を確認し，地盤調査の必要性を総合的に判断します。

(参考：試験掘りによる地層の簡易判別法：日本建築学会　小規模建築物基礎設計の手引き)

(3) 地質・地耐力調査

① スウェーデン式サウンディング試験（JIS A 1221）

戸建住宅では最も一般的な試験方法で，貫入するときの錘の重さと回転数から地盤の強さ推定します。測定数は宅地で3か所程度です。地中の土のサンプルを採取できない欠点がありますが，費用と作業性に優れている試験法です。

② 平板載荷試験（JGS 1521）

べた基礎など直接荷重を地盤に伝える場合に行う試験方法で，調査深度の地盤に直接荷重を加えることで，沈下量と地盤の支持力を測定します。

③ 標準貫入試験（JIS A 1219）

最も信頼性が高い調査方法で，サンプラーを挿入して錘を落下する回数（N値）で，地盤の強さを推定します。また，各深度ごとの土のサンプルを採取することが可能で，その結果より土質試験データを得ることができます。支持地盤が深い場合に用います。

④ 表面波探査法

レイリー波を用いて，地盤性状と地耐力を推定する方法です。

(a) 切土と盛土が混在する造成地

切土と盛土にまたがって建てられた住宅は，圧密沈下による不同沈下の影響を受けやすい。

(b) 盛土が厚い地盤

盛土後の転圧が不十分な場合，圧密沈下を起こしやすい。

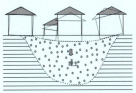

(c) 湿地等の埋立て地盤

谷地，湿地等の埋立て地の場合底面部が軟弱地盤であるため，自重で締め固まるまでかなりの年数を要する。

(d) 埋設物のある地盤

地中に埋設物がある場合，腐敗して空隙部が生じたり，部分的に残されたコンクリート埋設物により，不同沈下を起こしやすい。

図 3.2.9　不同沈下を起こしやすい地盤

表 3.2.2　地質・地耐力試験の方法と報告書の読み方 Web サイト

スウェーデン式サウンディング試験・標準貫入試験	Web
平板載荷試験・表面波探査法	Web

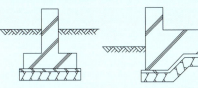

(a) 布基礎　30KN/m² 以上

(b) べた基礎　20〜30KN/m² 以上

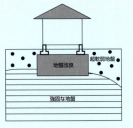

(c) 地盤改良　20KN/m² 未満

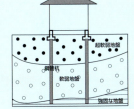

(d) 基礎ぐい　20KN/m² 未満

図 3.2.10　基礎・地業の決定

表 3.2.3　住宅地盤調査関連 Web サイト

住宅の地質調査，大地の解体新書	Web	Web
地盤情報		
地盤調査について，試験掘りによる地層の簡易判別法	Web	Web
地質調査報告書例		

表 3.2.4　敷地に関わる法規制調査事項

区・市町村　都市計画課（無い場合は宅地課・建築指導課・建築課等）又は、都道府県土木事務所　建築課	都市計画区域	線引き区域	市街化区域	計画的に市街化を図る区域 土地利用計画上で用途地域等を定める。
			市街化調整区域	市街化を抑制する区域 農林漁業用住宅及び都道府県の条例で立地基準を満たす場合は、許可制で建築できる。 原則として用途地域を定めない。
		非線引き都市計画区域		用途地域の指定地域（色塗り地域）
				用途地域の指定の無い地域（白地地域） 特定行政庁が容積率・建ぺい率等を選択。また、「特定用途制限地域」を定めた場合、特定の用途の建築物の建築を制限される。
	都市計画区域外	準都市計画区域		市町村が準都市計画区域を指定している場合建築確認、集団規定が適用される。また、都計法 33 条の開発許可の基準が適用される。
		準都市計画区域以外		原則として集団規定の適用対象外。ただし、一定規模以上の開発は、開発許可が必要。
	用途地域	住居系	第 1 種低層住居専用地域	低層住居の良好な住環境を保護する。
			第 2 種低層住居専用地域	主に低層住居の良好な住環境を保護する。
			第 1 種中高層住居専用地域	中高層住居の良好な住環境を保護する。
			第 2 種中高層住居専用地域	主に中高層住居の良好な住環境を保護する。
			第 1 種住居専用地域	住居の環境を保護する。
			第 2 種住居専用地域	主に住居の環境を保護する。
			準住居地域	沿道の業務の利便およびこれと調和した住居環境を保護する。
		商業系	近隣商業地域	近隣住民のための店舗等の利便性を増進する。
			商業地域	主に商業等の業務の利便を増進する。
		工業系	準工業地域	主に環境悪化のおそれのない工業の利便を増進する。
			工業地域	主に工業の利便を増進する。
			工業専用地域	工業の利便を増進する。住宅は建築できない。
		その他	無指定区域	都市計画区域内であって、用途地域の指定のない地域であるが、道路関係、面積制限、高さ制限の一部の規制を受ける。
	防火関係地域		防火地域	都市計画で、都市不燃化を推進するために設けられた地域 木造では、階数 2 以下かつ延べ面積 100m² 以下で、準耐火建築物であれば建築可能である。
			準防火地域	都市計画で、市街地火災の拡大防除するために設けられた区域 2 階建て木造の場合は、外壁・軒裏の延焼のおそれがある部分を防火構造とし、外壁開口部に準延焼性能の防火戸を設ける。屋根は令 136 条の 2 の 2 の基準を満たした適合仕様か、大臣認定のものとする。 3 階建て木造は、準耐火建築物又は令 136 条の 2 に適合する構造とする。
			法 22 条の指定区域	特定行政庁が市街地の延焼防止のために区域を指定し、屋根と外壁の規制をする区域 屋根は令 109 条の 5 の基準を満たした適合仕様か、大臣認定のものとする。 外壁の延焼のおそれのある部分は準防火性能で適合仕様か、大臣認定のものとする。
	環境保全関係地域		風致地区	都市の自然環境を維持するための地区 県条例、市町村条例で建ぺい率、高さ、外壁の後退等の建築規制や宅地造成、木竹伐採などの規制及び建物意匠、形態の許可が必要。
			美観地区	市街地の美観を維持するための地区 地方公共団体条例で美観維持の規制がある。
			建築協定	地域住民自ら、地域環境の保全・改善の規則を設け、特定行政庁が認可した協定 敷地、建物位置、構造、用途、意匠、形態、建築設備等に制限がある。
	都市計画事業関係		都市計画事業制限	都市計画事業の認可や承認を受けた区域内には、事業施行の障害となる恐れのある土地の形質の変更、建築物の建築等は、原則として知事の許可を必要とする。
			土地区画整理事業	何十年も前に指定して、順次区画整理するので、換地が完了するまで時間がかかる。 その間、確認申請前に許可申請を必要とする。
			市街地開発事業 都市計画施設事業 （計画道路等）	計画決定後、何年も事業決定に至らない場合が多い。計画決定されると施行区域内には、地階がなく地上 2 階以下の木造か鉄骨造等の除去が容易なものしか建てられない。 事業決定すると取り壊さなければならない。
			市街地開発事業予定区域	土地の形質の変更、建築物の建築の行為は、知事の許可とする。
	計画地区等	地区計画	地区計画 住宅高度利用地区計画	地区整備計画が定められている区域内で建築等を行う場合、地区計画などに定めた制限以外の事項については、市町村長に届け出をしなければならない。

法規制調査

土地と建物にはさまざまな法規制がかけられています。建物の計画を進める際に、事前に調べておくことが必要です。宅地に関わる主な規制と調査事項および役所の担当課窓口を表で示します。ただし、担当課名称は区市町村によって多少異なります。

1. 法規制調査の事前準備

関係担当窓口に出向く前に、計画地の概要を把握し、法規制に係わりそうな部分を整理しておく必要があります。

① 計画敷地の所在地住所、住宅地図（白地図）入手
② 前面道路の幅員と接道状況
③ 敷地の方位と敷地高低差、擁壁築造の是非
④ 敷地の地盤調査の必要性
⑤ 隣地境界（境界石）の確認、境界の明示
⑥ ガス、水道、下水道の引込み状況と電柱番号・設置位置

2. 都市計画課関連調査

主に都市計画上から、計画敷地がどのような地域・地区に指定されているか、また指定により敷地および建築にどのような制約が生じるか調査します。特に都市計画事業関係区域内に計画地がある場合、事業の進捗状況を十分に把握する必要があります。

調査事項：用途地域、建ぺい率、容積率、建物の高さ制限、外壁位置の規制、防火関係地域の有無、環境保全関係地域の有無とその内容、都市計画事業関係の有無とその内容、その他の条例による規制および緩和

3. 建築指導課関連調査

主に建築基準法上から、敷地の前面道路の種類と接道による建築への影響を調査します。また、敷地周辺の地盤状況資料閲覧と確認申請を行う上での問題点を明確にします。

調査事項：敷地前面道路の種類および道路が 4m 未満の場合の法規制確認、接道規定（建築基準法 43 条）「ただし書き道路」の場合の同意手続き方法と期間の聴取

4. 道路管理課関連調査

前面道路の認定幅員を道路台帳より、確認します。幅員認定がされてない場合、実測したものが道路幅員となります。

調査事項：認定幅員の確認

5. その他の関連調査

下水道管理課　：下水道管の埋設状況および負担金
　　　　　　　　雨水の処理方法、浄化槽設置への補助金
水道局管理課　：上水道管の埋設状況および負担金
農業委員会　　：農地の宅地転用の場合の手続き方法
法務局　　　　：公図、地積測量図による境界線、地積の照合融資に関わる権利関係調査
保健所　　　　：浄化槽の設置に関する届出、放流基準
電力会社　　　：電力引込みと費用区分、電柱移設
ガス会社　　　：ガス引込みと費用区分

担当	分類	項目	内容
都市計画課（無い場合は宅地課・建築指導課・建築課等）又は、都道府県土木事務所、建築課	道路に関する規制	敷地の接道義務	原則として道路に2m以上接していない敷地には建築できない。ただし、敷地周辺に広い空き地を有する場合や省令の基準に適合する場合、特定行政庁の許可を受けて建築できる。
		2項道路による道路境界線位置	幅員4mに満たない道路に面している敷地は、道路境界線を道路中心線から2m後退させる。また、道路の反対側が川、がけ地等の場合は反対側の道路境界線から4mの位置を道路境界線とみなす。
		角地の隅切り	角地にある敷地では、都道府県条例で隅切りが義務づけられていることがある。位置指定道路は角地の隅切りを設ける。
	外壁位置の規制	壁面線の指定	特定行政庁により、壁面線が指定されている場合、建物の壁、柱、高さ2mを超える門、塀は壁面線を越えて建築してはならない。
		外壁の後退距離	第1種、第2種低層住居専用地域内で、都市計画で外壁の後退距離（1m又は1.5m）を定めている場合は、その後退線より外壁の長さは3mを超えて突出してはならない。
	建物の面積制限	建ぺい率	建築面積の敷地面積に対する割合の制限 都市計画で用途地域の種別と無指定区域に応じて、定められている。
		容積率	延べ面積の敷地面積に対する割合の制限 都市計画で用途地域の種別と無指定区域に応じて定められている。指定容積率と前面道路の幅員よる容積率のうち、小さい方をとる。
	建物の高さ制限 / 斜線制限	道路斜線	道路沿いの環境を確保するために、道路に面した建物の高さの規制斜線 住居系地域とその他の地域で斜線の勾配が異なる。斜線の適用距離は用途地域別や容積率の関係により異なる。
		隣地斜線	隣地境界線周辺の環境を確保するために、隣地境界線に面した建物の高さの規制斜線 低層住居専用地域を除く住居系地域とその他の地域・無指定区域により制限が異なる。
		北側斜線	北側隣地の日照を確保するために、真北方向を基準にした建物の高さの規制斜線 第1・2種低層専と第1・2種中高層住居地域内に適用される。
		絶対高制限	低層住居地域の住環境を確保するために、都市計画で第1・2種低層専住地域に定められる限界高さの制限（10m又は12m）
		日影制限	建物が落とす冬至の日影時間を規制することで、周辺の日照を確保する規制 対象区域は条例で指定（商業、工業、工専は対象外）
		高度地区	環境維持及び土地利用の増進のために、都市計画で建物の最高限度高さ又は最低限度高さを定める地区 内容は地方によって異なる。
建築指導課等		確認申請 地盤資料	確認申請を審査する担当で、前面道路及び建築制限の詳細について、指導事項を調査する。また、近隣地盤資料・液状化予測等を調べる。
道路管理課		道路の認定幅員の確認	道路台帳で、前面道路の認定幅員を確認する。区市町村では、原則として市町村道路のみで、国道・県道は、道路管理事務所で確認する。
開発指導課等		開発許可	宅地開発に許可を伴う場合「宅地開発指導要綱」を入手し、指導事項を確認する。

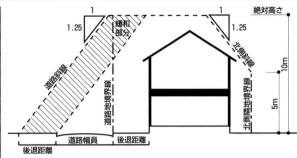

図 3.2.11　第1種低層住居専用地域の斜線制限

表 3.2.5　その他の調査事項

機関	分類			内容
区市町村	下水道管理化	公共下水	引込み 有	合流か分流かの方式確認
			無	下水本管の埋設状況（公共下水道施設図）公設枡接地に要する負担金と工期を調査する。
		浄化槽		農村部では、浄化槽・雨水の排水を側溝へ流す場合、水利組合の同意が必要。同意手続きと日数の調査をする。補助金の有無を確認する。
	水道局管理化	上水道	引き込み 有	引込み管の径と材料の確認（管径最低20mm以上、鉛管使用不可）
			無	本管の径・位置・水圧の確認（上下動施設図）負担金と工期　水道管に関する特別規定
	農業委員会	農地転用	市街化区域内の農地	宅地等に転用する場合工事着手前に農業委員会に届出が必要。
			市街化調整区域内の農地	農業委員会を通じて知事の許可が必要。
			農業振興地域内の農地	農地転用の許可を受ける前に農振除外の申請が必要。
法務局		登記簿謄本 公図・地積測量図		権利関係の調査確認 現地との照合
保健所		浄化槽		浄化槽からの放流規定 浄化槽の新設や規模変更等の場合は届出が必要。
電力会社		電気		付近幹線および電柱位置・電力引込み方と費用区分・申請手続き方法を調査する。
ガス会社		都市ガス	引込み 有	ガス管容量の確認
			無	引込み方法、負担金と工期を調査する。
		LPガス		施設内配管は業者負担が一般的。

表 3.2.6　おすすめ Web サイト

建築基準法・告示・条例	Web	Web
都市計画・建築基準法		
真北の求め方、敷地法規則	Web	Web
相隣問題		

近隣と民法の知識

（1）建物と境界線との距離（民法234条）
建物を建てるには、境界線より50cm以上離さなければならない。違反があれば、隣地所有者は、その建築の廃止、変更を求めることができる。建築着手より1年経過したものや竣工したものについては、損害賠償を求めることができる。ただし、建築基準法65条が優先する。（最高裁判例）

（2）観望の制限（民法235条、同236条）
境界線より1m未満の距離に窓や縁側を設けるときは、目隠しを設置しなければならない。ただし、異なる習慣のある場合を除く。

（3）隣地からの流水（民法214条、同218条）
隣地から水が自然に流れてくるのを妨げてはならない。しかし、雨水を直接隣地に注ぐ屋根などは設けてはならない。

（4）下水の排水（民法200条、下水道法11条1項）
高地の土地所有者は家用の排水等のために、公流に至るまで、他人の土地であっても、低地に水を通過させることができる。
他人の土地や排水設備を使用しなければ、下水を公共下水道に流せない場合は、他人の排水設備の利用及び他人の土地に排水設備を設置することができる。

（5）隣地の竹林（民法233条）
隣地の竹林が境界を越えている場合は、その所有者に枝の切取りを請求できる。根の場合は、自分で切取ることができる。

（6）境界標の設置（民法223条、同224条）
土地の所有者は、隣地の所有者と共同費用で境界標を設置できる。このときの測量費用は、土地の広さに応じて分担する。

（7）塀の設置（民法225条）
土地の境界に、隣地所有者と共同費用で塀や垣根を設置できる。ただし、隣と協議できない場合は、高さ2mの板塀か竹垣とする。

顧客のニーズ
- 顧客の状況に関する事実
  - 家族構成（ライフサイクルを考慮）
  - 続柄・年齢
  - 職業
  - 趣味
  - 身体状況
  - 所有する家具
  - 建築予算
  - 所有する敷地（周辺環境）
- 顧客の住まい方に関する希望
  - 家族各人の希望（ライフスタイルとの関連）
  - 住宅の各部屋に対する希望

何を優先させるか？
設計する住宅の特徴は何か？

↓

設計コンセプト

図3.3.1　顧客のニーズから設計コンセプト

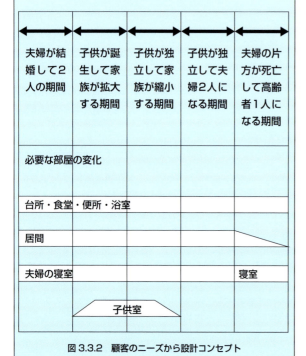

夫婦が結婚して2人の期間	子供が誕生して家族が拡大する期間	子供が独立して家族が縮小する期間	子供が独立して夫婦2人になる期間	夫婦の片方が死亡して高齢者1人になる期間
必要な部屋の変化				
台所・食堂・便所・浴室				
居間				
夫婦の寝室				寝室
	子供室			

図3.3.2　顧客のニーズから設計コンセプト

顧客ニーズの把握

　一般的に建築物は顧客の注文によって単品生産されるものですから，その建築物を注文した顧客の希望（ニーズ）をよく理解し，設計に反映させなければなりません。

　しかし顧客のニーズは非常に多様であり，それを正確に把握するためにはニーズを体系的に整理し，記録しておく必要があります。

1.　顧客ニーズとして把握しておくべき事項
（1）顧客の状況に関する事実（事実の把握）
　顧客の家族構成等，顧客家族の状況に関する事実の把握は次の事項について整理します。
　　① 家族構成（ライフサイクルを考慮）
　　② 続柄・年齢
　　③ 職業・趣味（各人のライフスタイルとの関連）
　　④ 身体状況（高齢者・障害者）
　　⑤ 所有する家具
　　⑥ 建築予算
　　⑦ 所有する敷地等（周辺環境も含む）
（2）顧客の住まい方に関する希望（希望の理解）
　顧客の住まい方に関する考え方は，次の事項に整理して把握します。
　　① 家族各人の希望（各人のライフスタイルとの関連）
　　② 住宅の各部屋に対する希望
（3）希望の優先順位
　現実的な問題として，調査によって明らかになったすべての顧客ニーズを設計に反映させることが不可能であったり，難しいケースや，また，その住宅の特徴として，優先させたい事項があるケースもあります。

　その際どのような希望を優先させるのかヒヤリングによって捉えておく必要があります。

　そのなかで最も優先させるものを一般的に設計コンセプトとよんでいます。

2.　チェックリストの活用
　以上のような顧客ニーズを把握する際に，漏れ等がないよう，次ページに示すようなチェックリストを活用すると便利です。記入はまず顧客の状況に関する事実から記入し，次いで家族各人の住まいに対する希望（漠然とした希望），住宅の各部屋に対する希望（細部の希望）というように記入すると記入しやすいと思われます。

チェックリスト

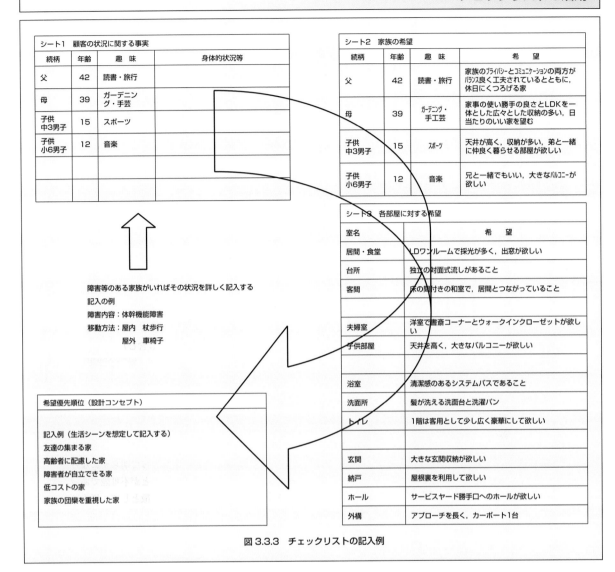

図 3.3.3　チェックリストの記入例

基礎知識　調査の手法

　顧客のニーズを把握する際には，一般的に顧客への面接調査（ヒヤリング）によって調査を進めてゆきます。しかし，場合によっては顧客家族のなかで意見がまとまらず，整理がつかないケースも考えられます。そのような場合には，KJ法等を用いて顧客家族の意見を整理してゆく方法があります。

KJ法の目的

　KJ法は会議等で多用な意見が出される場合，それらの意見を整理統合する手法であり，建築の分野でも関係者の意見の整理や意思統一を図るのに有効な手法です。

KJ法の進め方

KJ法は，一般的に次の4段階の手順によって行います。

（1）記録

　家族各人の意見や，事実をできる限り拾い出し，1つの内容を各1枚の紙片に記録します。

（2）グループ編成

　記録された紙片を広いテーブル等に広げ，意味の近いと思われるものを集めて小グループを構成し，そのグループの内容をよく表すと思われる表札を作成します。さらに表札を紙片とみなし，再度意味の近いと思われるものを集めてグループ化します。これ以上意味の近いものがないという段階までこれを繰り返します。

（3）図解

　編成されたグループを関係に基づき模造紙等に配置し，矢印等の記号を用いて図示します。

（4）文書化

　図示されたものを見ながら内容を整理し，文書で表現します。

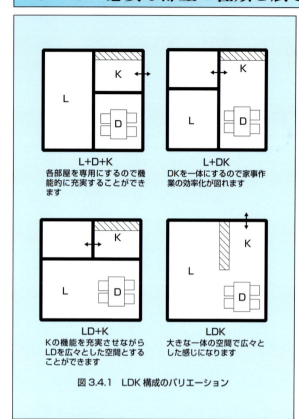

L+D+K
各部屋を専用にするので機能的に充実することができます

L+DK
DKを一体にするので家事作業の効率化が図れます

LD+K
Kの機能を充実させながらLDを広々とした空間とすることができます

LDK
大きな一体の空間で広々とした感じになります

図3.4.1 LDK構成のバリエーション

必要な部屋の種類と広さ

　前節で作成したチェックリストをもとに，必要な部屋の種類と数，広さを求める。さらに建築主の要望にない項目でも，設計者として提案すべき事項についてはここで検討し，整理しておく必要があります。

1. 必要な部屋の種類と数

　チェックリストをもとに，必要な部屋の種類と数を検討する。その際，次のような事項がポイントとなります。
　①LDKの構成
　②水回り（浴室・洗面所・便所）の数
　③子供部屋の数と構成（将来変化を考慮）
　④寝室のタイプ（和室または洋室）
　⑤その他の部屋（客間，書斎等）の有無

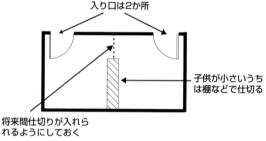

入り口は2か所
子供が小さいうちは棚などで仕切る
将来間仕切りが入れられるようにしておく

図3.4.2 子供の将来変化への対応

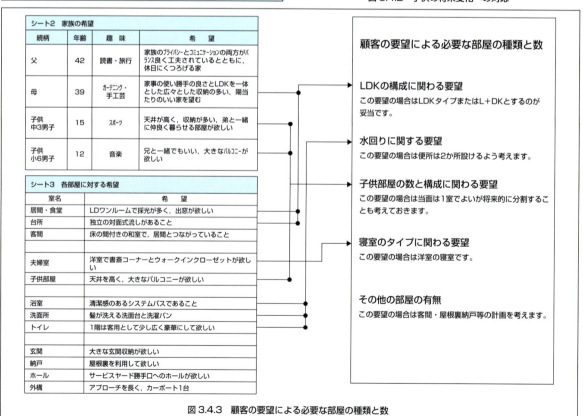

図3.4.3 顧客の要望による必要な部屋の種類と数

2. 必要な部屋の広さ

チェックリストをもとに，必要な部屋の広さを決定する。部屋の広さは要望としてして○○畳とか○○㎡というかたちで具体的に示されることはまれです。部屋の構成やタイプによって機能的に決まる広さと，「広々とした」というようにイメージで示される広さがあります。

(1) 機能的に決まる広さ

家具等の寸法に人体動作寸法を加えて機能的に決まる広さのことです。

(2) イメージで示される広さ

「広々とした」というようなイメージとして示される広さについては，機能的に決まる最低限の面積に余裕の面積を加えて対処します。

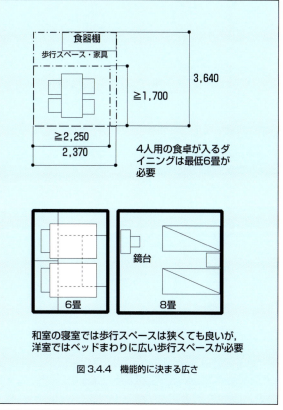

4人用の食卓が入るダイニングは最低6畳が必要

和室の寝室では歩行スペースは狭くても良いが，洋室ではベッドまわりに広い歩行スペースが必要

図 3.4.4　機能的に決まる広さ

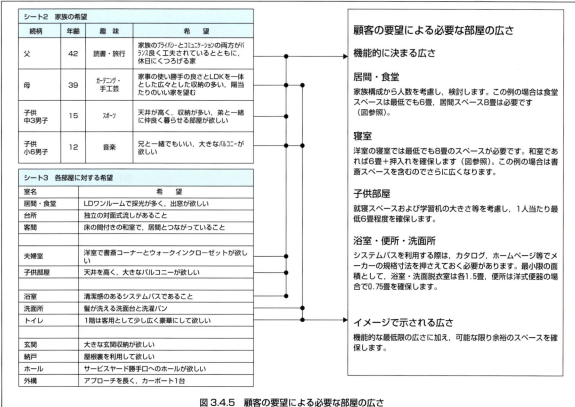

シート2　家族の希望			
続柄	年齢	趣味	希望
父	42	読書・旅行	家族のプライバシーとコミュニケーションの両方がバランス良く工夫されているとともに，休日にくつろげる家
母	39	ガーデニング・手工芸	家事の使い勝手の良さとLDKを一体とした広々とした収納の多い，陽当たりのいい家を望む
子供 中3男子	15	スポーツ	天井が高く，収納が多い，弟と一緒に仲良く暮らせる部屋が欲しい
子供 小6男子	12	音楽	兄と一緒でもいい，大きなバルコニーが欲しい

シート3　各部屋に対する希望	
室名	希望
居間・食堂	LDワンルームで採光が多く，出窓が欲しい
台所	独立の対面式流しがあること
客間	床の間付きの和室で，居間とつながっていること
夫婦室	洋室で書斎コーナーとウォークインクローゼットが欲しい
子供部屋	天井を高く，大きなバルコニーが欲しい
浴室	清潔感のあるシステムバスであること
洗面所	髪が洗える洗面台と洗濯パン
トイレ	1階は客用として少し広く豪華にして欲しい
玄関	大きな玄関収納が欲しい
納戸	屋根裏を利用して欲しい
ホール	サービスヤード勝手口へのホールが欲しい
外構	アプローチを長く，カーポート1台

顧客の要望による必要な部屋の広さ

機能的に決まる広さ

居間・食堂
家族構成から人数を考慮し，検討します。この例の場合は食堂スペースは最低でも6畳，居間スペース8畳は必要です（図参照）。

寝室
洋室の寝室では最低でも8畳のスペースが必要です。和室であれば6畳＋押入れを確保します（図参照）。この例の場合は書斎スペースを含むのでさらに広くなります。

子供部屋
就寝スペースおよび学習机の大きさ等を考慮し，1人当たり最低6畳程度を確保します。

浴室・便所・洗面所
システムバスを利用する際は，カタログ，ホームページ等でメーカーの規格寸法を押さえておく必要があります。最小限の面積として，浴室・洗面脱衣室は各1.5畳，便所は洋式便器の場合で0.75畳を確保します。

イメージで示される広さ
機能的な最低限の広さに加え，可能な限り余裕のスペースを確保します。

図 3.4.5　顧客の要望による必要な部屋の広さ

敷地内要素の整理

パブリックな ゾーン	水まわりの ゾーン	プライベートな ゾーン
玄関 応接室 居間（リビング） 食堂（ダイニング）	台所 便所 洗面 浴室	寝室 子供部屋 書斎

建築物

入り口（エント ランス）付近の ゾーン	庭	サービスゾーン
前庭 ポーチ 駐車場 駐輪場	主庭 テラス	サービス ヤード 洗濯物干場 物置

外部

図 3.5.1　敷地内要素の整理

サイトプラン

　敷地内に配置すべき要素を大まかなグループとして敷地内に配置してゆくことをゾーニングといいます。

　このとき建築物の部分だけで考えるのではなく，道路からのアプローチ，カーポートや庭等の外部の空間についても同時に考えることが重要です。

　一般的には，建築計画的な配置の原則を基本に，顧客の要望や敷地条件，法令上の制約等を加味しながら配置してゆきます。

1．敷地内配置の手順
（1）敷地内要素の整理
　敷地に各要素を配置してゆく際に，「部屋」という単位で配置の作業を進めてゆくことは非常に難しく，収拾がつかなくなってしまうことがしばしばあります。まず，部屋をパブリックなゾーン，プライベートなゾーン，水回りのゾーン等の似たもの同士のグループにまとめ，さらに建築物と外部等の大きなグループとして段階的に整理します。

（2）敷地内配置の順序
　原則的には，道路などの状況によって決まってしまうエントランス，カーポートなどの確定的な要素の配置や，建築物はこの辺り，庭はこの辺りといった，大きなグループの配置を先に決め，順次小さなグループの配置へと，段階的に配置の作業を進めてゆきます。

　各グループ内で細かな配置を考える場合にも，面積の大きなグループや重要な部屋から順に場所を決めていきます。

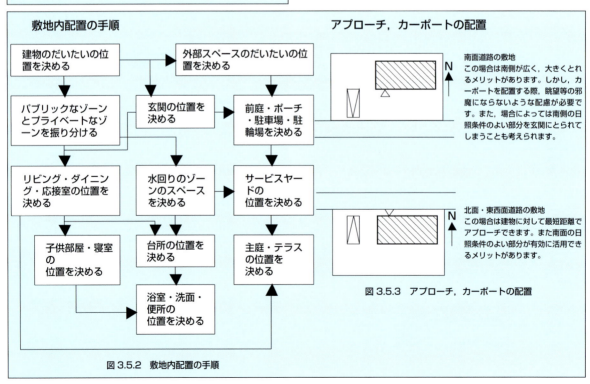

敷地内配置の手順

アプローチ，カーポートの配置

南面道路の敷地
この場合は南側が広く，大きくとれるメリットがあります。しかし，カーポートを配置する際，眺望等の邪魔にならないような配慮が必要です。また，場合によっては南側の日照条件のよい部分を玄関にとられてしまうことも考えられます。

北面・東西面道路の敷地
この場合は建物に対して最短距離でアプローチできます。また南面の日照条件のよい部分が有効に活用できるメリットがあります。

図 3.5.3　アプローチ，カーポートの配置

図 3.5.2　敷地内配置の手順

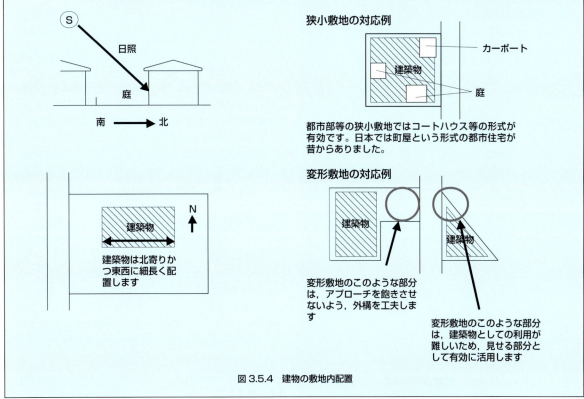

図3.5.4　建物の敷地内配置

2. 建築物の敷地内配置

　一般的には建築物は敷地の北寄りに配置する。これによって，敷地南側に別の建築物があっても日照の確保がしやすくなります。また，建築物は東西に細長いかたちとします。このようにすると，南側に面した日当たりのよい部屋をたくさん確保しやすくなります。

3. 変形・狭小敷地の対応

　いつも四角形の整った形の敷地でばかりとは限らず，また求められる諸室の構成に対して狭かったり，変形していることもしばしばあります。そのような場合には敷地の利用法等を工夫し，スペースが有効に活用されるよう対処する必要があります。

サイトプラン　　　　造園

基礎知識　庭の配置

　一般的に庭というとき，ほとんどの人が想像するのは，主庭とよばれる部分です。一般には庭としての認識がない場合もありますが，他にも前庭（門から正面玄関までの間の庭）やサービスヤード（洗濯物を干すなど，屋外における家事を行う場所）とよばれる庭を設ける場合があります。また，中庭（コート）とか坪庭とよばれる建物に囲まれた庭もあります。

　配置としては，建築物を敷地の北側に配置するわけですから，面積の大きな主庭は敷地の南側に配置します。前庭は門から正面玄関までの間に配置され，道路からの見えや，雰囲気づくりが重要となります。また，サービスヤードは家事のスペースですから道路や建築物内部等から見えにくい場所に配置します。

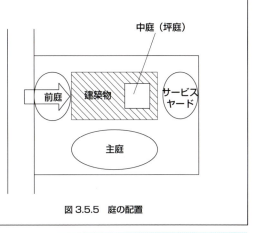

図3.5.5　庭の配置

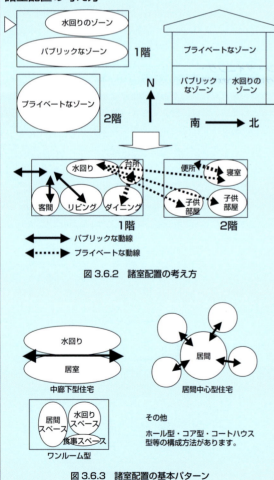

各部屋の建物の中での位置

図 3.6.1　各部屋の建物の中での位置

諸室配置の考え方

パブリックな動線

プライベートな動線

図 3.6.2　諸室配置の考え方

中廊下型住宅

居間中心型住宅

ワンルーム型

その他
ホール型・コア型・コートハウス
型等の構成方法があります。

図 3.6.3　諸室配置の基本パターン

屋内諸室配置手法

　建築物に諸室を配置する際には，まずパブリックなゾーンとプライベートなゾーンの配置を考えます。2階建ての場合には，一般的に1階の南側にパブリックなゾーン，2階にプライベートなゾーンを配置し，滞在時間の少ない水回りのゾーンは1階北側に配置します。平屋の場合では，東西に玄関があれば，玄関近くの南側にパブリックなゾーンを配置し，その北側に水回りのゾーン，玄関から遠い場所にプライベートなゾーンを配置する方法が一般的です。南または北に玄関がある場合には，玄関を挟んで東西にパブリックなゾーンとプライベートなゾーンを振り分けることもできます。また，各部屋を配置する際には，その部屋を使う時間帯と日照の関係を考え，原則的には次のように配置します。

1．諸室の配置
　① 食堂は朝の日照を考慮しできるだけ東側に配置。
　② 日中の利用が多い居間や客間は南側に面して配置することが望ましい。
　③ 滞在時間の少ない水回りは北側に配置してもよい。
　④ 子供部屋は日中の利用も考慮して南側に面して配置すべきである。
　⑤ 寝室は夜間に使用するので，場所がとれなければ南面させなくてもよいが，その際には朝日の入る東側に面させることが望ましい。

　実際には，敷地・道路等の条件および建築主の生活様式（ライフスタイル）により，優先順位を考えて設計に反映することになります。

2．諸室の位置関係（相対的な部屋の位置関係）
　各部屋の配置では動線を考慮することも必要です。頻繁に行き来のある部屋同士，あるいは一連の生活行動のなかで続けて使う部屋同士は直接つなげるか，近くに配置すべきです。
（1）直接つなげるべき部屋
　① キッチン・ダイニング・リビング
　② 浴室・洗面脱衣
（2）近くに配置すべき部屋
　① 玄関と客間
　② 勝手口とキッチン
　③ キッチンと洗濯場
　④ キッチンと小さな子供の遊び場
　⑤ 浴室と洗濯場
　⑥ 寝室と便所

　逆に玄関から客間に入るというようなパブリックな行為の動線と，個室から浴室に行くというようなプライベートな行為の動線の交差を避けるため，分離すべき動線もあります。

3. 実際のプランでの配置例

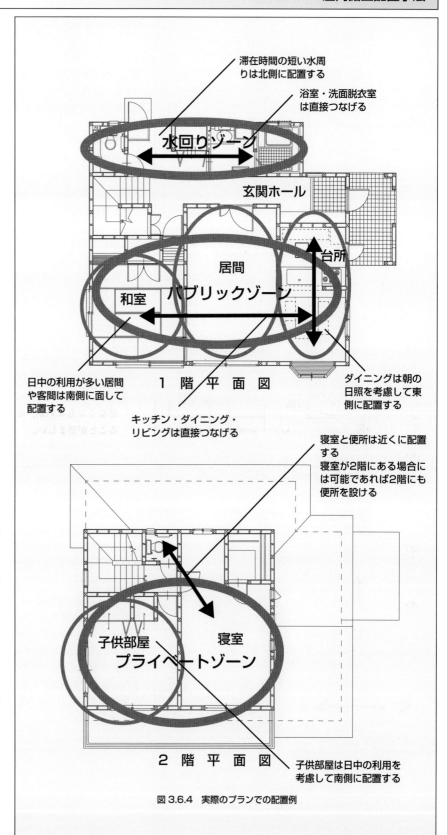

滞在時間の短い水周りは北側に配置する

浴室・洗面脱衣室は直接つなげる

水回りゾーン

玄関ホール

台所

居間
パブリックゾーン

和室

日中の利用が多い居間や客間は南側に面して配置する

１ 階 平 面 図

ダイニングは朝の日照を考慮して東側に配置する

キッチン・ダイニング・リビングは直接つなげる

寝室と便所は近くに配置する
寝室が2階にある場合には可能であれば2階にも便所を設ける

子供部屋
プライベートゾーン

寝室

２ 階 平 面 図

子供部屋は日中の利用を考慮して南側に配置する

図 3.6.4 実際のプランでの配置例

(1) この設計例の配置上の問題点

① 玄関から客間に入るというようなパブリックな行為の動線，個室から浴室に行くというようなプライベートな行為の動線が交錯している。

② キッチンと洗濯場が離れている。

③ 可能であれば客間は玄関の近くがよい。

動線計画

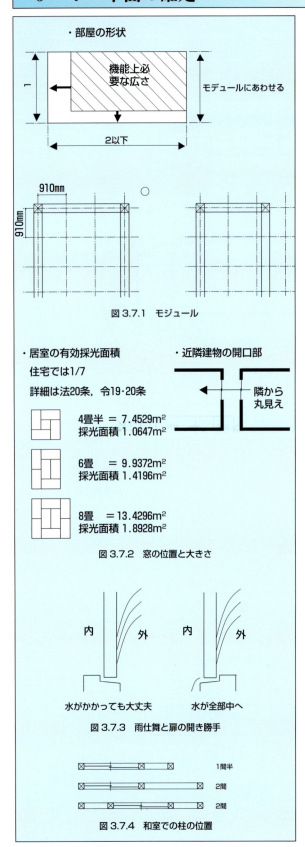

・部屋の形状

機能上必要な広さ

モジュールにあわせる

2以下

910mm

910mm

図 3.7.1　モジュール

・居室の有効採光面積

住宅では1/7

詳細は法20条，令19・20条

4畳半 ＝ 7.4529m²
採光面積 1.0647m²

6畳 ＝ 9.9372m²
採光面積 1.4196m²

8畳 ＝ 13.4296m²
採光面積 1.8928m²

・近隣建物の開口部

隣から丸見え

図 3.7.2　窓の位置と大きさ

内　外　　内　外

水がかかっても大丈夫　　水が全部中へ

図 3.7.3　雨仕舞と扉の開き勝手

1間半

2間

2間

図 3.7.4　和室での柱の位置

各部分の設計

　各部屋のだいたいの広さと位置が決まったら，建築物の各部分について詳細に検討してゆき，平面図として確定してゆきます。このとき部屋の大きさや，配置の変更が必要になる場合もあるので，その場合には前節に戻って再度検討する必要があります。

（1）部屋の大きさと位置の調整

　建築物全体の形状や，上下階の柱の通りや位置，モジュール等を考慮し，各部屋の大きさや位置を微調整し，部屋の形として確定してゆきます。このとき，一般的には，910mmのグリッドを基準にして，これに合わせて部屋を確定することになります。

（2）窓の位置と大きさ

　柱の位置や，光の取込み，隣地の建築物の窓の位置，法規上の有効採光面積の確保等を考慮して，窓の位置と大きさ等を決めてゆきます。

（3）扉の開き勝手

　一般的に，住宅の場合には，廊下での衝突事故を避けるためなどの理由で，部屋の扉は内開きにされるケースが多いようです。また，外部に通じる開き戸（玄関，勝手口等）は，雨仕舞の関係で外に開くようにするのが一般的です。浴室等の場合にも水仕舞を考慮して，引き戸や折れ戸（浴室内側に折れる）がよく使われます。引き戸はバリアフリーの観点からそれ以外の出入口にも用いられることが多くなっています。

（4）押入れ，床の間，クローゼットの配置

　伝統的な床の間は部屋の西側か北側に配置し，縁側寄りに書院が付くようにします。部屋に付属する収納スペースである押入やクローゼットは，その部屋でどのようなものが使用されるのかを考慮の上，適切な広さを確保します（一般的には部屋の面積の 15〜25 ％程度の広さを確保します）。収納のスペースを設計する際には，生活行動の流れを想像し，その流れに沿って，必要なものがそれを使う場所に収納されているように配慮することが重要です。

（5）和室での柱の位置

　和室等，柱が露出する部屋では柱は通常 1 間（1,820mm）以上の間隔があかないようバランスよく配置します。4 枚引きのふすま等の開口部でも 2 間以上間隔があかないよう注意する必要があります。また，このとき梁や桁が載るところを想定しながら，柱の位置を調整することも必要です。

収納プランニングソフト

プランニング

1. パブリックなスペース

(1) キッチン，ダイニング

システムキッチン等メーカーの規格品を使用する場合には，そのサイズをカタログなどで確認の上，それが収まるスペースを確保しておく必要があります。またテーブル，椅子等の家具類についても，あらかじめ置き場所を想定し，図面上に配置してみることが必要です。一般的な広さは10m² 程度です。

(2) リビング

リビングの計画では，家族が集まりやすい雰囲気をつくり出すことが重要なポイントとなります。一般的には開口部を広くとり，明るい雰囲気をつくり出すことや，家族各人の個室やキッチンとつながりをもった配置とすることで対応します。一般的な広さは15m² 程度です。

(3) 和室（客間・高齢者の居室）

戸建て住宅では，1階にリビング等とは別に和室のスペースを設けるケースがよく見られます。このような和室を設ける際には，その利用目的をはっきりとさせておくことが重要です。これによって設計上留意すべき事項が異なってきます。一般的な広さは応接室の場合は10m² 程度，高齢者の居室の場合は15m² 程度です。

キッチンの配置パターン

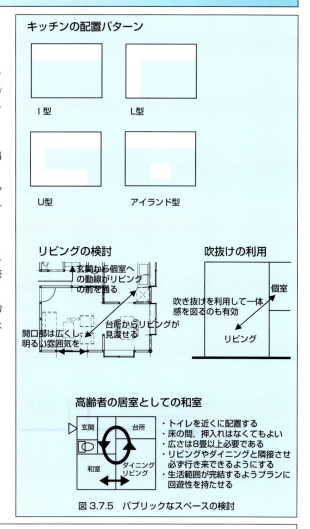

客間としての和室

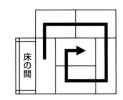

・玄関から近い位置に配置する
・床の間，押入れを設ける
広さは6畳以上

高齢者の居室としての和室

・トイレを近くに配置する
・床の間，押入れはなくてもよい
・広さは8畳以上必要である
・リビングやダイニングと隣接させ必ず行き来できるようにする
・生活範囲が完結するようプランに回遊性を持たせる

図 3.7.5　パブリックなスペースの検討

まめ知識

畳の敷き方

畳は原則的に床の間の正面に1枚目を平行に敷き，右回りに渦巻状に敷いて行きます。

このような状態は「床刺し」といい，畳の敷き方の作法に反します。

京間と関東間

関東間は京間に比べると，1枚の畳の大きさがやや小さく部屋が狭いということは一般にもよく知られています。しかし関東間と京間の最大の違いは畳の大きさではなく，部屋の寸法のとり方にあります。関東間は柱の中心を基準にして910mm（3尺）の倍数で寸法をとっていきます。これに対して京間は，部屋の内法で955mm（3尺）の倍数をとっていきます。この寸法のとり方の違いによって，関東間では畳1枚の大きさは，畳の敷かれる場所や部屋の広さによって異なりますが，京間では畳1枚の大きさは1910×955mmの1種類のみですみます。しかし京間では，内法で寸法をとるため，大きさの異なる部屋が並んだ場合には，柱の位置がずれてしまうため設計上の工夫が必要になります。

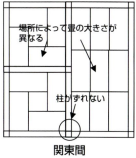

図 3.7.6　和室と畳

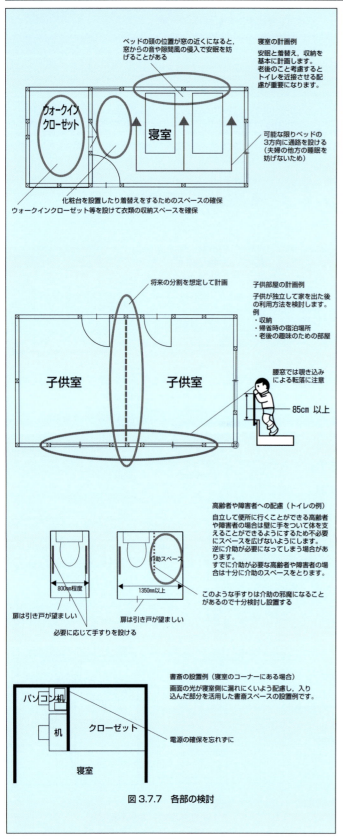

ベッドの頭の位置が窓の近くになると，窓からの音や隙間風の侵入で安眠を妨げることがある

寝室の計画例
安眠と着替え，収納を基本に計画します。老後のこと考慮するとトイレを近接させる配慮が重要になります。

ウォークインクローゼット

寝室

可能な限りベッドの3方向に通路を設ける（夫婦の他方の睡眠を妨げないため）

化粧台を設置したり着替えをするためのスペースの確保
ウォークインクローゼット等を設けて衣類の収納スペースを確保

将来の分割を想定して計画

子供部屋の計画例
子供が独立して家を出た後の利用方法を検討します。
例
・収納
・帰省時の宿泊場所
・老後の趣味のための部屋

子供室　　　　　子供室

腰窓では覗き込みによる転落に注意

85cm 以上

高齢者や障害者への配慮（トイレの例）
自立して便所に行くことができる高齢者や障害者の場合は壁に手をついて体を支えることができるようにするため不必要にスペースを広げないようにします。逆に介助が必要になってしまう場合があります。
すでに介助が必要な高齢者や障害者の場合は十分に介助のスペースをとります。

介助スペース

800mm程度　　　1350mm以上

このような手すりは介助の邪魔になることがあるので十分検討し設置する

扉は引き戸が望ましい　　扉は引き戸が望ましい

必要に応じて手すりを設ける

書斎の設置例（寝室のコーナーにある場合）
画面の光が寝室側に漏れにくいよう配慮し，入り込んだ部分を活用した書斎スペースの設置例です。

パソコン机

机　　クローゼット

電源の確保を忘れずに

寝室

図3.7.7　各部の検討

2. プライベートなスペース　その他のスペース

(4) 寝室

　寝室は睡眠をとるための部屋ですから，安眠できることが重要な機能となります。ベッドの頭の位置に壁がくるように配置を考えると，窓からの音や隙間風の侵入を防ぐことができ，安眠につながります。また，衣類の収納スペースの確保も重要な検討事項です。一般的な広さは和室の場合 $10m^2$ 程度，洋室の場合 $15m^2$ 程度です。

(5) 子供部屋

　子供の成長過程や将来の家族構成の変化を見越した部屋の使い方を検討しておくことが必要です。幼少期には親による保護や安全性が求められますし，青年期には独立とコミュニケーションのバランスをとることが重要です。子供が家を出たあとの部屋の利用方法も検討しておく必要があります。一般的な広さは $10m^2$ 程度です。

(6) 浴室・洗面脱衣室・便所

　前述したように，これらの部屋では配置が重要なポイントになります。また，高齢者や障害者が同居する住宅の場合には，介助の要不要によって求められる広さが違ってくるので注意が必要です（大は小を兼ねない）。この場合，扉の開き勝手も配慮しておく必要があります。

(7) 書斎

　最近の住宅では，「書斎」として専用の部屋を設けるケースは少なくなりました。しかし，近年のインターネットの普及等で，「パソコンを置くスペース」として書斎的な機能のスペースを寝室等の個室に設けるケースがよく見られるようになっています。この場合，睡眠の妨げとならないようなスペースのとり方を考える必要があります。

(8) ユーティリティ

　日本ではあまりなじみがありませんが，ユーティリティとは家事室のことです。一般的にはキッチンや子供部屋に隣接して設けられることが多く，裁縫や，洗濯物をたたんだりするために使われる部屋です。また，書斎を夫の個室とするなら，妻の個室であるとも考えられます。

(9) 収納

　納戸などの収納スペースは，現在その家族がどのような家財道具をどれだけ所有しているかということをもとに，今後の増加を見込んだ余裕のスペースを加えて容量を決めます。また，収納は1か所にまとまってとるのではなく，それを使う場所にしまえるように計画します。通常，各部屋の床面積に対して15〜25％程度の収納スペースをとるのが一般的です。

3. 移動のためのスペース

(10) 玄関

木造住宅の場合，その構造上上がり框に段差が生じることになります。この段差については，上がり框に腰掛けて上下足の履き替えをすることを想定する場合，車椅子の使用を想定してスロープを設けたり，土間を高くして段差をなくす場合，土間を高くしたり，式台等を用いて段差を小さくするなど，設計の考え方によってどのようにこの段差を調整するかが異なりますので，検討する必要があります。

(11) 廊下

一般的に廊下は暗いスペースになってしまいがちです。したがって吹抜けや，明かり採りの窓を積極的に活用するようにします。また，廊下はさまざまな動線が通過する場所ですから，設計をする際には動線の交差や，視線の通りについて十分配慮する必要があります。廊下が短い場合など，動線や視線がうまく分離できない場合には，扉などをうまく活用して分離することも考えられます。

(12) 階段

階段を設計する際には，踏面および蹴上げの寸法と，それによって決まる勾配を検討する必要があります。建築基準法では，住宅の階段は，蹴上げ23cm以下，踏面15cm以上，幅75cm以上と決められていますが，室内階段は，蹴上げの寸法としては15〜22cm，踏面の寸法としては20〜28cm程度の寸法がよく使われています。また勾配は，25〜40°程度に設定されることが一般的と思われます。階段に回り部分を設ける場合には，踏面3段で90°回転するようにするのが一般的です。

住まいづくり
総合サイト

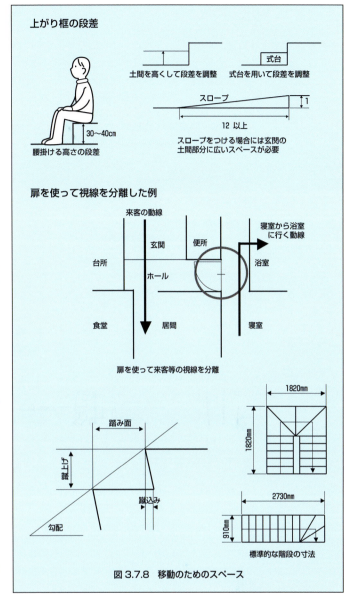

図 3.7.8　移動のためのスペース

基礎知識　安全な階段

階段は，住宅内においては最も事故の起こりやすい場所の一つです。階段内で事故の発生しやすい場所は，階段が直線から回り部分に入るところなど，階段の段に変化がつく場所です。要するに人が階段を昇り降りする際に，一定のリズムで昇り降りできることが事故の防止につながります。したがって，階段はできる限り直線的に昇り降りできるような形状にするほうが安全です。日本の住宅事情では，階段に回り部分をつけなければならない場合もよくありますが，そのような場合には階段を踏み外したときに転落する高さが低いよう，上り口に近い場所に回り部分を設けるようにします。

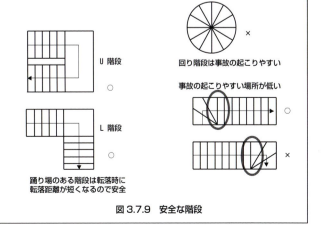

図 3.7.9　安全な階段

建築基準法によって制限を受ける
高さのチェック事項

直接高さを制限
しているもの
- 道路斜線・隣地斜線・北側斜線
  （建築基準法第56条）
- 軒高・最高高さの制限
  （建築基準法第55条）
- 天井高の制限
  （建築基準法施行令第21条）
- 床の高さの制限
  （建築基準法施行令第22条）

高さに影響を及
ぼすもの
- 有効採光面積
  （建築基準法第25条）
  （建築基準法施行令第19条・20条）

床の高さ

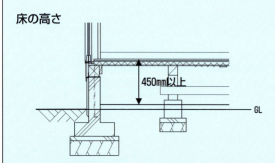

天井高さの確保

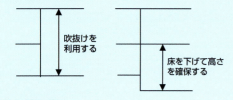

天井の懐の高さ

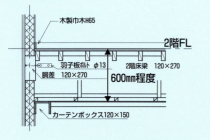

図3.8.1　断面の検討

1. 高さ方向のチェック事項

一般に，建築物の設計をする場合，平面計画ばかりを重視してしまいがちになる傾向があります。しかし，建築物は本来立体ですから，断面を十分に検討しておかないと，どんなに良い平面計画をしていても，それが実現性のないものになってしまうこともあることを十分認識しておかなければなりません。

2. 建築基準法によって制限を受ける高さ

エスキースを作成したら，次の建築基準法に定められている建築物の高さに関する事項について満たされているかどうかをチェックする必要があります。

(1) 道路斜線・隣地斜線・北側斜線の各斜線制限

(2) 軒高・最高高さの制限

(3) 天井高の制限・床の高さの制限

また，直接高さについて制限をしたものではありませんが，計画した窓が建築基準法で定められた有効採光面積を満たしているかどうかについても，ここで確認をしておく必要があります。

3. 各部の高さの決め方

建築物の各部の高さを決める際の一般的留意事項は次のとおりです。

(1) 床の高さ

1階の床の高さを決める場合には地面からの湿気を考慮する必要があります。床の高さが高いほど湿気を防ぐには有利になりますが，玄関の上がり框の段差が大きくなってしまうので，バリアフリー住宅等では工夫が必要になります。一般的には450～600mm程度の高さとします。

(2) 天井の高さ

基本的には，広い面積の部屋ほど天井の高さは高くする必要があります。これは人間の感じ方の問題で，同じ天井の高さの部屋でも面積が広くなると，低く見えることによります。一般的な居室では2,400mm程度の高さを確保しますが，LDK等の面積の広い部屋では吹抜けを利用するなどして，これよりも高い天井にする方が圧迫感が避けられます。逆に便所等の狭い部屋で天井が高すぎるのも，間が抜けて見えるので注意が必要です。

(3) 天井のふところの高さ

下の階の天井から上の階の床面までの見えない部分を天井のふところと呼びます。通常ふところの高さは，構造上必要な梁のせいや，その他の材の大きさ，必要な設備スペースによって決まります。一般的な木造住宅では600mm程度の高さになります。

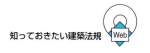

知っておきたい建築法規　Web

4. 立体的な空間のつながり

　平面だけで計画を進めていると部屋の上下関係に気づかないまま計画が，進んでしまうことがあります。たとえば，音の出る部屋と，静かでなくてはならない部屋が上下に並んでいて，音が漏れてしまう場合です。このようなことも断面を検討する際にチェックしておき，必要な対策を講じなければならなりません。また，吹抜け等を導入する場合には，空間の一体感などについて検討する必要があります。

5. 吹抜けの導入

　吹抜けは天井の高さの確保や，有機的な空間のつながりを創出する等，さまざまな理由で設けられます。一般的に，構造的に不利になるように見られがちですが，豊かな空間を生み出すためには有効な手段であるといえます。また，大きな開口部をとることができるようになるため，明るい雰囲気をつくり出す場合にも効果が期待できます。

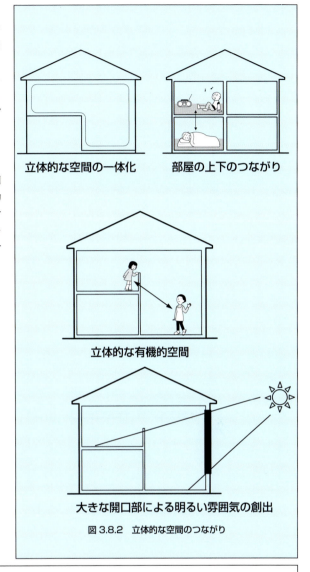

立体的な空間の一体化　　部屋の上下のつながり

立体的な有機的空間

大きな開口部による明るい雰囲気の創出

図3.8.2　立体的な空間のつながり

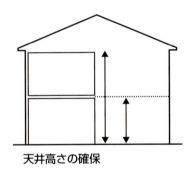

天井高さの確保

基礎知識　傾斜する敷地等での断面構成例

　傾斜している敷地や高低差のある敷地では，その傾斜や高低差を生かした計画とすることが求められます。したがって，その際には断面計画が非常に重要となるわけです。

レベル構成に変化を持たせる

傾斜地での断面構成

吹抜け等に活用してもよい

高低差のある敷地での断面構成

高低差が1階高よりも低い場合には駐車場等で活用する

図3.8.3　傾斜する敷地等での断面構成例

屋根伏せ

　屋根が，住宅建築の意匠に果たす役割はきわめて大きなものがあります。特に，日本建築における屋根の形が創り出す優雅さや壮麗さは，伝統的匠の技の証ともいえます。

　立面図を描く場合，あらかじめ屋根の意匠を決定する必要があります。そのためには，屋根伏せの納まりを事前に検討しなければなりません。

1. 屋根伏せのための予備知識

（1）屋根伏せの意匠

　まず，切妻・寄棟・入母屋など屋根の形状を決める必要があります。どのような形の屋根にするかは，屋根をどう見せるかということです。

　一般的には，アプローチ方向からの見え方を基準にして，屋根の構成を考えます。中景的なアプローチの視点では，街並みとの調和を意識し，周辺の屋根の形状と色彩および棟高との関係から街並みの持つリズムを把握する必要があります。また，近景的アプローチからは前面道路からの屋根の見え方と開口部とのバランスや棟の方向と破風の位置等を考え。

（2）屋根の勾配

　屋根の勾配は，その地方の雨量，風速，積雪，建物の意匠，屋根葺き材料等によって決定されます。

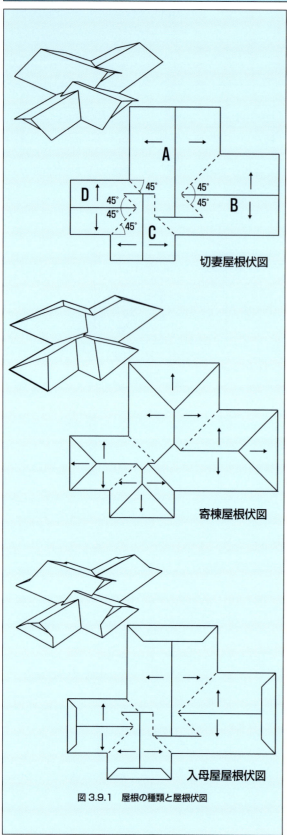

切妻屋根伏図

寄棟屋根伏図

入母屋屋根伏図

図 3.9.1　屋根の種類と屋根伏図

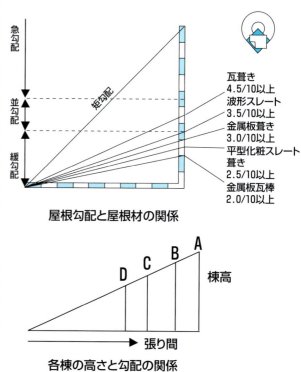

屋根勾配と屋根材の関係

瓦葺き
4.5/10以上
波形スレート
3.5/10以上
金属板葺き
3.0/10以上
平型化粧スレート葺き
2.5/10以上
金属板瓦棒
2.0/10以上

各棟の高さと勾配の関係

棟高

張り間

図 3.9.2　屋根と勾配

屋根をどう見せるか

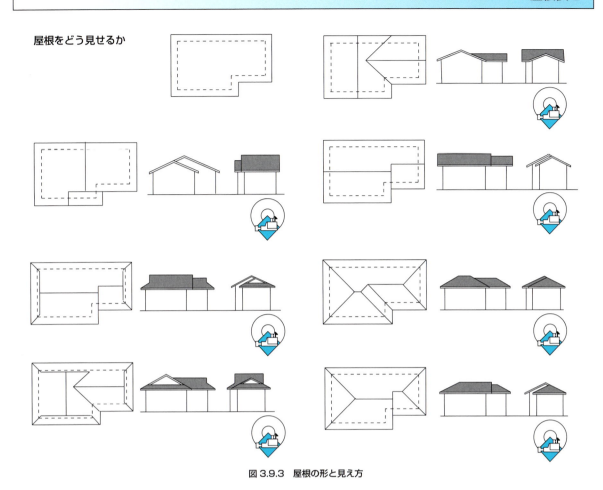

図 3.9.3　屋根の形と見え方

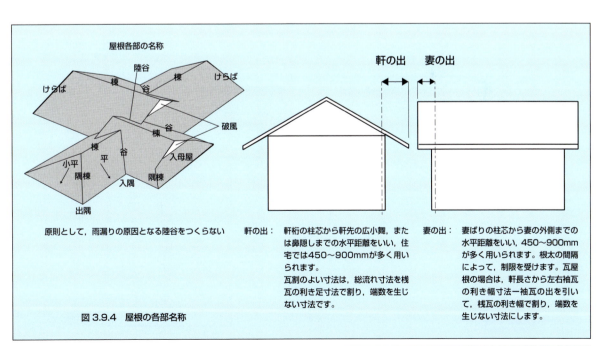

図 3.9.4　屋根の各部名称

原則として，雨漏りの原因となる陸谷をつくらない

軒の出：　軒桁の柱芯から軒先の広小舞，または鼻隠しまでの水平距離をいい，住宅では450〜900mmが多く用いられます。
瓦割のよい寸法は，総流れ寸法を桟瓦の利き足寸法で割り，端数を生じない寸法です。

妻の出：　妻ばりの柱芯から妻の外側までの水平距離をいい，450〜900mmが多く用いられます。根太の間隔によって，制限を受けます。瓦屋根の場合は，軒長さから左右袖瓦の利き幅寸法ー袖瓦の出を引いて，桟瓦の利き幅で割り，端数を生じない寸法にします。

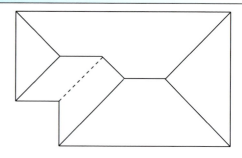

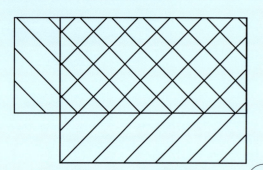

（1）矩形のブロックに区分する

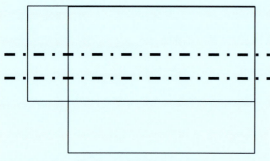

（2）各ブロックに中心線を入れる

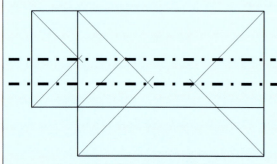

（3）隅角部分から45°の補助線を引く

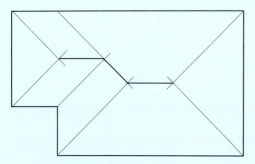

（4）各棟線を結ぶ

図 3.9.5　屋根伏図作成手順

屋根伏せの手順

（1）矩形のブロックに区分する

　軒線で構成される平面がいくつの矩形によってできているか確認して，その矩形のブロックごとに平面を区分します。

（2）各ブロックごとに中心線を入れる（棟線の下書き線）

　各矩形のブロックごとに屋根を構成するため，各屋根の棟になる線を入れます。一般的には，矩形長辺方向に平行で，短辺を二等分する位置に入れる場合が多いです。

（3）隅角部分から 45°の補助線を引く（隅棟，谷の下書き線）

　各矩形ブロックの各隅角部分，および矩形が交わることによって生じる入隅部分から建物内側方向へ補助線を 45°の角度で引きます。

（4）各棟線を結ぶ

　各屋根の棟の高さを考えながら，最も高い棟から次の棟へと各棟を実線でつなげます。次に，45°の補助線部分を仕上げます。補助線が出隅にあれば隅棟となり，入隅あれば谷棟になります。

　一般には，山折りになる棟，隅棟は実線で示し，谷折りとなる谷棟は破線で描きます。このとき，谷棟が陸谷（勾配のない平らな谷）にならないよう注意が必要です。

屋根伏図課題：基礎編 　　応用編

CD-ROM に練習課題がありますので，取り組んでみてください。

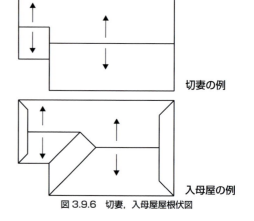

切妻の例

入母屋の例

図 3.9.6　切妻，入母屋屋根伏図

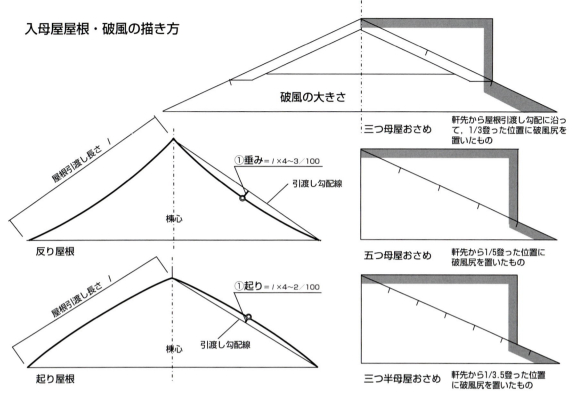

図 3.9.7　入母屋屋根・破風の描き方

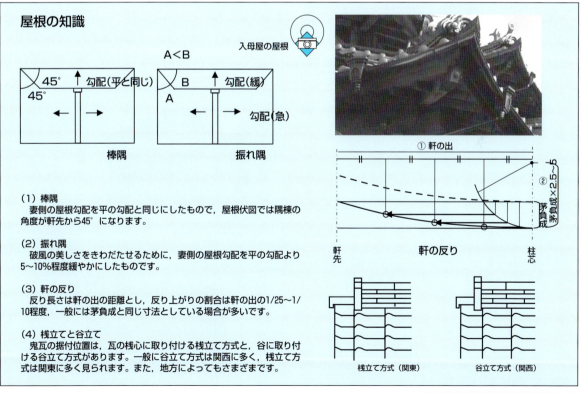

1. 顧客のイメージと外観

　本来，建築物の外観のイメージは，その色，材料，形等が創り出す総合的な感覚です。一般的に，建築物の設計を依頼する建築主は，建築の専門家ではないので，漠然とした建築物に対するイメージは持っていても，それを的確に，具体的な「かたち」として表現することは困難です。建築物の設計という作業は，建築主が漠然としたイメージから発する「言葉」を，具体的な「かたち」として翻訳する作業であるともいえるわけです。当然，外装に使う材料等によっても，かかる費用は異なってきますから，コスト的な面等も考慮して，総合的に外観を決めて行かなくてはなりません。

2. 外観のイメージと構成要素

　ここでは建築物の外観のイメージを重厚―軽快，和風―洋風というイメージで，どのような構成要素の組合せによってイメージが動くのかを示しています。

表 3.9.1　外観のイメージと構成要素

		建 築 物 の イ メ ー ジ			
		重厚な イメージ	軽快な イメージ	和風の イメージ	洋風の イメージ
建築物の構成要素	屋根材料	・瓦屋根 鬼瓦等を使用したものはより重厚	・ストレート等の凹凸の少ない屋根材料	・伝統的な和風では瓦屋根 ・数奇屋風の軽快な和風ではスレート等のものもある	・重厚な洋風では洋瓦屋根 ・軽快な洋風ではスレート等のものもある
	屋根の色	・屋根の色による影響は少ない	・屋根の色による影響は少ない	・銀黒 ・来待色	・レンガ色 ・黒（外壁との組合せによる）
	屋根形状	・急な勾配 （4/10以上） ・入母屋（和風の場合） ・裳階を有する（和風の場合）	・ゆるい勾配 （2/10程度） ・切妻・寄棟等の単純な形	・伝統的な和風では急な勾配 ・数奇屋風の軽快な和風ではゆるい勾配	・かなり急な勾配 ・切妻等の単純な屋根形
	壁材料・色	・白壁 ・レンガ（レンガ状のタイル）	・各種ボード類による外装 ・明るい色彩の外装（白壁以外）	・白壁 ・明るい色の塗り壁等による外装	・レンガ色等の暖色系の色彩
	壁・開口部形状	・開口部小 （大きな壁）	・開口部大	・横に連続する掃出し窓	・縦長形状の開口部
	その他	・外構が塀等の大きな壁面等で覆われたもの	・外構の開放的なもの	・伝統的で重厚な和風と数奇屋風の軽快な和風では構成要素がかなり異なる	・外壁によるイメージへの影響が大きい

3. 美しさと建築物の形態

　建築物の縦横の比（プロポーション）はその形態の美しさに大きく影響を与える要素の一つです。古くから黄金比（1：1.618），フィボナチ数列比（前の2つの数を足すと次の数になる数列），1：$\sqrt{2}$の比等，美しいとされる比率が考えられ，建築物の形態に用いられてきました。

　また，シンメトリックな形態や，逆にまったく違うものを対比させるコントラスト，同じ形の繰返しによる反復等も，美しい建築物の形態を創り出す手法としてよく用いられています。

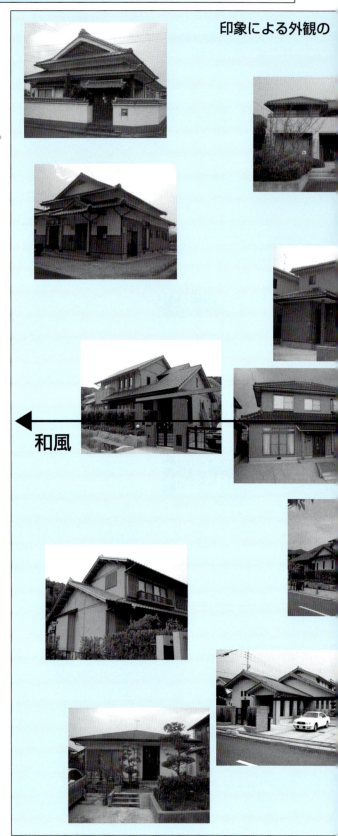

印象による外観の

和風

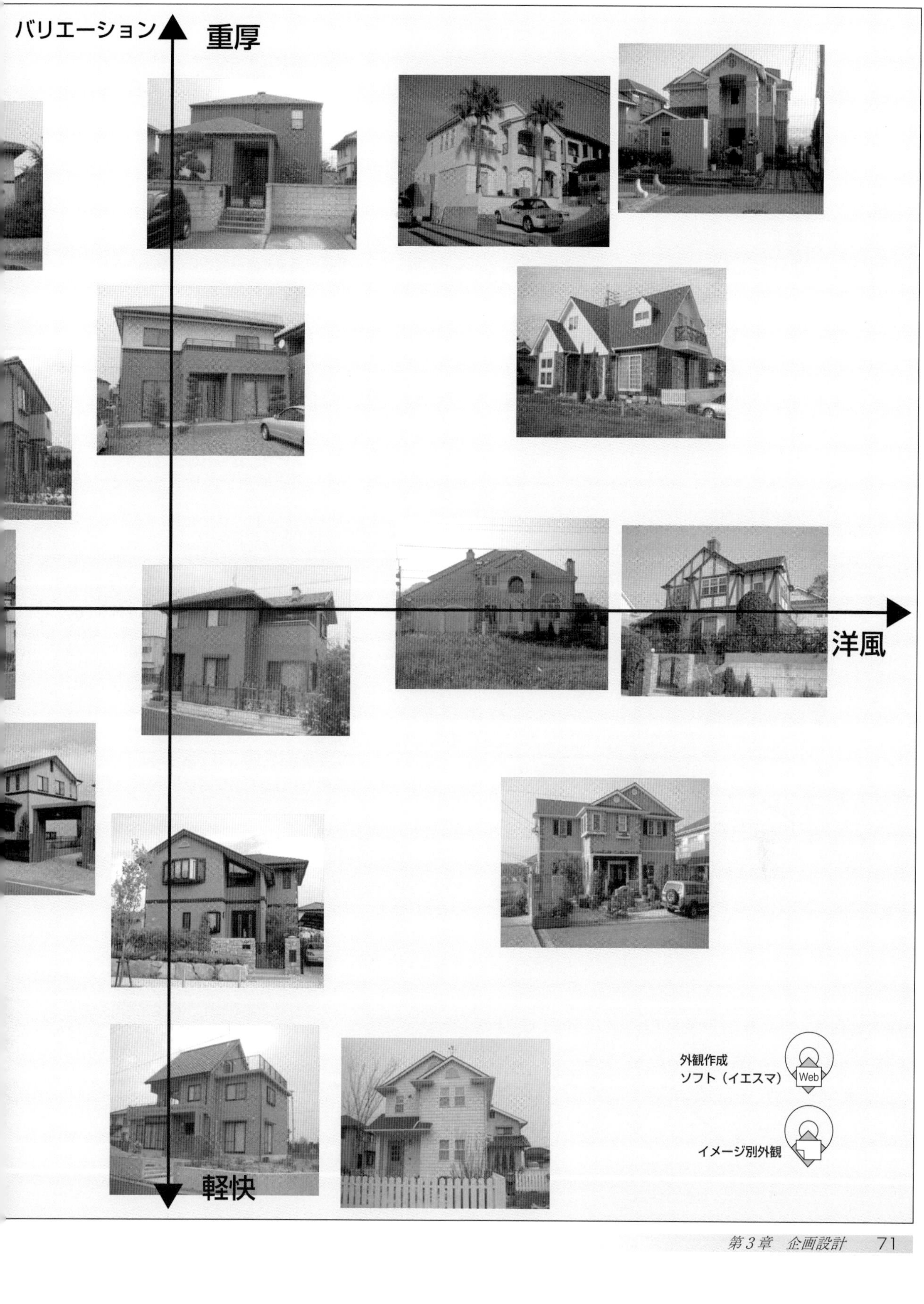

バリエーション **重厚**

洋風

軽快

外観作成
ソフト（イエスマ）

イメージ別外観

平面の計画：各部屋の配置と動線

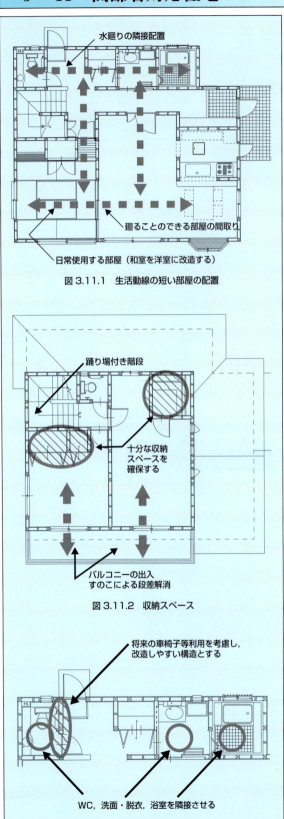

　近年わが国では，急速に高齢化が進んでいます。国民の４人に１人が高齢者という高齢社会が近々，到来します。住宅設計においても，それに備えた高齢社会対応住宅が求められています。

1. 高齢社会対応住宅における平面計画
　設計の基本的な考え方として，高齢化による身体機能の衰えや，障害が発生してもそのまま住み続けることのできる住宅を前提としています。したがって，平面計画では，新築時点での対応ばかりでなく，軽微な改造を含む将来への対応も重要となります。

（1） 平家が望ましい
　高齢者の身体機能の低下を考えると，階段の上り下りのないワンフロアで，日常の生活が完結することが望ましいといえます。すなわち，加齢が進むと，歩行が若いときに比べゆっくりとなり，運動能力や敏捷性も徐々に衰えてきます。ですから，高齢者が日常使用する部屋は，同一レベルへ配置することがベストです。やむを得ず，２階にわたる場合は，エレベータや階段昇降機等により，生活がスムーズに行えるよう配慮する必要があります。

（2） 生活動線の短い部屋の配置とする
　運動能力の低下や，身体への負担を考慮すると，生活動線はできるだけ短くすることが求められます。日常生活で使用する部屋は，たとえば，寝室，便所，洗面，食事室などを機能的に配置します。

（3） 介助の可能なスペースをあらかじめ確保する
　高齢になるに従って誰でも身体機能が低下し，介助が必要になってきます。住宅内での介助が困難な最も大きな理由は，介助のためのスペースが狭いことです。そもそも，住宅は個人（１人で何でもできる）を対象につくられてきました。たとえば，便所，浴室，洗面脱衣室における行為はあくまで個人的な行為です。
　スペースの確保と同時に，介助のしやすさも考慮する必要があります。介助しにくいと介助者だけでなく介助される高齢者にとっても無用な圧迫感を与えることになります。

（4） 便所，洗面，浴室などの水回りはまとめて配置する
　便所，洗面，浴室などの水回りは，立ったり屈んだり，着衣の着脱などの生活行為が連続して行われます。水回りをワンルーム形式にまとめると，生活行為がスムーズに行われます。仮に，便所と洗面・浴室を分ける場合でも，将来，間仕切りを取り払うことによって一体化できるように，隣接し，寝室近くに配置するのが基本です。

（5） 十分な収納スペースを確保する
　高齢化すると人は，過去への愛着が強くなり，また，身近なものしか興味がなくなる特性を持つといわれています。思い出の品などを収納するスペース，飾り棚など積極的な確保が必要になります。したがって，高齢者が住宅内で長く過ごす場所，寝室や居間の近くに設けることになります。

図3.11.1　生活動線の短い部屋の配置

図3.11.2　収納スペース

図3.11.3　収納スペース

断面の計画：段差の解消と空間のつながり

１．断面の計画

　断面計画の大きなポイントは段差の解消です。われわれの住む住環境には，さまざまな段差が存在しており，住戸内外の段差は身体機能の低下した高齢者にとって，日常の生活に最大の障壁となります。歩行のバランスが悪くなったり，視力の低下により，ちょっとした段差がつまずきの原因となることもあります。生活動線を順にたどって，段差の解消に努めることが必要です。

（1）住宅回りの段差

　住宅周辺には，道路と敷地，敷地内の地盤の高低差，玄関に至るアプローチの階段，玄関ポーチなどに高低差があります。高低差の解消には，

　① 階段による方法
　② スロープによる方法
　③ 段差解消機などの機械による方法

があります。①階段の場合は，蹴上げを小さくした緩やかな階段とします。②スロープによる場合は，車椅子の利用を考慮します。スロープの勾配は1/12以下とし，始まりと終わりの部分には1.5m程度の水平面（踊り場）が必要になります。敷地の高低差が大きい場合は，機械による段差の解消を考えます。

（2）玄関回りの段差

　一般に住宅では，玄関の出入口および上がり框には，履き替えの関係で段差があります。履き替えの習慣から，この上がり框の段差をなくすことは困難です。したがって，玄関回りでは，安全かつ容易に移動ができるかを考えます。動作が容易にできるように椅子やベンチを設けるためのスペースを確保します。

（3）床や出入口の段差

　住戸内の床は，原則として，段差のない構造とします。「段差なし」とは，施工上の誤差を考慮して3mm以内とされています。和室の敷居，建具の下枠，靴ずり，見切り等床仕上げを工夫します。生活の場面は，同一階で「段差無し」がよいのですが，変化のない空間になりやすいのも確かです。インテリア計画，照明や内装の仕上げなどで工夫しましょう。ただし，過度な工夫・装飾は慎むべきです。高齢者は住み慣れた空間を好むことにも注目しましょう。

（4）浴室出入口

　浴室の出入口は，「段差無し」が原則です。しかし，「段差無し」にすると，シャワー等により，脱衣室の床が濡れやすいので，すのこやグレーチングなどを利用した工夫が必要です。

（5）外部と住宅内部との段差

　バルコニー，外部テラスと住宅内部の床との間も，できれば段差無しとします。しかし，雨水の処理や基礎・土台の防水など困難な場所です。出入り可能な掃出しサッシを利用する場合は，有効幅員，段差に注目しましょう。

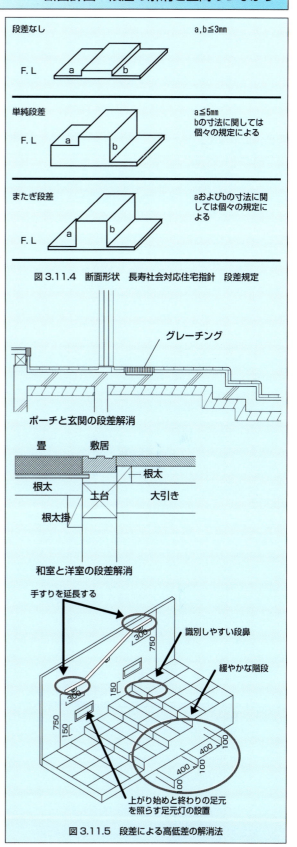

図3.11.4　断面形状　長寿社会対応住宅指針　段差規定

図3.11.5　段差による高低差の解消法

設計における共通要素

1. 手すり

居住者の生活は，ある意味では，体の重心移動による不安定な姿勢の連続と言えます。高齢になると体のバランス感覚が低下し，体力も衰えてきます。姿勢の安定のための手すりはさまざまな場面で必要です。

(1) 設置場所

住宅内外で必要な手すりの設置場所は，玄関アプローチ，玄関，廊下，階段，脱衣洗面，浴室，便所などです。特に，体重の上下移動を伴う階段，濡れて滑りやすい浴室には必須の設備です。玄関，便所などでは，立上り行為や歩行の補助的な役割になります。

(2) 形状

手すりの形状は，握りやすさが条件になりますが，対象者がどのような動作や姿勢で利用するかよく検討して，太さや形状，材質を決定します。

> 手すりの太さ：直径 28～40mm（標準）
> 手すりと壁の空き寸法：30～50mm（標準）
>
> （長寿社会対応住宅設計指針）

(3) 補強

手すりを取り付ける位置には，壁の下地を補強する必要があります。将来の設置位置の変更を想定してやや広めに補強します。木造住宅の場合，柱や間柱に止めることもできますが，取付け位置が限られたり，十分な支持力が得られない場合も考えられますので，手すり取付けのための補強と割り切るべきです。水平手すりと垂直手すりは，おのずと取付け位置が異なりますので，居住者とよく位置を検討します。

(4) 材質

手すりの材質は鋼製，木製，樹脂製などよく利用されますが，強度や握りやすさのほかに，手触りや手入れのしやすさも大事なポイントです。

2. 通路幅

通路幅の決定は，住宅の面積に大きく影響します。日本の住宅は昔から尺貫法によるモジュールが採用されてきました。したがって，廊下や階段の幅や建具の寸法，部屋の広さもモジュールに支配されてきました。モジュールの拡大は通路幅確保の一つの方法です。将来の車椅子の使用を考慮するとそれなりの通路幅の確保が必要です。

(1) 通路部分の幅員

一般に採用されている 910 モジュールをもとに，胴縁および石膏ボードで壁を仕上げると廊下の有効幅員は 750mm 程度になります。長寿社会対応住宅設計指針等で推奨されている 780mm にするためには，胴縁を柱部分で欠き込み，柱の寸法内に納めるなどの施工上の工夫が必要になります。

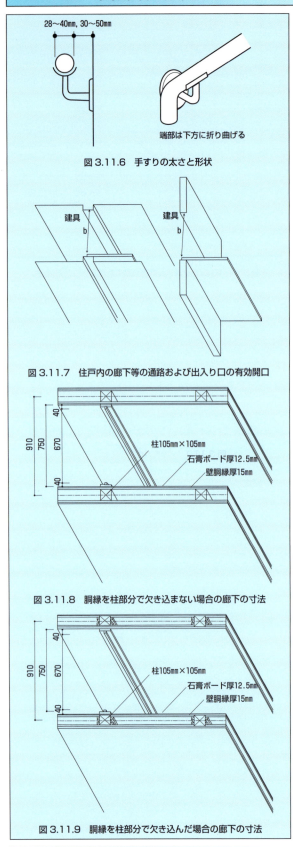

図 3.11.6 手すりの太さと形状

28～40mm, 30～50mm

端部は下方に折り曲げる

図 3.11.7 住戸内の廊下等の通路および出入り口の有効開口

建具 b

図 3.11.8 胴縁を柱部分で欠き込まない場合の廊下の寸法

柱105mm×105mm
石膏ボード厚12.5mm
壁胴縁厚15mm

図 3.11.9 胴縁を柱部分で欠き込んだ場合の廊下の寸法

3. 建具

　建具は，開閉が容易で，開閉時の安全性に配慮したものとします。出入口の建具で問題となるのは，その幅と開き勝手です。車椅子の出入り可能は幅の確保と開き戸にするか引き戸にするか，また内開きにするか外開きにするかも問題になります。基本的には開閉のための余分なスペースの必要がなく，またドアの開閉時における事故の発生も少ない引き戸が最も良いといえます。視力，握力の低下した高齢者にとって，スムーズなドアの開閉は必須条件です。

　玄関ドアは，一般的には外開きとなっています。これは，気密性や防犯上の理由によるものです。ドアの下枠は気密性の確保から，戸当たりが付けられています。戸当たりは元気な若者にとっては何でものないものですが高齢者にとっては，このわずかな段差も障害となります。

　開閉の形式には，機密性や・遮音性がよい開き戸，開閉に必要な空間が少ない引き戸や折り戸があります。それぞれに，特徴があり位置する空間の広さや使い勝手を考慮して選択します。

　また，建具等の出入口の有効幅員は，原則として 750mm 以上とします。車椅子の利用の場合，有効幅員 780mm の廊下から部屋に入るためには 750mm 以上は必要です。浴室・便所も将来の介助を考えるとそれ以上の幅を確保し，やむを得ない場合は，将来の改造を考慮したものとします。

　把手，引き手の形状は，握りやすく，力を掛けやすい形のものにします。開き戸の握り玉方式の把手は，体力が落ち，握力の低下した高齢者には扱いにくいものです。単純に押したり引いたりして開けられるレバーハンドル方式のものとします。引き戸の場合も力を掛けやすい形状のものを選びます。

　把手を取り付ける位置や高さも注意すべきポイントです。一般に床面から把手，引き手の中心までの高さは，800〜900mm とされていますが，身長に合った寸法とすべきです。

4. 内装の仕上げ

　住宅の内装の仕上材は，毎日，見たり触れたりするものです。材料のテクスチャーだけでなく，手触りや手入れのしやすさなども考慮する必要があります。また，強度やクッション性など転倒・衝突など，万一の場合の安全性が必要です。

（1）床の仕上げ

　住戸内の床・壁の仕上げは，滑り，転倒などに対する安全性に配慮したものとします。家庭内事故の原因の一つに滑りやすい床があります。そのため，床仕上げには滑りにくい材料を使用し，つまずかないように平坦で，段差のない床が求められます。また，万一転倒した場合でも，衝撃を吸収し反発の少ない床材とします。

（2）壁の仕上げ

　壁の仕上げについても安全性が重要な指標となります。衝突しても，衝撃の少ない壁材，体をこすっても擦り傷になりにくい壁材を使用します。また，壁は手で触ったり，体の触れる部分です。汚れにくい材料，メンテナンスが容易な材料を使用します。特に，手すりやスイッチの回りの仕上げに注意します。

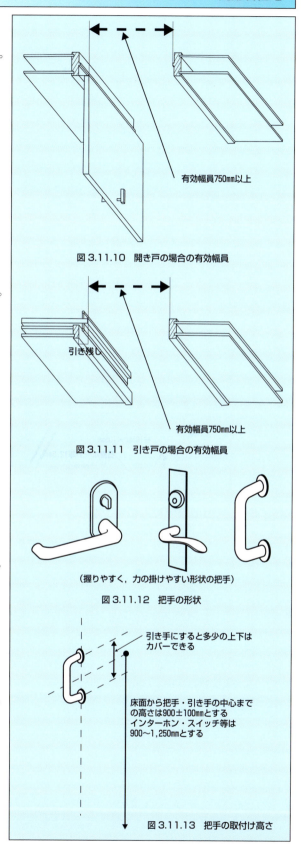

有効幅員750mm以上

図 3.11.10　開き戸の場合の有効幅員

引き残し

有効幅員750mm以上

図 3.11.11　引き戸の場合の有効幅員

（握りやすく，力の掛けやすい形状の把手）

図 3.11.12　把手の形状

引き手にすると多少の上下はカバーできる

床面から把手・引き手の中心までの高さは900±100mmとする
インターホン・スイッチ等は900〜1,250mmとする

図 3.11.13　把手の取付け高さ

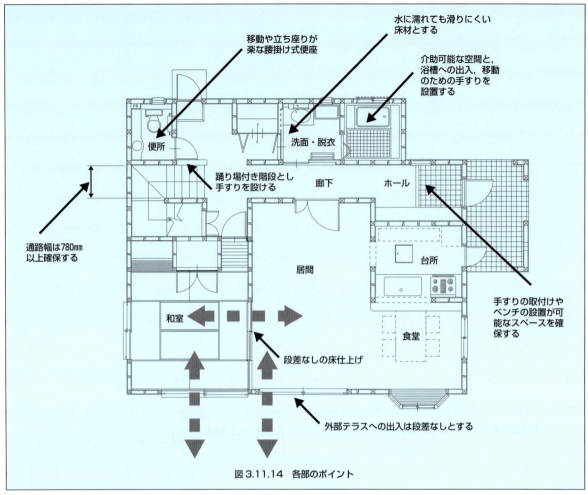

図3.11.14　各部のポイント

（図中の注記）
- 移動や立ち座りが楽な腰掛け式便座
- 水に濡れても滑りにくい床材とする
- 介助可能な空間と，浴槽への出入，移動のための手すりを設置する
- 踊り場付き階段とし手すりを設ける
- 通路幅は780mm以上確保する
- 手すりの取付けやベンチの設置が可能なスペースを確保する
- 段差なしの床仕上げ
- 外部テラスへの出入は段差なしとする
- 便所
- 洗面・脱衣
- 廊下
- ホール
- 和室
- 居間
- 台所
- 食堂
- PS

部分詳細：各部の収まりとポイント

1. 玄関

（1）スペース

　将来の車椅子利用まで考慮したスペースを確保するか，しないかによって床面積も変わってきます。いずれにしても，靴の履き替えや手入れなど作業動作を考慮して，手すりの取付けやベンチの設置が可能なスペースを確保する必要があります。

（2）段差

　玄関の出入口は，安全に配慮して段差無しが理想です。雨仕舞い等で，やむを得ず段差が生じた場合でも20mm以下とします。

　上がり框の段差は，安全上支障のない高さとします。一般には180mm以下が指針として示されています。それ以上になった場合，必要に応じて式台を設置するか，設置できるスペースの確保が必要です。

（3）床仕上げ

玄関は言うまでもなく屋外への出入口です。雨水など濡れる機会の多い場所です。水に濡れても滑らない仕上げとします。石材やタイルなど使用するときは，表面の仕上げに注意します。

2. 階段

　高齢者にとって，階段の上り下りは危険と同時に，苦痛な生活行為になります。ですから，高齢者の生活は同一階で完結することが望ましいのですが，現在の居住環境では，2階建て，3階建てなど住空間の多層化が一般的な流れとなっています。これからの住宅には安全かつ容易に昇降できる階段が望まれます。

（1）形状

　踊り場付きの階段が途中で休憩もでき，転落事故に対しても途中で止まり大事故の危険性が少ないため推奨されています。階段の形状はさまざま考えられますが，安全が最も重要な指標となります。回り階段は，歩幅の確保が難しく，高齢者にとっては安全上問題があります。

（2）勾配

　勾配は緩やかであることが良いとされていますが，上りやすいことが条件です。

　勾配：踏面（T）と蹴上げ（R）の関係を
　　　550mm≦T＋2R≦650mm
　　　勾配≦6/7とする。

（長寿社会対応住宅設計指針）

3. 便所

高齢者はトイレの使用回数が多くなります。したがって，夜間での利用を考慮し，照明・音・臭気・手すりなどの対策・利用環境の整備が重要になります。また，動作の楽な洋式便器の採用や手すりの設置など高齢者が自立して生活できる環境を整えることや，プライバシーへの配慮も必要です。さらに，室内の温度変化も重要な指標です。すなわち，急激な温度変化は，体に大きな負担となります。暖房設備など十分な検討が必要です。

(1) 便所の位置

便所は，夜間の利用を考慮して寝室と同一階とし，高齢者の寝室に近接して配置します。高齢者の利用頻度やプライバシーを考えると専用の便所がベストです。

(2) 便所の広さ

便所は，バランス感覚の衰えた高齢者のために介助可能な広さを確保することが重要です。と同時に，出入口の構造は万一，便所で倒れた場合，家族や介助者があけられるようなものでなければなりません。

(3) 便器

便器は和式便器より移動や立ち座りが楽な腰掛け式の洋式便器とします。また，通報装置や暖房，電気等の設備機器は位置や形状に注意して使いやすいものを選択・設置します。

(4) 手すり

便所の手すりは，立上り動作の補助とし役割が大きいと言えます。そのため，多くの場合，L型の手すりが取り付けられます。体重をかけても大丈夫なように堅固に，また，高齢者の身体に合った位置に取り付けることが重要です。

4. 洗面・脱衣室

洗面・脱衣室は，洗顔・衣服の着脱，身体の拭き上げなど部屋で行われる動作を十分考慮に入れ，安全性・使いやすさを第一に考えます。洗顔の方法，濡れた体を誰が拭くか，着衣・脱衣に必要な部屋の配置と広さ，機器の突起物と身体に及ぼす負担と危険性など検討し計画します。将来的には，車椅子の利用できる洗面カウンターなど特別な場合も考えられます。そのような，将来の需要を予測して，改造が軽微で，長く自宅で生活できるよう準備する必要があります。

5. 浴室

入浴行為は，高齢者にとって最も困難を伴うものです。ゆえに，浴室の計画は将来，介助が必要となることを前提に考えます。したがって，浴室の広さは介助動作ができる十分なものでなければなりません。また，浴室内は，日常生活のなかで，一番無防備な状態ですので，浴室の出入口の構造，床の仕上げ，手すり，暖房設備機器等を含めた浴室内の使いやすさ，安全性を特に考慮します。また，非常時における安全対策も重要です。

 バリアフリー 高齢者の住まい 長寿社会対応設計指針

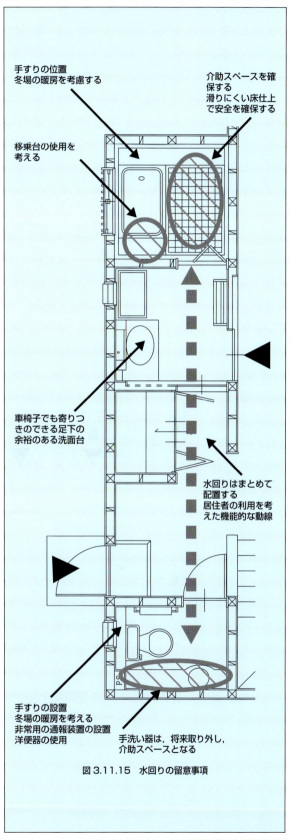

手すりの位置
冬場の暖房を考慮する

介助スペースを確保する
滑りにくい床仕上で安全を確保する

移乗台の使用を考える

車椅子でも寄りつきのできる足下の余裕のある洗面台

水回りはまとめて配置する
居住者の利用を考えた機能的な動線

手すりの設置
冬場の暖房を考える
非常用の通報装置の設置
洋便器の使用

手洗い器は，将来取り外し，介助スペースとなる

図3.11.15　水回りの留意事項

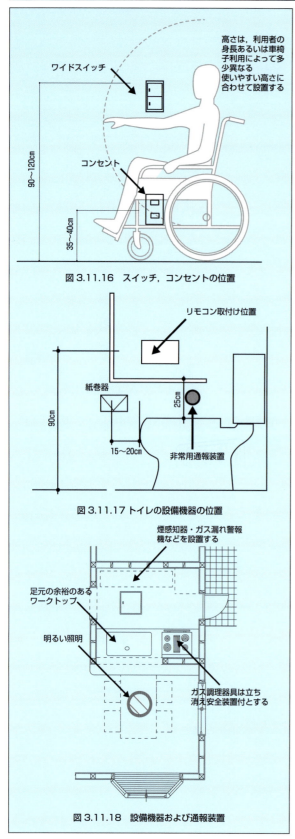

図3.11.16　スイッチ，コンセントの位置

図3.11.17 トイレの設備機器の位置

図3.11.18　設備機器および通報装置

設備計画と福祉機器

1．設備

　住宅内には，さまざまな設備機器が持ち込まれています。生活を快適かつ安全にするための設備機器です。ですから，すべて使用上あるいは操作上，快適かつ安全でなければなりません。小さいスイッチ類や，操作が複雑なもの，表示が見にくいものなど使い勝手も重要な指標になります。また，部品の取替え，修理などのメンテナンスの容易さ，入手しやすいなど経済性も重要と言えます。

（1）給排水設備

　給排水設備は，主に水回り（台所・洗面所・浴室・便所）設備機器になります。操作の容易さと安全性が重要な指標です。高齢者は，複雑な動作，細かい動作が苦手です。現在使用される水洗金具のなかには，デザインが優先して，使いにくかったり力が必要であったりするものも多くあります。シングルレバー式の金具など操作しやすい形状で，単純操作のものを選択するとともに，湯温調節が自動式で安全に行えるもの，誤動作に対して安全が確保されているものを選択します。

（2）照明設備

　高齢になると視力の低下と同時に，判別能力も低下します。そのために，照度不足が即，事故につながるケースも生まれてきます。特に，玄関，脱衣室，浴室，便所，階段など体の重心が移動し，アンバランスな姿勢のなる場所では，明るくかつ陰のできないような照明上の工夫をする必要があります。これらの場所は，昔から採光を重視してこなかった光の当たらない暗い所ですので，特に注意が必要です。使用される照明器具は掃除や，電球の交換などのメンテナンスが安全かつ容易にできるものとします。照明器具はデザインばかりでなく設置場所の工夫もします。また，スイッチ，コンセント類の取付け位置も，形状も操作性を考慮して選択します。

　①　取付け高さ

　　　コンセント：床仕上面から400mm以上
　　　スイッチ：床仕上面から900～1,200mm
　　　インターホン：床仕上面から1,250mm 程度

（長寿社会対応住宅設計指針）

（3）調理設備

　調理器具は加熱が主な働きであるので高温に対する注意が必要となります。点火が容易であると同時に，火力の調整が容易で，なおかつわりやすいものにします。安全の上では，炎の出るガス器具などの他に，炎のでない電気器具，安全装置付器具の採用も考慮に入れる必要があります。

（4）通報装置

　一般住宅の場合も同じですが，台所には，ガス漏れ検知器および火災警報機など安全のための警報・通報装置を設置します。また，便所，浴室は個人的なプライベートな空間ですが，非常の際に家族に知らせることのできる通報装置を操作しやすい位置に設けると，高齢者にとっても家族にとっても安心です。

2. 福祉機器

ここでいう福祉機器とは，高齢化に伴って衰えた身体機能を補助するための器具類をいいます。社会の高齢化の流れによって，最近さまざまな福祉機器が開発されてきました。住宅を考えるにあたっては建築的な対応が必要なものには，計画の段階で考慮する必要があります。また，基本的には，福祉機器は高齢者や障害者の行動，行為の能力低下を補うものですので，居住者の要望にマッチした福祉機器の選択が必要です。

(1) 建築的な対応が必要なもの

車椅子使用のためには，まず，通路幅等スペースの確保が重要です。移動用リフトの設置のためには，部屋の配置や建具の工夫が必要ですし，階段昇降機設置には，設置のための階段の幅員の確保と，取付けのための補強の必要性など考慮します。屋外土間と，屋内床とのレベル差の解消などに段差解消機を利用する場合は，設置場所の確保とアプローチの方法等を検討します。最近の住宅の多層化に対応するするため，住宅用エレベータを設置するケースも多くなっています。高齢者の生活空間での行為は，同一レベルで完結するのがベストですが，部屋の配置や設置場所を検討して，将来，設置が可能なように計画します。

(2) その他

一般にポータブルトイレ，シャワーチェア，電動ベッドなど福祉用具といわれるものは，さまざまな種類があります。今後もいろいろな製品が開発され，それぞれ部屋に持ち込まれてきます。いずれにしても，高齢者の自立した生活が持続できるように，将来を予測し住宅を考える必要があります。

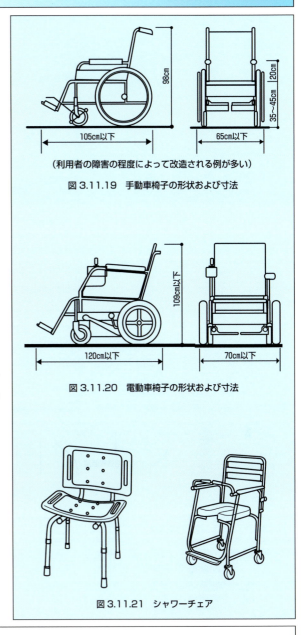

（利用者の障害の程度によって改造される例が多い）

図 3.11.19　手動車椅子の形状および寸法

図 3.11.20　電動車椅子の形状および寸法

図 3.11.21　シャワーチェア

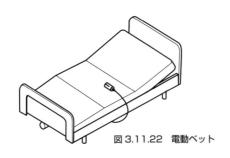

図 3.11.22　電動ベット

コラム：元気な老人と住居

昔，イメージしていた定年退職後の生活は，のんびりとした悠々自適の生活であった。しかし，最近の高齢者は大変忙しい。退職前の仕事を活かしてボランティア活動に専念したり，趣味が高じて「教室」を開く人も多い。なかには退職後，生活の拠点を都会から農村に移し，長年の夢であった農業に従事し，自然農法を実践する人もいる。まさに，多様化の時代である。昔は趣味といえば盆栽，絵画，書道，茶道等どちらかといえば静かなものが多かった。最近は，体力に自信のある高齢者が増え，スポーツ系の趣味を持つ高齢者も多くなっている。テニスや登山といった従来からのスポーツばかりでなく，ウインドサーフィンやハンググライダーといった，若者のスポーツと思われていたものまで手がける人もいる。そのため，趣味の部屋（アトリエ）付き住宅などと，一つにくくれないさまざまなタイプの住宅が求められている。今後はさらに，IT関連などの設備の充実ともに，住まい手一人一人の個性・生活を重視したそれぞれ異なるタイプ・規模の住宅が必要になってくるであろう。

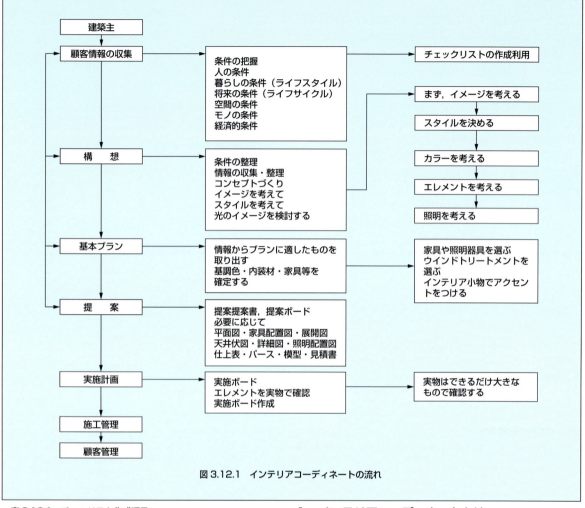

図3.12.1　インテリアコーディネートの流れ

表3.12.1　チェッリスト作成項目

項　目	調　査　事　項
立地条件	地域の環境，眺望 日照，通風，騒音
空間の条件	部屋の広さ，形 開口部の位置大きさ 天井の高さ 開口部と道路の関係
家族構成と プロフィール	続柄，性別，年齢，職業，地位，趣味，体格
ライフスタイル	食事，睡眠，来客，勉強，団欒，趣味
部屋別の情報	誰がどう使うのか 持ち物の量 インテリアのイメージ 使いたい色・素材・家具・照明器具があるか
家具と設備	持ち込む家具および設備の名称 持ち込む家具および設備の幅，奥行，高さ 色（写真），置く場所
予算と実施順位	必要事項のリスト作成 その重要度と優先順位を考える

1. インテリアコーディネートとは

　インテリアコーディネートとは「空間」「人」「もの」が調和するように構成エレメント（要素）をコーディネート（選択・調整）すること。その目的は，そこに住む人にとって美しく快適な自分らしい暮らしの場をつくることです。

　住まいに自分らしさを表現するには，現在も未来もどんな暮らしをしたいのか，美しいとは，快適・居心地が良いとはどのような状態なのか，インテリアをとおして考える必要があります。

2. チェックリスト作成のポイント

　住宅の場合は，そこに住む人々が住宅空間の主役になります。しがたって，家族のライフスタイルや住空間に対するこだわりおよび考え方を十分に把握する必要があります。

　また，制約条件として，土地・空間の法的および予算的制約と持ち込む家具・持ち物を明らかにしなければなりません。

　必要事項をリスト化し，優先順位を建築主に確認する必要があります。

　チェックリストのポイントとなる事項を表4.5.1に示しましたので，参考にしてください。

3. まずイメージを考える

まず表現したいインテリアイメージ（住む人の考えるイメージ）をしっかり把握します。そのためには，イメージを測る物差しがあった方が便利です。その物差しの目盛を基準にして考えてみてください。

インテリア，ファッション，建築関係の雑誌，写真集から物差しの目盛になりそうなインテリアやエレメントの写真を切り抜いて用意しておくと，何となくはっきりしないイメージが具体的な形となって見えてきます。

もちろんトラディショナルにもフォーマル的なものカジュアル的なもの，またその中間的なものもあります。

当然，トラディショナルなフォーマルもコンテンポラリーなフォーマルもあります。

4. スタイルを決める

インテリアスタイルを考えるには，住む人のその人らしい暮らしのスタイル，つまりライフスタイルがあって，それに沿うインテリアスタイルを考えるべきです。

和風，クラシック，ロマンチック，モダン，ナチュラル，カジュアル，オーソドックス，エレガント，クリア，ダンディ，エスニック，カントリー，民芸風等々インテリアスタイルには数多くありますが，一般的な5つの種類で考えることにします。もちろんそれぞれのスタイルに，4つのイメージ（トラディショナル，コンテンポラリー，フォーマル，カジュアル）が重なります。

5. カラーを考える

住宅のインテリアとファッションは似ています。それは，双方とも主役が人であるからです。ファッションがそのひとらしさを表すように，インテリアもその家の家族らしさを表現します。

家族が集まる部屋には，その家族のカラーで考えます。また，個人の部屋はそのひとらしいカラーを中心に構成します。このカラーのことをテーマカラーとよびます。

（1）インテリアの配色

①ベースカラー（基調色）

壁・床などの部屋の背景になる色です。一室で3種類以内が無難です。背景色ですので，おだやかな色合いを一般的に使用します。

②アソートカラー（配合色）

家具・カーテンなど広い面積に使用される色です。いわば他の色たちのまとめ役です。

③アクセントカラー（強調色）

部屋にアクセントを付ける色です。クッションや枠などの色をポイントとして小面積に使用します。

ライフスタイルのイメージをテーマカラーに置き換え，それを基調として，ベースカラー，アソートカラー，アクセントカラーを決定します。テーマカラーは，必ずしも1色とは限らず，2色の場合もあります。それがそのまま部屋の床・壁の色になる場合もありますし，アクセントカラーとしてクッション等の小物に使用する場合もあります。

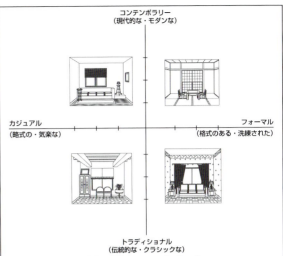

図3.12.2　イメージスケール

表3.12.2　インテリアスタイルと言語イメージ

	インテリア・スタイル				
	和　風	クラシック	ロマンチック	モダン	ナチュラル
言語的イメージ	日本的な 穏やかな 古風な 簡素な 淡白な なじみやすい	古典的な 落ち着いた 豪華な 成熟した 装飾的な 安定した	甘美で空想的な やわらかい ういういしい 女性的な 優雅な ムードのある	都会的な 合理的な シンプルな 進歩的な メカニックな クールな	自然な やすらかな 素朴な 自由な おおらかな ひなびた
スタイルのポイント	アンシンメトリー 直線での構成 重心を低く	シンメトリー 装飾性	サロン風 やさしさを大切に 装飾性	シンプル 自由 非装飾性 緊張感	シンプル 素朴 人工と思われるものは使わない 手作り風
素　材	自然素材 紙，白木 イグサ，和紙， 土，竹	木，大理石 毛皮，絹 ベルベット 金，銀	シルク，レース 籐，曲げ木 白木，スリガラス	何でも良い （プラスチック，金属，ガラス，石）	自然素材 麻，綿，白木 竹，籐，コルク レンガ
柄・色	無地 花鳥風月 ベージュ系中心 伝統色 自然色	装飾的な伝統柄 ブラウン， ベージュ 木目（濃い） ゴールド	花や水玉など小さくやさしい柄 パステルカラー 白，ピンク	無地，ストライプや幾何学模様（大胆な柄） 無彩色 アイボリー ビビットカラー	無地又は無地調 草や木のモチーフ アースカラー 木目（淡い） グリーン，オレンジ

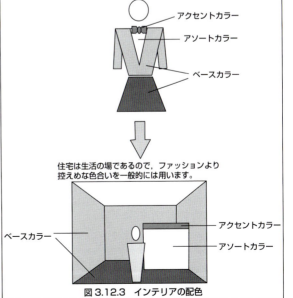

住宅は生活の場であるので，ファッションより控えめな色合いを一般的には用います。

図3.12.3　インテリアの配色

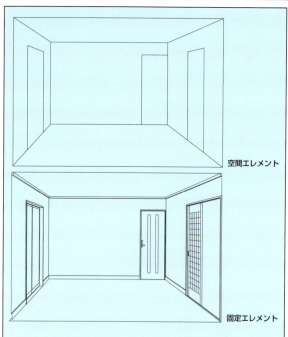

空間エレメント

固定エレメント

エレメント		種　類
固定エレメント	天井仕上材	壁紙、塗仕上材、木仕上材、各種ボード、塗装
	壁仕上材	壁紙、塗仕上材、木仕上材、各種ボード、塗装、石、タイル
	床仕上材	畳、縁甲板、フローリング、カーペット、プラスチック系床材、石、タイル、コルクタイル、レンガ
	建具・金物	ドア（木、金属）サッシ（アルミ、木、プラスチック）アコーディオンドア、シャッター、障子、襖、建具用金物、家具用金物
	照明設備	ダウンライト、建築化照明、スイッチ、コンセント
	設備機器	厨房機器、冷暖房機器、福祉機器、（ホームエレベーター各種昇降機）換気機器、衛生きき、給湯機、水栓金

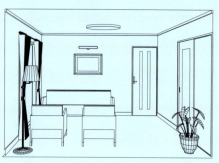

可動エレメント

エレメント		種　類
可動エレメント	ウインドトリートメント	カーテン、シェード、スクリーン、ブラインド、カーテンレール
	家具	机、テーブル、椅子、ソファー、収納家具、ベッド
	照明器具	シーリング、ペンダント、シャンデリア、ブラケット、テーブルスタンド、フロアスタンド
	家電、情報機器	テレビ、冷蔵庫、洗濯機、掃除機、電話、ファックス、オーディオ、パソコン
	インテリアアクセサリー	絵画、写真、ポスター、工芸品、美術品、屏風、リネン、寝具、インテリアグリーン、インテリアフラワー、敷物（置敷）

図 3.12.4　各種エレメント

6．エレメント（要素）を考える

（1）空間エレメント

　床・壁・天井を構成する物で、エレメントとしては構造材、下地材等です。通常は設計の段階で固定エレメント、可動エレメントの決定に先立って決められるようですが、イメージやスタイルによっては、形や大きさを考える必要があり、3つのエレメントを総合して考える必要があります。

（2）固定エレメント

　床・壁・天井・開口部を構成する簡単に取り外すことのできない仕上材です。

（3）可動エレメント

　簡単に移動や取替えができるものです。
　スタイルに合わせて固定エレメントを決め、動線を考えて家具を配置し、空きスペースをどうつくるか考えることが必要です。

7．照明を考える

　照明を考えるということは、気に入った照明器具を選ぶことではなく、光を考えることです。また、明るさの演出は影の演出でもあります。どんな光がほしいのか、柔らかい光か、硬い光か、明るくさせる光か、落ち着かせる光か、日常的か非日常的か、機能的か、安らぎか、光のコンセプトを決めてから、どんな照明方法が適しているか、直接照明か、間接照明か、器具の位置、光の色等を検討します。そして、最後に照明器具の選択という作業に入ります。

8．各エレメントを選ぶ

　構想で考えたスタイルやカラーをもとに、照明器具、家具、ウインドトリートメントを決定します。最後に小物選び、イメージやスタイルを考えて取付・設置場所を決めます。
　一般的に和風はシンプルに床に座った目線で、また洋風はシンメトリーに、壁は絵を描くキャンバスだと思って良いでしょう。

9．提案ボード（コーディネートボード）

　出来上がった基本プランを全体がイメージできるように、内装材、ファブリック、照明器具、家具等をカタログから切り抜くかコピーし、材料サンプル等と一緒に貼ったボードです。
　一部屋ごとにつくったり、ワンフロアでまとめたり、各エレメント（内装材、照明器具、ウインドトリートメント、ファブリック、衛生設備機器、キッチン等）ごとにまとめたりします。
　一般的には平面図（家具配置）、着彩したパース等も貼り込み、よりイメージをわかりやすくします。また、必要に応じてコメント等を添えると良いでしょう。わかりやすさと同時にレイアウト等、出来上がりの美しさがボードのポイントです。

10．実施ボード

　確定したエレメントを、エレメントごとに使用箇所、品番等を明記して1枚のボードにします（顧客、コーディネーター、業者等が施工中や完成後の勘違いをなくすためです）

図3.12.5 提案ボード（コーディネートボード）

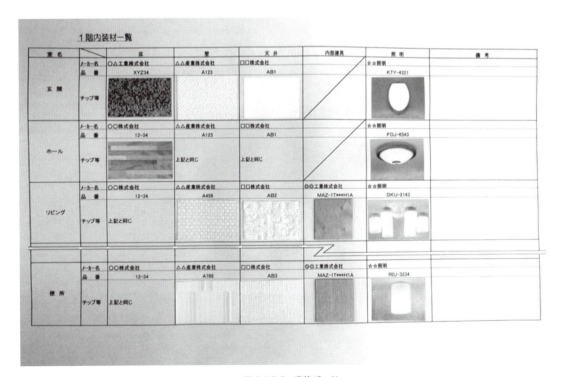

図3.12.6 実施ボード

空間シミュレーション 　　　インテリア資格サイト

課題

課題 01　添付ファイルにある 3 のタイプより適当な敷地を選択し，図 3.3.3 チェックリストの条件でプランニングを行ってください。

課題 02　上記の例で，将来高齢化に配慮したプランニングを行ってください。

課題 03　課題 01 の居間空間をインテリアコーディネートしてください。提案方法は，室内パース 2 面で表現してください。

　課題を実施する際，この章で紹介したプランニングソフトを活用されると大変便利です。

〔参考文献等〕

1) 住居学入門/湯川聰子他著/学芸出版社
2) 住居学/石川孝重他著/朝倉書店
3) 現代建築学建築計画/岡田光正他著/鹿島出版会
4) 初めての建築計画/＜建築のテキスト＞編集委員会編/学芸出版社
5) 建築設計ノート住宅/西日本工高建築連盟編/彰国社
6) 建築計画・設計シリーズ　住宅Ⅰ/谷口汎邦他著/市ヶ谷出版社
7) 建築計画・設計シリーズ　住宅Ⅱ/谷口汎邦他著/市ヶ谷出版社
8) 住宅を計画する/巽和夫他著/彰国社
9) 建築設計資料集成「拡張編」居住/日本建築学会編/丸善
10) 図解住まいの設計　住まいを読みデザインする/岸本幸臣他著/彰国社
11) 入母屋・寄せ棟の工法/佐藤日出男著/理工学社
12) かわらぶき＜上巻・下巻＞/(社)全日本瓦工事業連盟/職業訓練教材研究会 1234566
13) インテリアスタイリング事典/塩谷博子著/(株)川島インターナショナル

まめ知識

木造住宅設計のタブーあれこれ

　木造住宅を設計する場合，タブーとされていることがいくつかあります。日常的にわれわれがよく耳にする言葉として右前左前と左回り，右回りというものがあります。一般に，左の習俗は葬制のものとされています。建築の場合もこの考え方が踏襲されているものがあります。

(1) 建具の右前左前
　障子，ふすまやサッシなどの引違い戸，窓の場合には，必ず右が手前で，左が奥になります。4 枚引違いのときは，中の 2 枚が室内側に，部屋と部屋の間仕切りに使用する場合は，上座の部屋になかの 2 枚を建てることとされています。

(2) 畳の右回し敷き
　3-7 の「まめ知識」にもあるように，畳を敷くときには右回りを原則として「人」の文字のように敷いていきます。「人」という文字を 180 度回転すると和服の襟合せと同様に右前になります。

(3) 廊下の右回し張り
　廊下や縁側の曲り角に床板を張る場合にも右回り，「人」字の原則で張ります。しかし，その天井を張る場合は天井伏図の状態での右回りになり，見上げた状態では逆になります。

(4) 床刺し（床差し）
　畳の小口が床の当たることが忌み嫌われるように，天井の竿縁が床を刺すことは作法に反することになります。

　このような作法がいつ頃から始まったか明らかではありませんが，広島県の「みよし風土記の丘」に保存されている旧真野家住宅では，床刺しの座敷をみることができます。建てられた時代が元禄より少し前の時代であることからさほど古い習慣ではないようです。

(5) 逆さ柱
　逆さ柱とは，下が末で上が元の状態で建てられている柱のことです。その柱が自然に生えていた状態と逆の状態であることから，非常に縁起の悪いものととして忌み嫌われる柱のことです。

　木材の役物表示は，元口からの吸水を防ぐために元口を上に末口を下にして立て掛けて保管をするため，元口の方を上にして印刷されています。設計監理を行う上で，十分な注意が必要になります。

(6) 床の間の位置
　一般に，床の間の位置は北側設置の南向きか西側設置の東向きの場合が多いようです。南，北東，東方位は避ける傾向がありますが，地方によって異なる場合もあります。たとえば，沖縄では東に造る習慣があります。

外装材料について

　住宅の外観は図 4.1.1，図 4.1.2 のように，そのデザインにより和風や洋風に分かれますが，その雰囲気を決めるのが，屋根・外壁などの外装材の組合せです。住宅の外壁材の選択には，物理的・化学的性能とともに，外観や勾配への適合性や建築コストとその工法も含めた有機的・総合的な知識が必要です。

1. 外装材に求められる基本性能

材料基本知識　Web

① **防水性・雨仕舞**：雨水の浸入を防ぐ性能
　　　　　　　　アスファルトルーフィング防水・防湿シート等
② **防火性・耐火性**：火災時の延焼・類焼を防ぐこと。
　　　　　　　モルタル塗りや窯業系サイディングなどの外壁材等
③ **耐風性・耐衝撃性**：台風時に飛散・破損・変形がないこと。
　　　　　　　耐衝撃性ガラス等
④ **構造的安定性・取付け強度**：堅牢に緊結すること。
⑤ **耐候性・耐久性**：自然風化作用に対して劣化しにくいこと。
　　　　　　　耐候性塗料等
⑥ **断熱性**：夏冬時の外気温度を遮断
　　　　　　　グラスウール，ロックウール，ポリスチレンフォーム等
⑦ **遮音性，遮光性**：市街地などの密集地には特に重要
　　　　　　　遮音サッシ，遮音シート，遮光カーテン等
⑧ **気密性**：断熱材を完璧に充填すること。
⑨ **デザイン性**：街並みを配慮した選択，和洋の区別
　　　　　　　タイルや石などの自然材，左官仕上げ，吹付け材等

2. 外壁材設計のポイント

① 外壁材の選択

コスト・施工性・防火性・デザイン性などを考慮すること。

② サイディング

　下地のルーフィング，胴縁，水切り鉄板の処理を確実に行い，サッシなどの開口部との関係を見ながら，壁割付けなどをデザイン性や施工性に配慮して，目地をシーリングで埋めること。

③ 塗り壁

　モルタル塗り，プラスター塗り，土壁，漆喰などの塗壁では乾燥する際に収縮・亀裂を発生しやすい。各塗りの段階で十分な乾燥のための養生期間が必要であり，塗り壁はコテむらや不陸ができやすいので，仕上げを粗面にした方が目立ちにくい。

④ タイル張り壁

　住宅でも高級感と維持管理の目的で顧客ニーズが高く，タイル割付図により美的効果のある施工精度が要求される。

3. 屋根材設計のポイント

① 屋根勾配

流れ長さやメーカーの製品，工法により違うので確認すること。

② 瓦屋根

　設計図の割付けと施工業者との打合せにより，その割付けから破風・軒の出など屋根各部の正確な寸法が決まり，その後，瓦桟と垂木の間隔をチェックすること。

図 4.1.1　外壁サイディングと屋根カラーベスト

図 4.1.2　外壁左官塗り壁と日本瓦

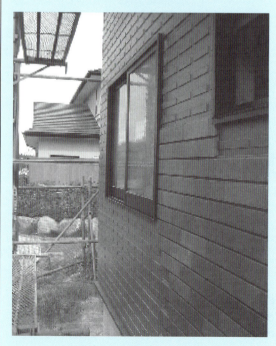

図 4.1.3　外壁タイル乾式工法

③ 住宅屋根葺用平型化粧スレート（カラーベスト）

屋根野地板の上にアスファルトルーフィング940を敷き込む釘打ち工法。ルーフィングの重ね代は横100以上，縦200以上必要。

④ カラー鉄板・アルミニウム板

断熱性が悪いので断熱材で裏打ちを要し，施工業者とは金属板の厚みをチェックすること。

瓦屋根寸法の決め方

瓦屋根の寸法の決め方は，「地割」という野地を瓦の働き寸法で割って求めます。図4.1.4のように使う瓦（桟瓦と左右袖瓦）の働き寸法を知り，瓦の出（軒とけらば）を決めれば，屋根寸法が求まります。

ここで，無理のない屋根寸法の納め方は，瓦の納まりから野地の微妙な寸法を決めることです。たとえば，日本瓦の切妻では，桁行方向の屋根寸法は図①の計算式により，②の計算式は左右の袖瓦を足した寸法が桟瓦の2倍と等しいときに採用します。

また，軒瓦の出は，軒樋の具合の良い吊状態や雨だれの入らないことを配慮した寸法を採用する必要があります。

タイル割付けについて

タイル割付けの目的は，タイル張りによるデザイン的な美的効果と設備器具の取合い位置や寸法などを施工図上整合性のとれた納まりとして調整するためです。そのために，タイル割付図が必要となります。

基本材料辞典 Web

表4.1.1　木造柱型タイル割付図の作成手順

タイル張りの範囲	650角の玄関ポーチ独立柱4面 H＝2500
タイルの規格 （材質・寸法・厚さ・面状など）	磁器タイルの無釉セミ面 小　口（108×60×9） 二丁掛（227×60×9）
タイルの張り方 （目地割り）	馬踏み目地（破れ目地） 通し目地（いも目地）
基準目地幅	7mmを基準とする
タイル施工法	（湿式工法） 下地：合板・防水紙・メタルラスの上 張付けモルタル手張り工法
タイルの張り代	23mm：合板面からタイル下端まで
出隅の位置	柱角 H＝2500
割　付　け　計　算	柱仕上幅（650にするには） 455＋柱105＋合板12×2＋メタルラスモルタル厚23×2＋タイル厚9×2＝650 中心にくる切物 650－（108×4＋7×6－50×2）＝76
役物を決定（柱の角）	小口曲（小口タイルの場合） 標準曲（二丁掛タイルの場合）
タイル割付図を作成	施工図として早い時期に作成する

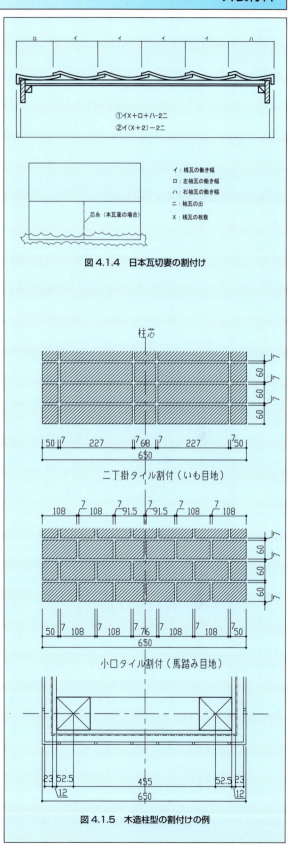

①イX＋ロ＋ハ－2ニ
②イ（X＋2）－2ニ

イ：桟瓦の働き幅
ロ：左袖瓦の働き幅
ハ：右袖瓦の働き幅
ニ：袖瓦の出
X：桟瓦の枚数

芯糸（本瓦葺の場合）

図4.1.4　日本瓦切妻の割付け

図4.1.5　木造柱型の割付けの例

図 4.2.1　居間 3 本引戸

表4.2.1　住宅用アルミサッシ規格寸法表（半外付け単体障子関東間）

関東間	呼称高	呼称間口 基本寸法 H	基本寸法 W	3尺間 782	4尺間 1239	6尺間 1694
キッチン型	1.2尺	361		●	●	●
	2尺	603		●	●	●
リビング型	2.5尺	755		●	●	●
	3尺	906		●	●	●
	3.5尺	1057	呼　称		●	●
	4尺	1209			●	●
	5尺	1512			●	●
テラス型	5.8尺	1727				●
	6.6尺	2000				●

三協アルミ住宅用建材カタログより（ノイスターR）

■住宅アルミサッシの規格サイズ表の見方

①設置する部屋の種類と開口高さから、窓を選定します。

　　台所や洗面所などの水回りと納戸等の小窓には「キッチン型」を使用します。また、居室の腰窓には、「リビング型」を使用します。「テラス型」は居間等の掃出し窓に使用します。

②高さと間口の「呼称」は現場では、尺間法で呼んでいます。

　　たとえば、呼称高さ 3 尺なら 900 程度のサイズのことです。

③「サッシ寸法」は設計図面に納まる実寸法のことで、表の●印のアルミサッシが規格品として市場に出回っています。

　　たとえば、リビング型の 4 尺高の 6 尺幅は規格品（1209×1694）を示します。

開口部設計について

1. 住宅の開口部を設計する際に必要な知識

（1）風の通りやすい配置や開閉方式

　いわゆる 2 方向に開口部を設けることです。

（2）取り付ける位置による適切な窓の選択

　庭やバルコニーへの出口となる掃出し窓、プライバシーを配慮した地窓や高窓、一般的な腰窓、排煙窓などです。

（3）開き戸か引き戸の選択

　単に洋室は開き戸で和室は引き戸という選択でなく、開閉スペースが狭い場合や大きな開口面積を確保したい場合は引き戸が適しています。図 4.2.1 は 3 枚引き戸の例で、食堂と居間を仕切れますので、空間を自由に操作できます。

（4）デザインを重視した開口部

　単に換気や採光のためだけでなく意匠性に適しているものは、トップライトやはめ殺し窓、出窓、上げ下げ窓、すべり出し窓、ガラスブロック、ステンドグラス窓、親子ドア、スリット窓など、デザイン性のある開口部を用いることで、ファサードとインテリア空間が表情豊かに表現できます。

（5）玄関戸

　使用頻度が多くなるため、耐久性や気密性のほか防犯性、耐候性を配慮するとともに、玄関は家の顔となる所ですので、木製を用いればハイグレードなの雰囲気を演出できます。また、アルミドアでも近年はデザインの優れた高級感のあるものもつくられています。和風の場合は引違いが多用されます。

（6）枠回り、額縁

　インテリアと調和する色合いを選びます。

（7）その他

　高気密・高断熱窓（複層ガラス）輸入サッシ（アルミと木材）の複合サッシなどがあります。

アルミサッシについて

1. 開口部の寸法

　木造住宅に用いられる金属製サッシはアルミサッシが一般的で、その実寸法 W は外枠寸法で表現されます。ただし、外付けサッシの場合は内法寸法で表現されます。

　メーカーによる規格寸法（表 4.2.1）が市場に出回っています。これは寸法を決める上で目安になります。また、規格にない微妙な寸法ものは、切断加工を発注の際に業者と図面で打ち合わせておけば入手できます。

2. 住宅用サッシの形状による種類

　外付けと半外付けおよび内付けの区別があり、外付けは壁の内側に紙貼り障子が入る場合に使われます。半外付けは名前の通り柱面に入り込むもので、外部仕上げ壁より出ているため、外額縁が不要です。また、内付けは柱の面の内側に納まるタイプで外部額縁が必要です。

　この他に、雨戸付きサッシや面格子付きサッシなどがあります。

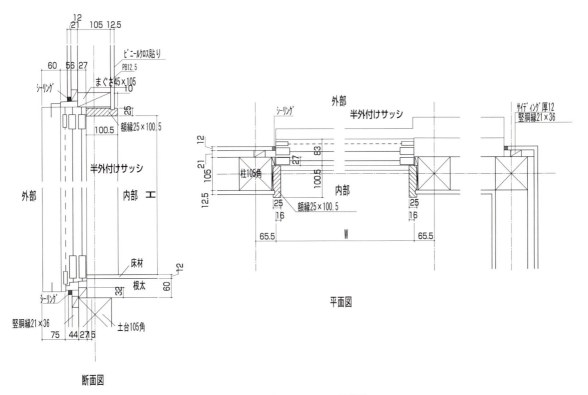

図 4.2.2　半外付けアルミサッシ部分詳細図

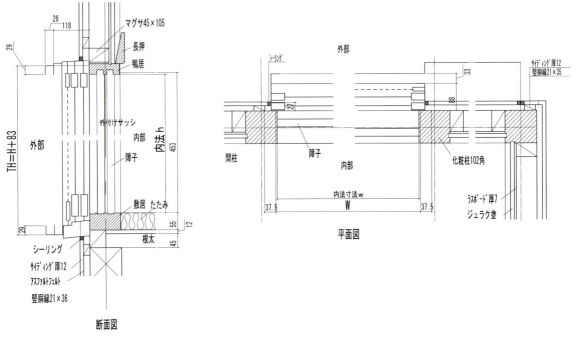

図 4.2.3　外付けアルミサッシ部分詳細図

内装材料について

　住宅の内部空間は床・壁・天井という構成により，生活空間を包み込んでくれます。内装材料は，健康で快適な生活を維持できる機能性やデザイン性などを十分考慮して選択する必要があります。ここでは構成別に内装材料の概要を述べます。

1．床について

　床は積載荷重を支えるとともに人間の歩行や荷物の移動などで傷みやすいため，その性能として堅牢で傷つき難い材料であることが求められます。また，日本では素足で接する生活であることから足ざわりなども重視されます。

（1）板張り床

　合板や挽板などの下地板の上に張る捨て張り工法と根太に直接張る根太張り工法あります。強度や施工性を考慮すると前者の方を勧めます。仕上材としてフローリングボード，モザイクパーケット，フローリングブロック，縁甲板，幅広板などがあります。厚さは 12mm と 15mm が多用されます。

（2）コルクタイル

　断熱性・吸音性・弾力性に優れ，色も豊富で，デザイン性や高級感などがある材料です。300〜450角の材料を突きつけて貼る工法で，下地の不陸（ふりく）調整を入念に行う必要があります。

（3）樹脂系

　長尺塩化ビニルシートは，安価でデザインも豊富にあり，厚さは 1.2〜3mm で住宅用や店舗用などがあります。特に，水回り（洗面所・トイレ・台所など）で用いられます。その他にはプラスチックタイルなどがあります。

（4）畳

　いぐさを畳表とした床材で，厚さは 50〜60mm 程度です。断熱性が大きく，足ざわりがよい自然の風合いを持つ優れた床材です。畳の大きさは部屋の広さにより変化し，現場では必ず採寸して敷込みのときも調整しながら行います。畳寸法は京間・中京間・関東間・団地間などに分かれます。京間では畳割りという規格寸法の畳サイズに合わせて柱間隔を決めていく方法と，関東間は柱間 6 尺を 1 間とする柱割りがとられています。

（5）カーペット

　部屋の一部に置き敷きする場合と，部屋全体にフェルトを敷いた上に敷きつめる方法があります。カットパイルとタフテッドがあり，化繊か天然かで価格の開きがあります。敷込みには，グリッパー工法と全面接着工法の2種類があります。繊維独特のぬくもりや足ざわり，断熱性そして織物独特のテクスチャーはインテリア空間に高級感を付加するなどのメリットがあります。

（6）タイル・石

　玄関やバルコニーの土間には，磁器質タイル，石，人造石などの硬質の材料を主に使用します。これは，外部と連続していて汚れやすいため水洗いなど清掃に便利なことと，荷物などによる損傷を受けやすいためです。注意すべきことは，滑りにくい材質を選ぶことと，清掃や水を流すための水勾配をとることです。圧着工法と接着工法があります。

図 4.3.1　フローリング張と琉球畳

図 4.3.2　浴室半時期タイル張

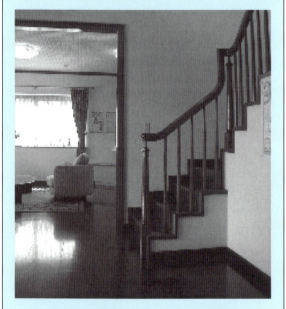

図 4.3.3　各種見切材（幅木・枠・天井回縁など）

（7）その他

　床暖房・防音床（遮音床）などは，技術的な基準に沿って施工します。

2. 壁・天井について

　壁は人の目に最も触れるところです。特に，意匠性を重視して，色彩やテクスチャーが配慮された材料を選びます。

　一方，天井は室内空間の上部に位置し，小屋裏を隠蔽するとともに，人の暮らしに心理的な安定感をもたらします。また，勾配天井など，デザインに工夫を凝らすと変化ある室内空間が演出できます。和室の天井は，目透かし敷目板張天井や竿縁天井など木目調が落着きを与えてくれます。

（1）クロス

　ビニルクロス，織物・紙クロスなど，デザインやコストにバリエーションがありますが，シックハウスの原因である有害物質の含まないものを接着剤も含めて選ぶ必要があります。

（2）合　板

　シナベニヤ合板上に，オイルステンなどを塗装して張る場合や，木目などをプリントした化粧合板などがあります。

（3）無垢板

　壁の場合，腰部分やフォーカルポイントになる部分に一部使われたり，別荘風に壁面全体に張る場合もありますが，コストやメンテの面を考慮して選択します。また，天井だけでも板張りにすると山小屋風の自然感が演出できます。

（4）ボード・樹脂

　化粧石膏ボード，ケイカル板などです。浴室のバスリブ天井などは樹脂製です。

（5）塗　壁

　左官仕上げのもので，本ジュラク壁，漆喰，土・砂壁，プラスターなどで自然な風合いが楽しめます。近年，珪藻土など健康によい塗壁材がよく使用されるようになりました。

（6）タイル

　住宅の内壁では主に，浴室や台所など水回りや居間の暖炉廻りなどに用いられます。

建築材料検索サイト

内装制限に関する法規

内装制限（建築基準法施行令第128条の4　4項）

　階数2以上の住宅及び併用住宅における最上階以外の階の調理室・浴室の壁及び天井（天井のない場合は屋根）の室内に面する部分を内装材料（不燃・準不燃）で仕上げること。

　床及び建具は制限の対象にはならない。また，壁・天井であっても，回縁や幅木などのように，部分的に使用される部材も対象から除外される。また，火を使う台所と食堂などの空間が一体空間としてつながっている場合は，連続する食堂などの空間も内装制限を受けることになる。ただし，台所と食堂などの境に天井面から50cm以上の下り壁を設けた場合は，食堂などの空間は内装制限を受けない。

図4.3.4　壁と天井の仕上げ例

図4.3.5　和室目透天井

図4.3.6　無垢板張天井

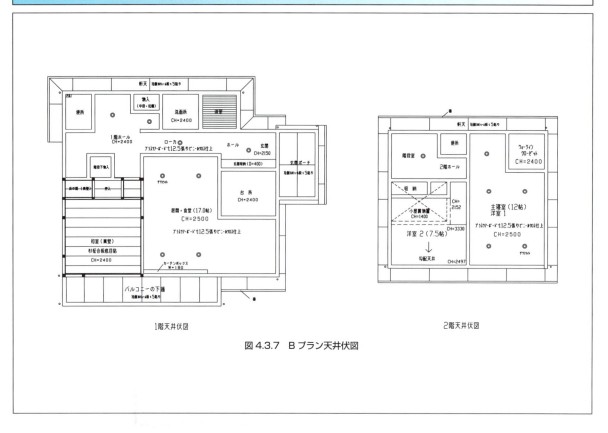

１階天井伏図　　　　　　　　　　　　　　　２階天井伏図

図 4.3.7　Ｂプラン天井伏図

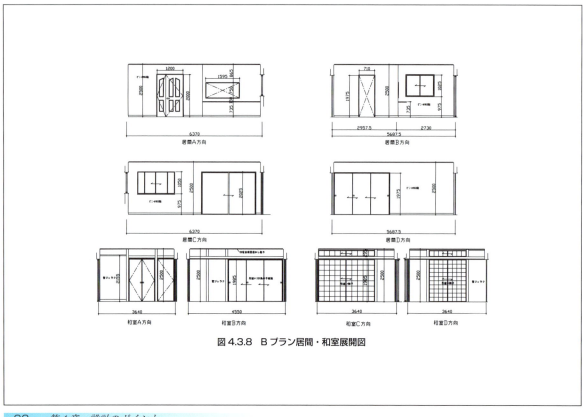

図 4.3.8　Ｂプラン居間・和室展開図

3. 断熱材について

(1) 断熱材の種類

無機繊維系断熱材

ガラス原料や鉱石を溶かして繊維状にしたもので,防湿性を確保する必要があります。グラスウールやロックウール等があります。

発泡プラスチック系断熱材

プラスチックを発泡させたもので,板状製品と施工現場で発泡して用いるものとがあります。押出し発泡ポリスチレンフォームや硬質ウレタンフォーム等があります。

木質繊維系断熱材

インシュレーションボードまたは軟質繊維板とよばれ,吹込み断熱材のセルローズファイバーは,木質繊維を成型せず,繊維状のまま現場で吹き込むものです。

(2) 断熱構造とする施工部位

外気に接している天井または屋根,壁,床

(3) 断熱構造としなくてもよい部位

①断熱構造となっている物置,車庫

②外気に通じる床裏,小屋裏または天井裏の壁

③軒,袖壁,ベランダ,その他

④外気に接する壁を湿式真壁造とした住宅における該当部分

(4) 断熱性能・施工

断熱材の種類および厚さによる断熱性能に関することは住宅金融支援機構の「木造住宅工事仕様書」を参照してください。

(5) 高断熱・高気密住宅

住宅の熱損失を抑える目的で,気密シートを用いて床・壁・天井の取合い部位を断熱層,気密層を連続させ,気流止めを施すとともに,グラスウール100mmを充填し,開口部のガラスを二重にすることで省エネルギー化を図った在来住宅です。

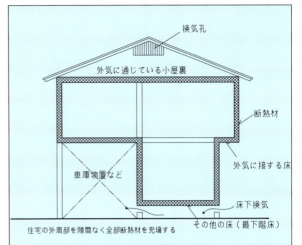

住宅の外周部を隙間なく全部断熱材を充填する

図4.3.9 断熱材施工の基本

図4.3.10 壁断熱材

表4.3.1 結露について

結露の発生とは	・暖められた空気が,水分を補給(台所や浴室の水蒸気や人の呼気などにより)し,室温より低い壁やガラスなどに触れることで冷やされたときに結露が発生する
結露が発生する場所	・アルミサッシ窓回り ・暖房されていない部屋の壁など ・断熱施工が不充分な壁体内部 ・気密が良くないところ
結露を防ぐには	・温度差をつくらないこと ・余分な水分を発生させないこと
具体的な対処方法	・床下換気口を風が抜けやすいように配置する ・床下に防湿シートを敷いたり,防湿コンクリートの施工することや木炭を敷き詰めることなど ・外壁の内側に,外気が下から上に抜けるように通気層を設け,湿気が壁体内にこもらない工夫を施す⇒外通気工法 ・壁や天井などの内装に木材を使用する ・浴室や台所などの水回りは換気をまめに行う ・温水パネル式のセントラル暖房方式の採用

図4.3.10 床断熱材

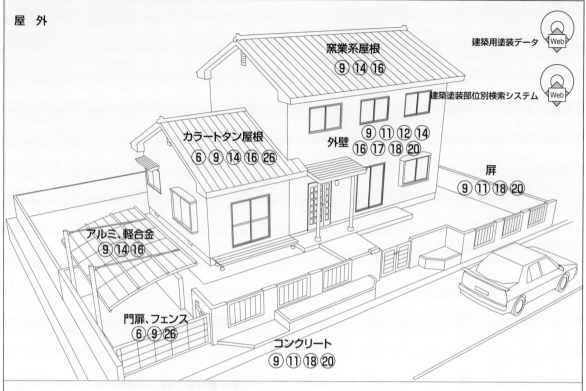

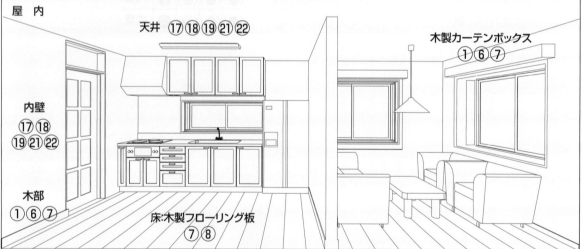

図4.4.1　塗装箇所に応じた仕上げの塗り工法例

　「要求する塗膜性能」あるいは「被塗面の材質」によって，いくつかの塗り工法が考えられますので，複数の工法を例示しています。次ページの「塗膜の性能」および「適用素地」と，さらに「最新のメーカーカタログ等の塗料情報」を参考にして，もっとも適切な工法を選んでください。

　　注1）窯業系屋根は，新生瓦，セメント瓦，平型化粧スレート板などの素地を指します。
　　注2）外壁は，モルタル，コンクリート，軽量気泡コンクリート，ブロック，平型化粧スレート板などの素地を指します。
　　注3）内壁は，モルタル，プラスター，石膏ボード板などの素地を指します。
　　注4）木部は，羽目板，下目板，柱，幅木，ハードボードなどの素地を指します。

塗装メーカー　Web

表 4.4.1　各種塗り工法と塗膜特性および略号一覧表

塗り工法種別	塗膜の性能					適用素地					主用途	日本建築学会 JASS18 略号
	耐候性	耐水性	耐酸性	耐アルカリ	耐油性	木部	鋼材	亜鉛めっき	アルミ	モルタル・コンクリート		
① オイルステイン塗り	○	○	△	×	○	●				×	木部	OS
② クリヤーラッカー塗り	○	○	□	×	○	●	●	(●)	(●)	×	木製建具	LC
③ ラッカーエナメル塗り	○	○	□	×	○	●	●	(●)	(●)	×	設備機器	LE
④ フタル酸樹脂ワニス塗り	○	○	□	×	○	●	●	(●)	(●)	×	鋼製建具	FC
⑤ フタル酸樹脂エナメル塗り	○	○	□	×	○	●	●	(●)	(●)	×	鋼製建具	FE
⑥ 合成樹脂調合ペイント塗り	○	○	△	×	○	●	●	(●)	(●)	×	鉄部，木部	SOP
⑦ 1液形油変性ポリウレタンワニス塗り	○	○	△	×	○	●				×	木部，床	1−UC
⑧ 2液形ポリウレタンワニス塗り	◎	◎	◎	◎	◎	●	●	●	●	●	内壁，外壁，床	2−UC
⑨ 2液形ポリウレタンエナメル塗り	◎	◎	◎	◎	◎	●	●	●	●	●	内壁，外壁，床	2−UE
⑩ アクリル樹脂ワニス塗り	◎	◎	◎	◎	◎		(●)	(●)	(●)	●	内壁，外壁	AC
⑪ アクリル樹脂エナメル塗り	◎	◎	◎	◎	◎		(●)	(●)	(●)	●	内壁，外壁	AE
⑫ 塩化ビニル樹脂エナメル塗り	○	○	○	○	○		(●)	(●)	(●)	●	内壁	VE
⑬ アクリルシリコン樹脂ワニス塗り	◎	◎	◎	◎	◎	●	●	●	●	●	外壁	2−ASC
⑭ アクリルシリコン樹脂エナメル塗り	◎	◎	◎	◎	◎	●	●	●	●	●	外壁	2−ASE
⑮ 常温乾燥形ふっ素樹脂ワニス塗り	◎	◎	◎	◎	◎	●	●	●	●	●	外壁	2−FUC
⑯ 常温乾燥形ふっ素樹脂エナメル塗り	◎	◎	◎	◎	◎	●	●	●	●	●	外壁	2−FUE
⑰ 非水分散形アクリル樹脂エナメル塗り	◎	◎	◎	◎	◎		(●)	(●)		●	内壁，外壁	NADE
⑱ 合成樹脂エマルションペイント塗り（主に外部用）	○	○	△	○	−	●				●	内壁，外壁	EP
⑲ 合成樹脂エマルションペイント塗り（主に内部用）	○	○	×	○	−	●				●	内壁	EP
⑳ つや有合成樹脂エマルションペイント塗り	○	○	△	○	−	●		●		●	内壁，外壁	EP−G
㉑ 合成樹脂エマルション模様塗料塗り	○	○	×	○	−	●				●	内壁	EP−T
㉒ 多彩模様塗料塗り	○	○	△	○	−	●	●			●	内壁	EP−M
㉓ 2液形エポキシ樹脂エナメル塗り	×	◎	◎	◎	◎		●	●	●	●	床，コンクリート鉄部の下塗	2−XE
㉔ 2液形厚膜エポキシ樹脂エナメル塗り	×	◎	◎	◎	◎		●	●	●	●	床，コンクリート鉄部の下塗	2H−XE
㉕ 2液形タールエポキシ樹脂エナメル塗り	×	◎	◎	◎	◎		●	●		●	ドレン，マンホール	2T−XE
㉖ アルミニウムペイント塗り	○	○	○	×	○	●	●	(●)	(●)	×	鉄部，木部	AIP

注1）塗り工法種別の名称および略号は，「日本建築学会 建築工事標準仕様書 JASS18 塗装工事」の名称に準じています。
注2）塗膜の性能評価は，絶対的な評価でなく相対的なものです。優れているものから順番に ◎ ○ □ △ × です。
注3）適用素地の評価は，●は適用可です。(●)は専用の下塗りを必要とします。×は適用不可です。一般に使用しないのは空欄です。

表 4.5.1　各設計段階におけるコストコントロール手法

設計段階	設計内容	コスト算出方法
企画・構想	概略な建物規模および仕様グレードを決定 【イメージのみ】	単価データを仕様グレード別に想定と概算予算の算出 【坪単価法⇒坪単価調整法】
基本設計	ラフプランによる基本計画と基本的要素（規模・形状・アプローチ・住戸構成仕様内容・構造方式・設備内容など）の決定 【ラフプランそれから基本設計図作成】	基本設計図による部位（躯体と仕上に分けこれに仮設・基礎・設備・諸経費部分別書式ごと）の概算見積の算出 ※標準単価による積上げ方式 【概算見積書の作成】
実施設計	建物の詳細情報（材料・納まり・設備）が決定 【実施設計図の作成】	実施設計図に基づく詳細積算 ※工種ごとの積上げ方式 【工事見積書の作成】
施　工	監理・設計変更	設計変更に伴う見積書査定

Web 見積りシステム

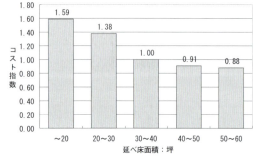

図 4.5.1　延べ床面積の建築コスト比較

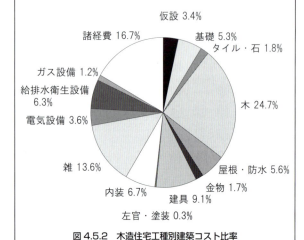

図 4.5.2　木造住宅工種別建築コスト比率

コストコントロールとは

　コストコントロールは家づくりの最初の企画段階から始まり，基本設計・実施設計そして工事竣工に至るまで限られた建築主の予算をコントロールする作業です。

　表 4.5.1 は，建築設計段階に応じた適正なコスト算出方法を示しています。段階ごとに計画条件と予算との関係を把握して，建築主に対して適正なアドバイスを与えることで，設計行為を無駄の省いた付加価値のあるものへと導きます。

　ここでは，企画設計段階の木造住宅の建築コストを左右する要因および工事予算の概算見積手法を説明します。

1．木造住宅の建築コストを決める要因
（1）延べ床面積
　図 4.5.1 に示すように，坪数の大きな住宅が小さな住宅より坪単は低い。これは，グレードが同一程度ならば，単位床面積当たりの材料および生産効率は大きな住宅の方が高くなります。
（2）階　数
　平屋と 2 階建てを比較すると，平屋は規模が大きくなるに従い，基礎・屋根工事の数量が増える傾向にあります。

　総 2 階は構造的にも効率的で，屋根面積が 2 階部分だけで屋根工事費を安く押えることができます。また，地下室は基礎工事，防湿工事，設備工事などのコストが増え，通常の 2 倍程度のコストアップになります。
（3）平面形状
　木造住宅プランの平面形状で，細長い形状もの，雁行型などの複雑なものは，外壁，基礎長さ，樋やタイルの出入隅の役物などに影響を与えコスト高になります。また，歩行動線の簡略化，凹凸や開口部の多少がコストに関係します。
（4）屋根形状
　施工難易度が高くなり施工が複雑化すれば，棟・軒部分の役物，雨仕舞板金などのコストが大幅に増大します。切妻と寄棟を比べると寄棟が割高になります。また，屋根勾配でも 6 寸以上になると足場が必要となり作業効率も低下してコスト高になります。
（5）グレード設定
　付帯設備や仕上材仕様グレードの変化により，コストが大きく変化します。たとえば和室の真壁では，洋室の大壁より 2 倍近いコストが掛かります。また，建具を多く用いる設計や額縁・枠材の多用もコストアップの大きな要因です。
（6）構種別建築コスト
　在来木造住宅の木工事のコストは，図 4.5.2 の B モデルプランでは約 25 ％を占め，全コスト比率で最も高いものです。この木工事の構成内容は，構造材・野物材・造作材・補足材と大工手間，釘金物などが含まれています。梁桁など構造材の寸法や歩留まりにより，コストが変化します。
（7）設　備
　仕様内容や設備方式によって変化します。たとえば，給排水設備の配管の長短や集中の度合いおよび省エネタイプの機器選択の具合によりコストが変化します。

2. 概算見積手法とグレード

基本構想段階における目標予算の算出法には，次の2段階があります。

(1) 第1段階：坪単価法

簡略的かつ瞬時に初歩のガイドラインがわかりますが，誤差があります。

表4.5.2 坪単価表

仕　様	グレードA	グレードB	グレードC
外　部	日本瓦（いぶし） 左官土壁 木製建具	高級セメント平瓦 外壁一部タイル貼 断熱防音2重サッシ	カラーベストコロニアル サイディング貼 カラーアルミサッシ
内　部	玄関木製引違戸 檜ムク板貼 天井銘木合板	高級アルミ既製ドア 床コルクタイル貼 壁・天井ビニルクロス	玄関アルミ既製ドア 床合板フロア 壁・天井P合板
付帯設備	オーダーメードSK 檜浴槽・大理石 カウンター洗面化粧台	人工大理石SK システムバス（タイル貼） シャンプードレッサー	ステンレスSK システムバス普及タイプ 洗面キャビネット
坪単価	100万円／坪	80万円／坪	50万円／坪
概算見積額	グレードA：39坪×100万円／坪＝3,900万 グレードB：39坪×80万円／坪＝3,120万 グレードC：39坪×50万円／坪＝1,950万 ※39坪の同じ床面積の建物における和風・洋風・和洋折衷の3種類の違いにより決まるグレードを，それぞれA・B・Cの3段階の内容で坪単価を算出しています。		

出典：日経BPムック「設計者のための木造住宅コストダウン術」p21
サトウ・ファシリティーズ・コンサルタンツ　佐藤隆良著

(2) 第2段階：坪単価調整法

設計条件を反映した，より精度の高いもので単価データを仕様グレード別に判別できる手法です。

表4.6.3 坪単価調整方

延床面積	係数	階　数	係数	屋根形状	係数	平面形状	係数
20坪未満	1.59	3　階	0.89	切　妻	1	細長比1	0.95
20～30坪	1.25	総2階	0.87			細長比2	1
30～40坪	1	1部2階	1	寄　棟	1.15	細長比4	1.06
40～50坪	0.91	平　屋	1.30				
50坪以上	0.88	2階建て地下付	1.85	変形屋根	1.25	細長比6	1.11
坪単価調整 概算見積額	（例） モデルプランBの場合でグレードBとすれば， （坪数×グレードB坪単価×延床面積係数×屋根係数×平面形状係数） 　39坪×80万円／坪×1×1×0.95＝2,964万円						

出典：日経BPムック「設計者のための木造住宅コストダウン術」p21
サトウ・ファシリティーズ・コンサルタンツ　佐藤隆良著

図4.5.3　グレードA

図4.5.4　グレードB

図4.5.5　グレードC

係数とは

概算見積の一方法として建築費の差異を算出するために，延べ床面積・屋根形状・平面形状などの影響する要因を係数化します。たとえば，延べ床面積係数では30～40坪の家を1として，それより小さい家は係数を25から27％アップして，段階的にコストが割高であることを表し，反対に大きい家は係数を0.09％から0.12％ダウンすることで割安であることを表します。

表 4.5.4　モデルプランBの建築概要と仕様・仕上表

建築概要	在来木造2階建 （住宅金融支援機構標準仕様）		建築面積 1階床面積 2階床面積 延べ床面積		89.04m² 88.22m² 46.37m² 129.59m²（39.2坪）	
仕　　様	部　　位			材　料　名		グレード
外　装	屋　根			カラーベストコロニアル		C
	軒　天			珪酸カルシウム板 t6		C
	外　壁			サイディング塗装品 12×455×3030		B
内　装	床	廊下・洋室 洋　室 便所・洗面 和　室		フロアパネル t12 天然コルク t3.2（300角） CFシート t2 畳1等中級品		C B C B
	壁	洋　室 台　所 和　室		ビニルクロス（普及品） 半磁器タイル　200×100 京壁（ジュラク塗壁）		C B B
	天　井	洋　室 和　室		ビニルクロス 杉柾プリント合板		C B
	内　法			桧集成品		B
	収　納			既成品塩ビシート貼		C
	造　作			既製品ムク板		B

1階平面図

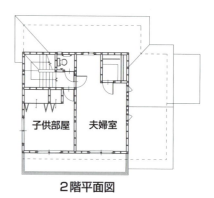

2階平面図

南側立面図

東側立面図

図 4.5.6　モデルプランB　平面図と立面図

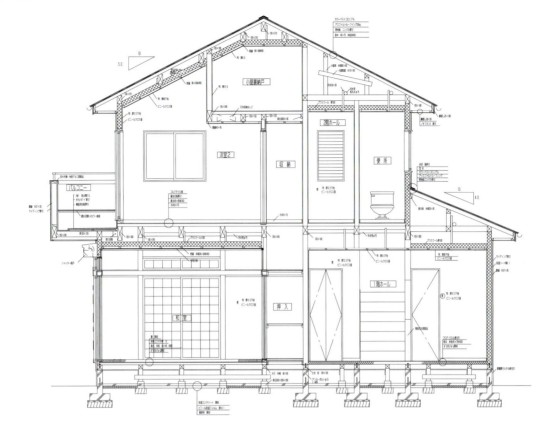

図 4.5.7　モデルプラン B　断面図

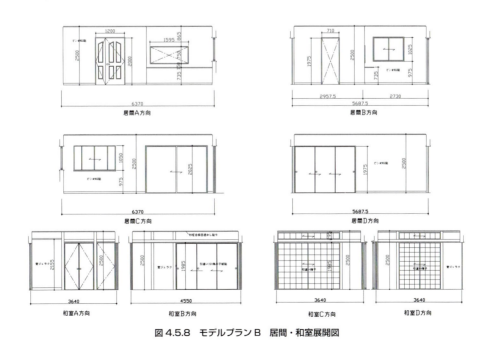

図 4.5.8　モデルプラン B　居間・和室展開図

基本設計段階の木造住宅工事費

　ここでは，木造住宅の設計段階が企画・構想から基本設計へと進むにつれて設計図が完成して，さらに高精度な概算見積ができるコスト算出方法を説明します。

　モデルプランＢにおいて，数量に単価を掛けて工事金額を算出する一種の「積上げ法」を採用します。この手法は各部位ごとの目標金額（合成単価）を設定すれば，表3.5.5のように各部位，たとえば内部仕上げの場合，床・壁・天井などに分けることで，建築主の工事予算調整や設計変更などのコストコントロールの迅速な対応と建築コストの適正な構成比率が検討できます。

1．各部位別の項目

　表4.5.5の各部位別の項目内容は以下のとおりです。
　① 仮　設
　仮設は工事竣工後残らない，内外足場，水盛・遣方など。
　② 基　礎
　基礎は布基礎で，住宅では躯体から独立して扱う。
　③ 躯　体
　躯体は木工事のなかの構造材・間柱・筋かい・床は大引きまで，構造金物・大工手間と建方クレーンまで。
　④ 外部・屋根
　外部仕上げは屋根・軒天・サイディング壁下地から仕上げまで。
　⑤ 開口部
　開口部は玄関ドア・サッシの外部開口部と室内木製建具・襖・障子のほか枠材・網戸・面格子も含む。
　⑥ 内　部
　内部の床・壁・天井の各部位の下地，仕上げの実面積を，内法は幅木畳寄せ・付け鴨居・長押・回り縁のこと，収納は物入・押入部分の実面積のことで，造作は階段・多用枠・カーテンボックス・框・天板・和室造作。
　⑦ 住設機器
　設備には住設機器としてシステムキッチン，システムバス，洗面化粧品，換気扇などと衛生器具，照明器具，給湯器と外部設備工事を含む。
　⑧ その他
　その他には，防水工事・バルコニー笠木・手すり・防蟻防腐工事・美装工事など。

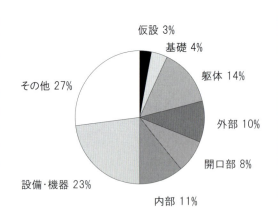

図 4.5.9　Ｂプランの部位別建築コスト比率

表 4.5.5　Ｂプランの部位別建築コスト

部　　位	数量	単位	単　価	金　額
仮　　設	39.2	延坪	23,000	901,600
基　　礎	26.9	建坪	51,000	1,371,900
躯　　体	39.2	延坪	107,000	4,194,400
外部・屋根	61.5	実坪	24,000	1,476,000
・軒天	28.1	実坪	9,000	252,900
・外壁	54.8	実坪	25,000	1,370,000
開口部・外部	26	箇所	59,000	1,534,000
・内部	16	箇所	59,000	944,000
内部・床	34.5	実坪	23,000	793,500
・壁	38.1	実坪	20,000	762,000
・天井	35.1	実坪	19,000	666,900
・内法	39.2	延坪	8,300	325,360
・収納	1.9	実坪	21,000	39,900
・造作	39.2	延坪	24,000	940,800
住設機器	39.2	延坪	75,000	2,940,000
給排水・衛生設備	39.2	延坪	73,000	2,861,600
電気設備	39.2	延坪	25,000	980,000
ガス設備	39.2	延坪	8,000	313,600
その他	39.2	延坪	209,000	8,192,800
合　　計				30,861,260
坪単価				787,277

注）延坪：延床面積，建坪：建築面積
　　単価は部位別の合成単価

　たとえば，屋根の場合における仕様変更の違いよるコスト変化を試してみると，坪単価はカラーベスト葺きが 16,500 円に日本瓦葺きは 24,000 円であり，両者のコスト比較は

　　(24,000−16,500)×61.5 坪＝461,250 円

の差額であることがわかり，建築主へ予算オーバーや追加工事金額を迅速に提示することができます。

実施設計段階の木造住宅工事費

実施設計段階の工事費の算出は，同じ「積上げ方式」でも，基本設計段階の各部位ごとではなく，工事項目ごとに算出します。

概算見積で概略の工事予算が確認できれば，次に実施設計図面に基づき積算を行い，正式な見積書を作成します。

見積書を作成するにあたり，「設計図・仕様書・現場の状況などに基づいて工事に必要な諸材料の数量，各職種の工数，建築各部位の数量などを詳細に拾い出す積算作業を行い，それに単価を掛けて金額を算出し，諸経費を加えて工事費を予測します。

積算および見積書作成作業は設計を施工へと具体化する経済行為であり，契約のために慎重な対応が必要です。

ここでは，事例のBモデルプランを使って，工事見積書の本体工事費の主な工事費ごとに，コスト比率の高い順に説明します。

（1）木工事費

木工事費（24.7 %）は，本体工事費のコストの1/4を占めています。木工事には構造材（土台・柱・横架材など）と構造補助材（間柱・野縁・胴縁など）や造作材（洋・和室の見掛り材など）そして，大工手間（工賃）などが含まれます。

（2）諸経費

諸経費（16.7%）は，現場経費と一般管理費など（利益を含む）の負担額の二者を合わせたものです。

（3）雑工事

雑工事（13.6%）は，防蟻工事・美装工事と台所や洗面・便所などの設備機器や外装材などが含まれています。

（4）建具工事

建具工事（9.1 %）は，アルミサッシなどの金属製建具と玄関や居室・物入れなど木製建具が含まれ，グレードによりコストが左右されます。

（5）内装工事費

内装工事費（6.7 %）は，床・壁・天井の仕上材とその下地材（合板・石膏ボード・断熱材など）が含まれており，仕上材のグレードによりコスト比率が大きく変化します。

（6）給排水衛生設備工事

給排水衛生設備工事（6.3 %）は，屋内給水・排水設備工事費と給湯設備工事費衛生器具設備工事および給水分担金申請手数料が含まれています。

（7）屋根・防水工事費

屋根・防水工事費（5.6 %）は，屋根材とベランダのFRP防水の材料と工事が含まれています。

（8）基礎工事

基礎工事(5.3 %)は，鉄筋コンクリート基礎や本体に繋がる屋外のテラス・ポーチ・浴室風呂釜の基礎などが含まれています。

（9）電気設備工事

電気設備工事（3.6 %）は，配線工事やコンセント・スイッチなどおよび照明器具取付工事などが含まれます。

（10）仮設工事

仮設工事(3.4 %)は，水盛・遣方や仮設足場と各種養生や工事用電力・給排水および工事人のための仮設トイレなどが含まれます。

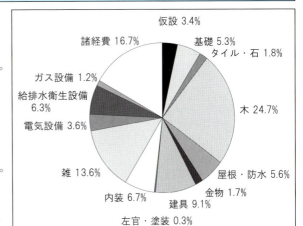

図4.5.10　本体工事内訳

表4.5.6　モデルプランB　新築工事費内訳

記号	名　称	摘　要	数量	単位	単　価	金　額
Ⅰ	本体工事費	内訳の通り	1	式		26,515,803
Ⅱ	外部設備工事費	別紙内訳の通り	1	式		1,400,000
Ⅲ	外構工事費	別紙内訳の通り	1	式		1,436,961
	設計費	本体工事費の5％				1,325,790
		合　計				30,678,555
Ⅰ	本体工事費					
1	仮設工事		1	式		908,170
2	基礎工事		1	式		1,394,125
3	タイル・石工事		1	式		490,257
4	木工事		1	式		6,555,366
5	屋根・防水工事		1	式		1,486,109
6	金物工事		1	式		449,248
7	建具工事		1	式		2,414,300
8	左官・塗装工事		1	式		85,465
9	内装工事		1	式		1,768,902
10	雑工事		1	式		3,617,101
11	電気設備工事		1	式		951,000
12	給排水衛生設備工事		1	式		1,660,960
13	ガス設備工事		1	式		315,500
	諸経費		1	式		4,419,301
		計				26,515,803

□　参考資料

CD-ROMにあるモデルプランBの見積書の明細を参考にしてください。

Bプラン見積書

家づくりあれこれ
気になる予算について
Web

表4.5.7　単位記号表

単位適用	単位記号
長 さ	メートル (m)，センチメートル (cm)，ミリメートル (mm)，延べ（メートル，センチメートル，ミリメートル） 尺貫法：分，寸，尺，延べ尺，間，延べ間，糸尺 1尺＝0.30303m，1間＝6尺
面 積	平方メートル (m²)，平方センチメートル (cm²) 尺貫法：尺坪＝約30cm×約30cm 　　　　面坪＝約182cm×約182cm
容 積	立法メートル (m³)，立法センチメートル (cm³) リットル (l)，キロリットル (kl) 尺貫法：立方尺＝約30cm×約30cm×約30cm 　　　　立方坪＝約182cm×約182cm×約182cm 　　　　石＝1尺×1尺×1尺＝0.278m³
重 さ	キログラム (kg)，グラム (g)，トン (t)
部 分	丁，本，枚，帖，束，人，個，箇所，一式

表4.5.8　木造建築の木材名称

材料用途		部材名称
軸組	横架材その他 横物材 継ぎ材 斜め材 楔，込み栓類	土台，足固め，胴差，敷桁，2階梁 窓台，マグサ，添え桁，縁桁 管柱，通し柱，添え柱，控え柱 火打土台，火打梁，筋違，方杖
小屋組	各部材 付属構造材 屋根構造材 楔，込み栓類	小屋梁，小屋束，陸梁，合掌，真束，方杖 桁行筋違，水平筋違，振止め，棟下方杖 小屋繋ぎ，添え板，添え木 軒桁，母屋，棟木，振止め
屋根，桁回り		垂木，裏板，化粧裏板，面戸板，鼻隠し， 破風板，広小舞，淀，登り淀，野地板，小舞，瓦座，瓦桟，瓦棒
床		床束，根がらみ貫，大引き，根太掛け，転ばし 根太，下地床板，縁甲板，幅木，下床板，框
外部回り		雨押え，見切り縁，付け土台，胴縁，下見板（竪板・押し縁・南京），押し縁，定規柱，付け縁，軒蛇腹，胴蛇腹，軒天井，霧除け庇，戸袋，木格子
壁下地材		間柱，脇柱，木摺り貫，ラス下地板，天井，面木等
内法回り		窓枠，出入口枠，額縁，方立，無目，沓摺り，鴨居，中鴨居，敷居，長押，一筋，敷鴨居
天 井		吊木受け，吊木，野縁受け，野縁，廻縁，棹縁，格縁，天井板（棹縁・仕上げ），木摺り貫
腰羽目，幅木類		畳寄せ，笠木，框，羽目板，鏡板，目板，間縁，パネル額縁
階 段		ささら桁，段板，蹴込み板，裏板，親板，笠木貫，手すり，
その他		式台，濡縁，棚，戸棚，押入，床の間廻り，畳寄付け付鴨居，台所，便所回り，その他

出典：「建築（Ⅱ）」（財）職業訓練教材研究会刊 p198 より

木造住宅の見積書について

　見積書を作成するにあたり，「設計図・仕様書・現場の状況などに基づいて工事に必要な諸材料の数量，各職種の工数，建築各部位の数量などを詳細に拾い出す積算作業を行い，それに単価を掛けて金額を算出し，諸経費を加えて工事費を予測します。

　木造住宅の見積書において，木工事は扱う部材の種類や数量が多くなり，木造住宅の建築コスト配分の中心を占めます。積算する際，構造材・造作材・補足材という項目ついて施工順序に従って木材を一本一本丁寧に拾い，木材明細書に記載します。

　また，部材名称ついては，材木市場で通常で使用されている名称を用い，形状寸法は定尺物（市場寸法）を基本に拾い，値入作業を行います。

　住宅建築の建設の過程において，積算および見積書作成作業は設計から施工へと実際化する作業であり，コスト面における建築主の夢と現実を調整するための重要な行為であること考えると，丁寧な数量拾いと適正な値入，および念入りなチェックと慎重な打合せが必要です。

1.　木造建築積算のポイント

(1) 積算は図面を熟読する作業でもあります。このときに施工時の強度や納まり，および現場の敷地状況や施工計画などの確認を設計図や仕様書をもとに研究・検討して，質問や提案の書類を設計者に提出する必要があります。

(2) 仕様書に記載されている建築材料の名称や性質を熟知するとともに，特注品や品番の確認をして，その製品のカタログ・サンプルなどの資料を集め，あらかじめ研究しておくことです。

(3) 正確な数量を早く拾い出す手順と，数値の処理やルールをや自分のものとしてマニュアル化することです。

(4) 積算を効果的に行うには，単位を覚えておくことが大切です（表4.5.7を参照）。

(5) 寸法と数字の確認は慎重にする必要があります。数量計算を行う場合，スケールで計った寸法と図面に書かれた寸法に食い違いがあれば，図面に書かれた書入れ寸法の方を優先します。

(6) つねに新しい単価や材料寸法の変化などに敏感に対応できるように，関心を持って最新のカタログやインターネットなどを通して最新の情報収集に努めることです。

(7) 建築や特に住宅に関して多様な設備機器，付帯設備などの種類，機能についてつねに関心を持ち大局的な視野で積算技術の能力を養成するように努めることです。

2. 木材拾いのポイント

(1) 拾う順序は構造材（床回りの土台・大引き・根太などから軸組の柱・梁そして小屋組の棟木・母屋・垂木など）を経て，屋根・軒回りや外壁など建物の外回りに至り，その後，内部の造作材（下地材・仕上材・枠材・収納）を部屋ごとに拾い落しのないように丁寧に拾っていきます。

(2) 土台や梁などの水平材は平面上長辺方向から先に拾います。

(3) 木工事の積算を正確に行うには，正しい木材部材名称の理解が必要です。（表4.5.8を参照）

(4) 木材の種類・樹種・材質などが適切に考慮された使い方をされているのか，市場によく出ているのか，仕様書と設計図に整合性がとれているのか，もしとれていなければ仕様書の方を優先するなどの配慮が必要です。

(5) 木材の定尺・市場寸法の知識とそれを有効に使うことが積算作業には必要です。（表4.5.9を参照）

(6) 構造材の木拾いは継手位置を決めて，継手・仕口の種類を考えて，その加工代を加算して行います。

(7) 積算による数量の意味は（表4.5.10）のとおりです。

表 4.5.9　木材の定尺・市場寸法

構 造 材			
名称	樹種	長さ (m)	断面寸法 (mm)
正角	杉・檜	4.0, 3.0	90×90, 105×105 120×120
		6.0	105×105, 120×120 135×135
	米栂	4.0, 3.0	90×90, 103×103 105×105, 120×120
	米ひば		105×105, 120×120
	米松		90×90, 105×105
平角	米松	6.0, 5.0, 4.0, 3.0	厚さ：105, 120 せい：150, 180, 210, 240 270, 300, 360
梁 丸太	松	4.0, 3.0	末口径 130～200
		5.0	140～220
		6.0	180～240
平割	杉 米栂	3.0, 3.65 3.8, 4.0	105×27, 105×30 105×36, 105×45 90×24, 90×30 90×45
小割	杉 米栂	3.65, 3.8, 4.0	40×30, 40×35, 45×36
	えぞ松	3.65, 3.8	48×24（桟木） 36×21（胴縁） 85×13（貫）
	杉	3.0, 3.65	80×11（ラス下地）
造 作 材			
名称	樹種	長さ (m)	断面寸法 (mm)
平割	杉・檜 米栂 米ひば	2.0, 3.0, 4.0	105×45, 105×40 （敷居・鴨居）
小割	杉・米栂 米ひば	4.0, 3.65	45×45, 45×40, 35×40 30×24, 30×21 （回縁・棹縁）
縁 甲板	檜	3.65, 3.8	15×105, 16×120
フロー リング	ナラ・ブ ナ	乱尺	15×75
	アピトン	3.65	15×105

木材の断面寸法について

　最近マスコミで木造住宅の建築に関するトラブルのひとつとして，木材の断面寸法のことが取り上げられています。たとえば，仕様書や設計図で105mmの柱を指定しているにも関わらず実際は100mmしかないという指摘です。このことは建築主が鉋仕上前の挽き立て寸法と仕上寸法の違いを理解していないことから起こります。

　この対策として，設計図面の段階で建築主に良く説明するとともに，あらかじめ乾燥収縮などの問題も含めて仕上寸法を確保するために，現場で使用する木材は少し大きめに，たとえば105mmなら5mm大きい110mmのものにするなどの工夫が必要です。

表 4.5.10　積算による数量の意味

設計数量	設計図から算出されたので，割増しを含ない，実数量のことでコンクリートなどです。
所要数量	設計数量に市場寸法によるロスや施工時のミスを加算したもので，木材や鉄筋などです
計画数量	施工計画に基づいたもので，設計図に記載されていない仮設工事や土工事などです。
計測の単位と 端数処理	mとし，小数点以下3位を四捨五入します。 EX. 746mmは0.75mという具合です。

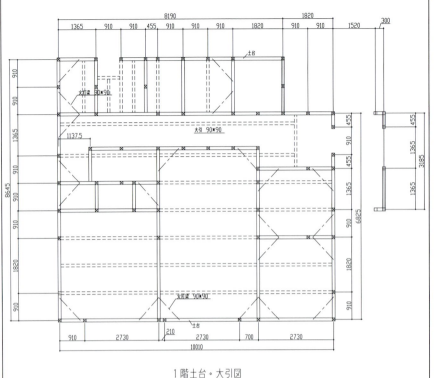

1階土台。大引図

木拾い演習

床伏図から木工事における構造材を中心にした木材拾いを行います。

1. 土台を拾う

(1) 伏図から土台だけを分けて新たな図面を作成します。
(2) 定尺寸法でまず拾い，次に残り寸法を土台図に明示します。

105×105×4.000 → 8本
105×105×3.800 → 2本
105×105×3.000 → 5本
105×105×2.800 → 2本
105×105×2.600 → 1本
105×105×2.200 → 4本
105×105×2.100 → 5本
105×105×1.600 → 2本
105×105×1.300 → 1本
105×105×1.100 → 2本
105×105×600　 → 3本
105×105×500　 → 2本

(3) 最後に定尺寸法で必要数量を明示します。

土台（米松）
105×105×4.000 → 10本
105×105×3.000 → 21本

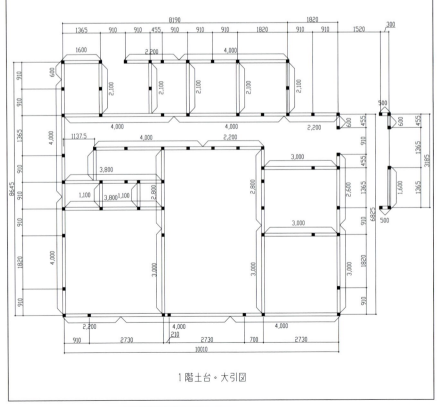

1階土台。大引図

2. 大引きを拾う

(1) 伏図から大引きだけを分けて新たな図面を作成します。
(2) 定尺寸法でまず拾い，次に残りの寸法を大引き図に明示します。

90×90×4.000 → 12本
90×90×3.000 → 4本
90×90×2.000 → 6本
90×90×1.500 → 3本
90×90×1.000 → 1本

(3) 定尺寸法から歩留まりよく取れるように，3,000mm未満のものを組み合わせます。
(4) 最後に定尺寸法で必要数量を明示します。

大引き（米松）
90×90×4.000 → 15本
90×90×3.000 → 6本

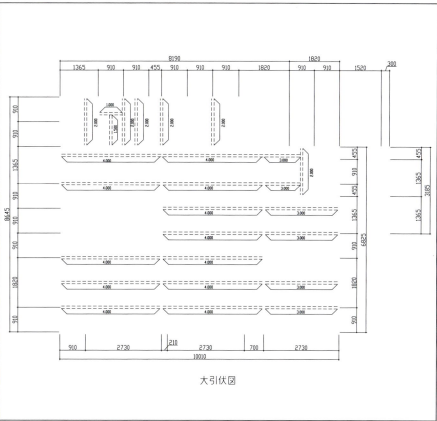

大引伏図

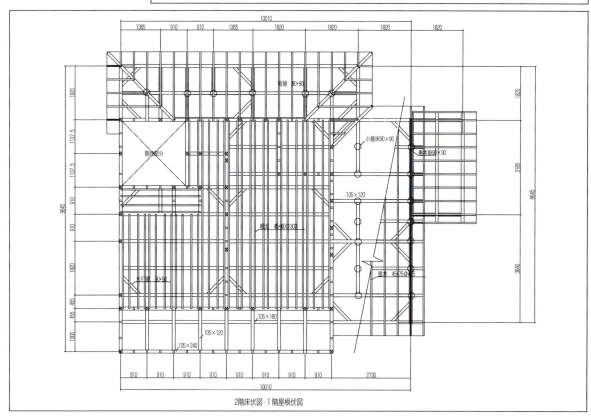

2階床伏図・1階屋根伏図

4 － 6 　建築確認申請

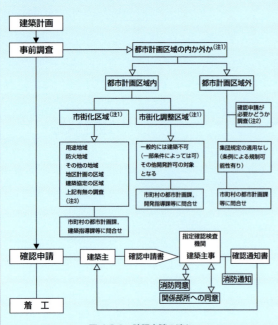

図4.6.1　確認申請の流れ

注1）市町村の都市計画課，建築指導課
注2）法6条，一号～三号確認
注3）防火・準防火地域外では，床面積 $10m^2$ 以内の確認申請は不要

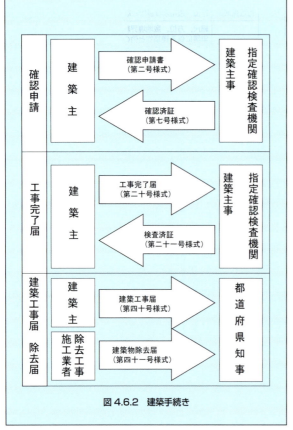

図4.6.2　建築手続き

建築確認申請

1. 建築確認制度とは

　建築物の構造・設備および敷地について，建築基準法が定めている基準が守られているかどうか，実際に建築物を建築しようとする際に，その建築物が着工される前の段階で，建築物の計画をチェックしようとするのが建築確認制度です。

　建築確認は，建築主が建築主事へ申請書を提出し，法に適合しているかどうかの審査を受けるものです。しかし，通常は設計の依頼を受けた建築士が，確認申請手続も，建築主の委任を受けて代行します。

　その他，建築物以外に確認申請が必要なものとして，建築設備（昇降機・それ以外）工作物等があります。

2. 確認申請の流れ

　確認申請を出す前に，事前調査が必要になります。都市計画関連法規，建築基準法等による規制と開発許可の有無等，事前に役所等の担当課で調査します（図4.6.1 参照）。

　建築確認に必要な書類を整え，建築主事または指定確認検査機関へ申請を行い，適法であれば確認済証が通知されます。

3. 確認申請（建築物）に必要な書類

（1）確認申請書（第二号様式）

　図4.6.2 に示す確認申請の様式は，建築基準法第6条に基づく建築主事あてのものです。

　様式のサイズはA4判で，第1面から第5面までの5種類からなり，枚数は建築物の数と階数によって異なります。

　確認申請に添付する図面としては，建築物の構造・規模・用途により異なります。

　確認申請書は，正副2部作成しますが，副本は正本のコピーで構いません。なお，この副本は建築主事から通知される検査済証に添えらて戻ってきます。

　また，指定確認検査機関の確認を受ける場合は，各機関の定める確認申請書（確認申込書という機関もある）の様式によりますが，確認済証の様式は建築主事のものと同じ様式です。

（2）建築計画概要書（第三号様式）

　建築基準法第93条の2の規定により閲覧用の図書として作成するものです。確認申請書に添付して申請します。

　なお，建築計画書の様式は確認申請書の2面，3面と同じものです。

（3）工事完了届

　建築基準法第7条1項の規定により，建築主は，確認を受けた建築物の工事が完了したとき，工事が完了した日から4日以内に，建築主事または指定確認検査機関へ到達するように，完了検査の申請をしなければなりません。当該建築物およびその敷地が建築基準関係規定に適合していることを認められれば，建築主に対して，検査済証が交付されます。

建築確認から完了検査まで (Web)

(4) 確認申請以外で必要な手続き

① 建築工事届

建築基準法第 15 条第 1 項の規定により，建築主は建築物を建築しようとする場合，建築主事を経由して，その旨を都道府県知事へ届け出なければなりません。

② 建築除去届

建築基準法第 15 条第 1 項の規定により，建築物を除去しようとする場合，除去工事を施工する業者が，建築主事を経由して，その旨を都道府県知事へ届け出なければなりません。

一般的に建築工事届，建築除去届とも，建築確認申請提出のとき一緒に提出します。

表 4.6.1　建築物の確認申請の添付に必要な図書（図面）

建築物の構造・規模・用途			添付図書の種類
法第 6 条 1 項第四号に掲げる建物		(い)	付近見取り図 配置図 各階平面図 し尿浄化槽の見取図
木造	階数≦2　延べ面積≦500m² 高さ≦13m　軒高≦9m		
木造以外	階数 1 延べ面積≦200m²		
法第 6 条 1 項第一号に掲げる特殊建物で床面積の合計>100m²		(ろ)	(い) の図書のほか 2 面以上の立面図 2 面以上の断面図
法第 6 条 1 項第二号及び第三号に掲げる建築物		(は)	(い) (ろ) の図書のほか 基礎伏図　各階床伏図 小屋伏図　構造詳細図 構造計算書（法施行規則第 1 条の 3 表二及び表三の規定による）
木造	階数≧3　延べ面積≧500m² 高さ>13m　軒高>9m		
木造以外	階数≧2 延べ面積≧200m²		
内装制限を受ける建築物		(に)	室内仕上表
法 52 条 6 項の規定により特定道路からの容積率の緩和の適用を受ける建築物		(ほ)	道路の配置図
法 56 条の 2 第 1 項の規定により日影による高さの制限を受ける建築物		(へ)	日影図

*提出先により必要な図書が追加されることがあります

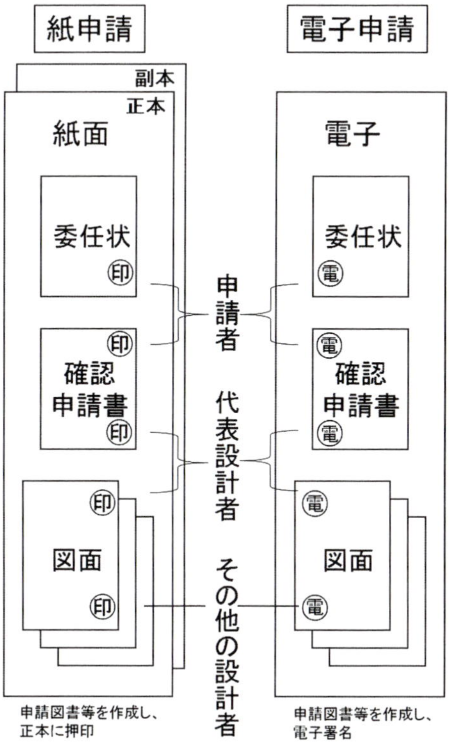

表 4.6.2　各図書に明示すべき事項

図書の種類		明示すべき事項
(い)	付近見取図	方位，道路及び目標となる地物
	配置図	縮尺，方位，敷地境界線，敷地内における建築物の位置，申請に係る建築物と他の建築物との別，擁壁，井戸及びし尿浄化槽の位置，土地の高低，建築物の各部分の高さ並びに敷地の接する道路の位置及び幅員
	各階平面図	縮尺，方位，間取，各室の用途，壁及び筋かいの位置及び種類，通し柱，開口部及び防火設備の位置並びに延焼のおそれのある部分の外壁の構造
	し尿浄化槽の見取図	し尿浄化槽の形状，構造及び大きさ
(ろ)	2 面以上の立面図	縮尺，開口部の位置並びに延焼のおそれのある部分の外壁及び軒裏の構造（法第 62 条第 1 項本文に規定する建築物のうち，耐火建築物及び準耐火建築物以外のものについては，縮尺，開口部の位置及び構造並びに外壁及び軒裏の構造）
	2 面以上の断面図	縮尺，床の高さ，各階の天井の高さ，軒及びひさしの出並びに軒の高さ及び建築物の高さ
(は)	基礎伏図 各階床伏図 小屋伏図 構造詳細図	縮尺，構造耐力上主要な部分の材料の種別及び寸法
(に)	室内仕上表	建築基準法施行令第 129 条に規定する部分の仕上材料の種別及び厚さ
(ほ)	道路の配置図	縮尺，方位，敷地境界線，前面道路及び前面道路が接続する法第 52 条第 6 項の特定道路の位置及び幅員並びに当該特定道路から敷地が接する前面道路の部分の直近の端までの延長
(へ)	日影図	縮尺，方位，敷地境界線，敷地内における建築物の位置，建築物の各部分の平均地盤面からの高さ，法第 56 条の 2 第 1 項の水平面上の敷地境界線からの水平距離 5m 及び 10m の線，建築物が冬至日の真太陽時による午前 8 時から 1 時間ごとに午後 4 時までの各時刻に水平面に生じさせる日影の形状並びに建築物が冬至日の真太陽時による午前 8 時から午後 4 時までの間に測定線上の主要な点に生じさせる日影時間又は水平面に生じさせる日影の等時間日影線

図 4.6.3　確認申請の方式

課題

課題01　第3章で計画した住宅の外装材，内装材を選定して
ください。

課題02　グレードを設定し，外装・内装材を調整して概算見
積りを行ってください。

課題03　モデルプランBの2階梁，1階小屋伏図の木拾い
を行ってください。
CD-ROM に解答があります。

CD-ROM の「B model」フォルダに下記の dxf と jww 形式のファイル
が添付されています。

 2階床伏図　　　　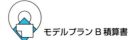 モデルプランB積算書

 課題03解答

〔引用文献〕
1）p97 表 4.5.2，表 4.5.3
日経 BP ムック「設計者のための木造住宅コストダウン術」p21／
サトウ・ファシリティーズ・コンサルタンツ　佐藤隆良著／日経
BP 社
2）p102 表 4.5.8「建築〔Ⅱ〕」p198/職業訓練教材研究会編

5－1　基礎伏図の描き方　　　　　基礎伏図

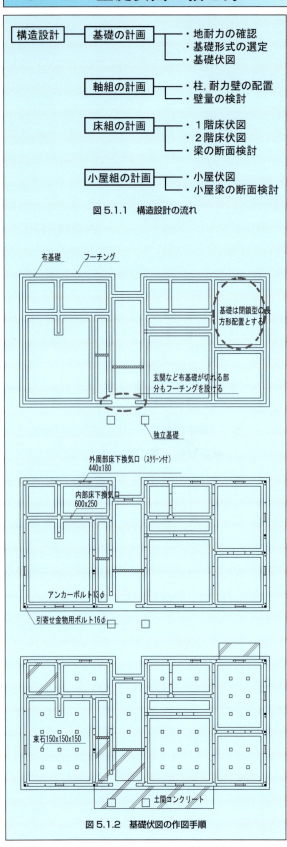

図 5.1.1　構造設計の流れ

図 5.1.2　基礎伏図の作図手順

基　礎

　木造 2 階建て住宅の構造強度に関する検討は，法令（令 46 条）の定めによる壁量のチェックのみですまされる場合が多いが，屋根や床の荷重が，梁・柱などの部材を介して，スムーズに基礎に伝達されるよう，部材断面の検討や部材配置の計画が重要です。また，水平力（地震力や風圧力）に対しても，耐力壁の量的な検討だけでなく，建物全体がねじれを起こさないようなバランスの良い配置計画が必要です。基礎の計画においては，敷地の地質・地耐力の程度を調査し，地耐力に応じた基礎形式を選定します。
　構造設計は，図 5.1.1 に示す流れに従って進めていきます。

1.　基礎構造

　木造建築物の基礎は，建物の自重および建物に加わる外力を地盤に伝えるもので，地盤の強弱に応じて，基礎の形式や各部の寸法を決定します。地盤の許容地耐力については，スウェーデン式サウンディング試験を行うなどして確認します。木造住宅では布基礎かべた基礎とするのが一般的です。

(1)　基礎形式の選定

　基礎の形式は，地耐力に応じて以下のように決められています。
（平 12 建告第 1347 号）

地盤の長期許容応力度	建築物の基礎の形式
20kN/m² 未満	基礎杭
20kN/m² 以上 30kN/m² 未満	基礎杭，べた基礎
30kN/m² 以上	基礎杭，べた基礎，布基礎

2.　基礎伏図（布基礎の場合）の作図手順

(1)　外壁や間仕切り壁の位置に布基礎を配置する

　① 基礎は，閉鎖型の長方形配置とし，島型や半島型はできるだけ避ける。
　② 玄関や勝手口など，布基礎が切れる部分にも，フーチングを設ける。
　③ 布基礎の幅は 150mm を標準とする。
　④ フーチングの幅は，地盤の強弱により変わります。弱い地盤ほど，大きなフーチング幅が必要となる。
　　（図 5.1.4 参照）
　⑤ 玄関ひさしを受ける柱下には独立基礎を設ける。
　⑥ 布基礎は鉄筋コンクリート造とし，図 5.1.4 に示す配筋を行う。

(2)　布基礎に床下換気口を設ける

　① 設置位置は柱の直下や土台の継ぎ手部分を避ける。
　② 換気口部には図 5.1.4 に示す補強を行う。
　③ 外周部の換気口は，防鼠のためにスクリーン付きとする。

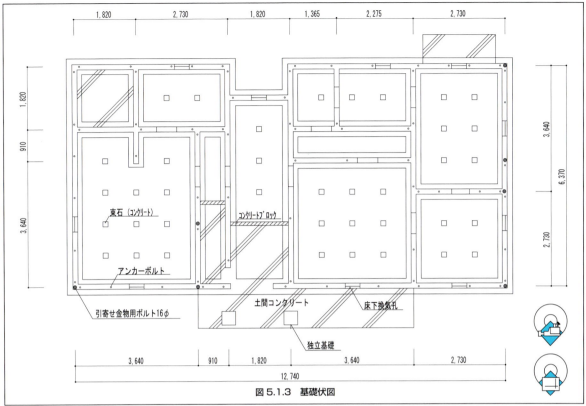

図 5.1.3　基礎伏図

（3）アンカーボルト，引寄せ金物用ボルトを記入する

アンカーボルトは，以下の位置に埋設します。

① 建物の隅や土台の継手から 150mm 内外の位置

② 筋かいを設けた軸組の柱から 150mm 内外の位置

③ 上記以外の部分では，間隔 2.7m 以内の位置

（4）土間コンクリートと束石を記入する

① 玄関，浴室部分に土間コンクリートを記入する。

② 束石は，大引きを支える束を受けるもので，縦横とも
910mm 間隔で配置する。

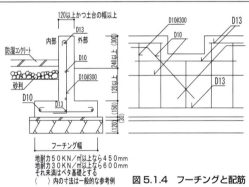

地耐力50KN／㎡以上なら450mm
地耐力30KN／㎡以上なら600mm
それ未満はベタ基礎とする
（　）内の寸法は一般的な参考例　図 5.1.4　フーチングと配筋

基礎の種類

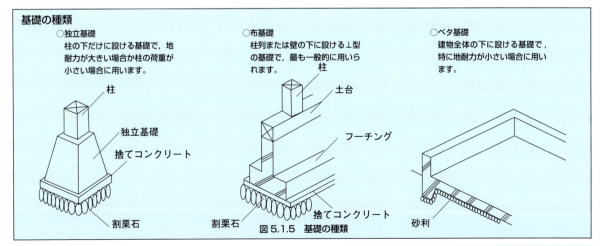

○独立基礎
柱の下だけに設ける基礎で，地
耐力が大きい場合か柱の荷重が
小さい場合に用います。

○布基礎
柱列または壁の下に設ける⊥型
の基礎で，最も一般的に用いら
れます。

○ベタ基礎
建物全体の下に設ける基礎で，
特に地耐力が小さい場合に用い
ます。

図 5.1.5　基礎の種類

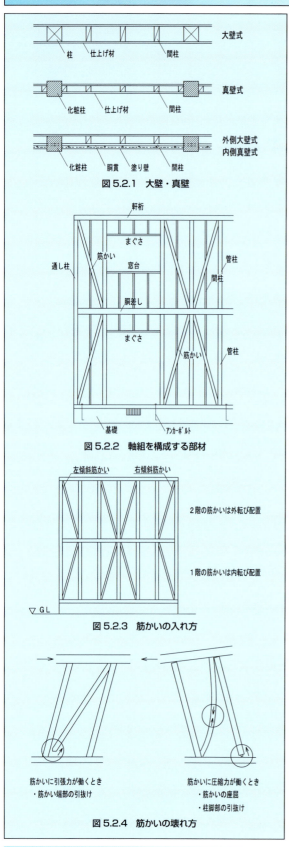

図 5.2.1　大壁・真壁

図 5.2.2　軸組を構成する部材

図 5.2.3　筋かいの入れ方

図 5.2.4　筋かいの壊れ方

軸組

　木造建築物の壁体を構成する骨組を軸組といいます。軸組は，土台，柱，胴差し，桁，筋かいなどで構成され，屋根，床などの荷重を支持し基礎に伝達します。また，地震力や風圧力といった水平力に対し有効に働くため，この構造の良否が建物の耐震性を左右します。

　軸組に間柱や貫を加えて壁の下地をつくり，壁面を仕上げます。壁には，壁面を柱と柱の内法面に仕上柱面を現す真壁造りと，壁面が柱面を隠して仕上げる大壁造りがあります（図5.2.1）。柱が露出せず金物による の補強がしやすく，筋かいも十分にとれる大壁造りの方が耐震的といえます。

1. 軸組を構成する部材

（1）土台

　土台は，基礎の上に据える軸組最下部の水平部材で柱と同寸法以上とし，2 階建てでは 120mm 角を標準とします。

　また，床下の湿気により腐りやすいので，耐久性のある，ひのき，ひばなどを用い必ず防腐処理をします。

（2）柱

　柱は，屋根・床などの上部荷重を下階に伝える垂直部材です。柱には，通し柱（2 階，1 階を 1 本で通すもの）と管柱（胴差しで区切られた 1 階分の長さの柱）があります。2 階の隅柱は通し柱とし 120mm 角，その他の管柱は 105mm 角を標準とします。

　柱の最小断面寸法は，屋根の仕上げの別，建物の用途別，横架材（桁，胴差し，土台）の相互間の垂直距離に対して定められています（令43条）。特に大きな荷重を負担する柱や，外壁に面し風圧力による大きな曲げモーメントを受ける柱については，計算によりその安全を確認します。柱材は，強度，耐久性，美観の点でひのきが用いられます。

（3）桁

　桁は柱の上部を連結し軸組を固めるとともに，小屋梁や垂木の荷重を柱に伝えます。また胴差しは，2 階建て建物の桁と土台の中間で，通し柱を連結し 1・2 階の管柱をつなぎ，2 階梁・根太を受ける役目を持っています。

（4）筋かい

　筋かいは，横力による軸組の変形を防ぎ，建物の耐震性を高めるための重要な部材で，以下の点を注意して配置します。建物外周部を中心に，バランス良く配置します。外周部に多く配置することで，建物のねじれに対する抵抗力が高まります。

　① 左傾斜，右傾斜のものを一対として配置する。

　② 2 階の筋かいは外転び，1 階の筋かいは内転びとする（図5.2.3）。平屋の場合は外転びとする。

　筋かい材には杉，松が使用され，厚さ 30mm×幅 90mm 以上の断面を使う圧縮筋かいと，厚さ 15mm×幅 90mm 以上の木材または 9mm 以上の鉄筋を用いる引張り筋かいがあります。引張り力が働く筋かいには，その端部に大きな引抜き力が生じ，圧縮力が働く筋かいの場合には，その際の柱に引抜き力を生じます（図5.2.4）。いずれの場合も金物による十分な補強が必要です。

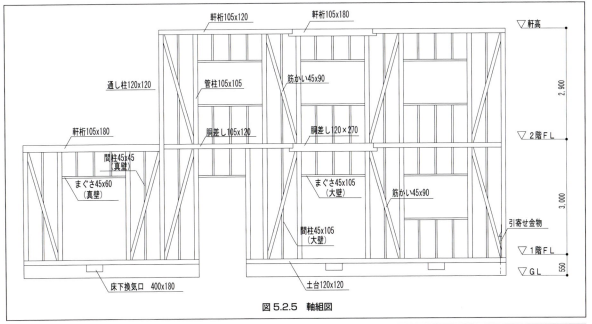

図 5.2.5　軸組図

2. 軸組図

壁面の骨組を表したものを軸組図（図 5.2.5）といいます。軸組図には以下の内容を記入します。

　① 基礎（GL より上部）を記入する。

　② 横架材（土台，胴差し，桁）を記入する。

　③ 柱（通し柱，管柱の別）を記入する。

　④ 筋かいを記入する。

　⑤ まぐさ，窓台を記入する。

　⑥ 間柱を記入する。

構造部材寸法

3. 耐力壁の種類

　筋かいや面材を用いて，水平力に対する抵抗性を持たせた壁を耐力壁といいます。耐力壁の種類には，筋かいを用いたものと面材を用いたものがあります（図 5.2.6）。また，筋かい同士の組合せや，筋かいと面材の組合せも可能です。

　耐力壁の強度（壁倍率）は，筋かい材や面材の種類により異なります。（令 46 条，告示第 1100 号）

4. 筋かい端部・耐力壁端部の柱頭・柱脚の接合

　耐力壁が水平力を受けると，筋かい端部や耐力壁が取り付いている柱の端部に大きな引抜き力が生じます。

　筋かい端部に対しては，筋かいの種類ごとに接合方法がそれぞれ定められています（告示第 1460 号第一号）。たとえば，筋かいに 45mm×90mm の木材を用いた場合の接合部の仕様は図 5.2.7 によります。

　耐力壁が取り付く柱端部の接合部の仕様は，耐力壁の種類（壁倍率）や柱の位置（隅柱か否か），筋かいの取付き方によって異なります（告示第 1460 第二号）。連層で耐力壁を設けた 1 階の隅柱には，特に大きな引抜き力が生じるので，高い耐力を持った引寄せ金物等で補強します（図 5.2.8）。

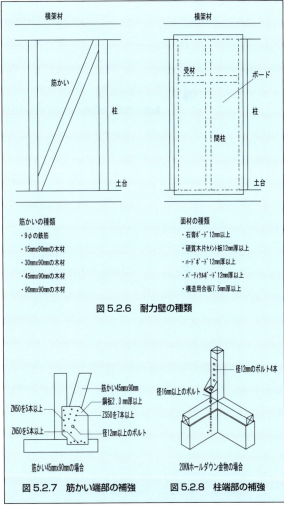

図 5.2.6　耐力壁の種類

図 5.2.7　筋かい端部の補強

図 5.2.8　柱端部の補強

表5.3.1　地震に対する必要壁量

建築物の種類	係数を乗ずる階（cm/m²）					
	平屋建	2階建		3階建		
		1階	2階	1階	2階	3階
瓦ぶきなどの重い屋根，土蔵造などの重い壁の建物	15	33	21	50	39	24
金属板，スレートなどの軽い屋根の建物	11	29	15	46	34	18

表5.3.2　風に対する必要壁量

区　域	算定用見付面積に乗ずる数値（cm/m²）
しばしば強風が吹くと認められる区域	50を超え，75以下の範囲内において，特定行政庁がその地方における風の状況に応じて規則で定める数値
一般区域	50

算定用見付面積（対象階の床面より1.35m以上の部分）

平屋建　　　　　2階建2階用　　　　　2階建1階用

2FL

1FL

表5.3.3　耐力壁の倍率

	軸組の種類	倍率
(1)	土塗壁または木ずりその他これに類するものを柱および間柱に打ちつけた壁を設けた軸組	0.5
(2)	木ずりその他これに類するものを柱および間柱の両面に打ちつけた壁を設けた軸組 厚さ1.5cmで幅9cmの木材もしくは径9mmの鉄筋またはこれと同等以上の耐力を有する筋かいを入れた軸組	1.0
(3)	厚さ3cmで幅9cmの木材またはこれと同等以上の耐力を有する筋かいを入れた軸組	1.5
(4)	厚さ4.5cmで幅9cmの木材またはこれと同等以上の耐力を有する筋かいを入れた軸組	2.0
(5)	9cm角の木材またはこれと同等以上の耐力を有する筋かいを入れた軸組	3.0
(6)	(2)から(4)までに掲げる筋かいをたすき掛けに入れた軸組	(2)から(4)までのそれぞれの数値の2倍
(7)	(5)に掲げる筋かいをたすき掛けに入れた軸組	5.0
(8)	その他国土交通大臣が(1)から(7)までに掲げる軸組と同等以上の耐力を有するものと認めて定める軸組	0.5から5.0までの範囲内において国土交通大臣が定める数値
(9)	(1)または(2)に掲げる壁と(2)から(6)までに掲げる筋かいとを併用した軸組	(1)または(2)のそれぞれの数値と(2)から(6)までのそれぞれの数値の和（上限は5.0）

図5.3.1　耐力壁の配置のチェック（四分割法）

壁量の計算

1. 壁量規定

木造建物（階数が2以上または延べ面積が50m²を超える）の耐震・耐風性能に対して，建築基準法施行令第46条の規定により，壁量の検討をしなければなりません。令46条の概要は，以下の通りです。

① 耐力壁は，すべての方向に対して安全であるように，各階の張り間方向，桁行方向に釣り合いよく配置しなければならない。

② 床組，小屋組の隅角部には，火打ち梁を設けなければならない。

③ 各階の張り間方向，桁行方向には，地震力，風圧力に対して規定以上の壁を設けなければならない。

④ 壁の量は，それぞれの壁の壁倍率と壁の長さの積の総和とする。

耐力壁は，建物全体がねじられないように，バランス良く配置しなければなりません。

2. 水平構面の剛性

水平力を耐力壁に伝えるためには，水平構面（床面や屋根面）の剛性を高めなければなりません。そのためには，耐力壁線の間隔を短くしたり，床組や小屋組の隅角部には火打ち梁を入れます。水平構面の下地に，構造用合板を用いるとさらに有効です。

3. 必要壁長

地震力に対する必要壁長は，土蔵造りのような重い建物や日本瓦で葺いた屋根の重い建物と，金属屋根やスレートなど軽い屋根にした建物に分け，各階の床面積に表5.3.1に示す数値を乗じて求めます。ただし，特に地盤の悪い地域では，表5.3.1の値を1.5倍したものを用います。

風圧力に対する必要壁長は，強風地域とその他の地域に分け，その階より上の見付け面積から，その階の床面からの高さが1.35m以下の見付け面積を減じたものに，表5.3.2に示す数値を乗じて求めます。

4. 存在壁長

存在壁長は，壁の長さに壁の種類ごとに定められた倍率（表5.3.3）を乗じて求め，地震力および風圧力によって求めた必要壁長以上でなければなりません。

5. 耐力壁の配置のチェック（四分割法）

建物全体に対して，壁量を満足するのは勿論，耐力壁のバランスの良い配置を規定した，次の内容も併せて満足しなければなりません。建物の平面を短冊状に4等分したときの両端の壁量の充足率がともに1を上回るか，または両端の壁量の充足率を相互に比べたときに，小さい方が大きい方の1/2以上であれば，バランスが良いと判断します。これを各階，各方向について確認します。

表 5.3.4　壁量の検討

X 方向

階	区分		種別	項目	値	項目		値	必要/存在	値	存在/必要	判定
2階	全体		必要壁量	床面積	57.967	必要壁量	地震	12.173	必要壁量	12.173	1.57	ok
				見付け面積	16.4		風	8.2				
			存在壁量	壁の種類	45x90片	個所数		10.5	存在壁量	19.11		
				壁倍率	2	(0.91mを1個所)						
	側端部	上部	必要壁量	床面積	14.492				必要壁量	3.043	2.69	ok
			存在壁量	壁倍率	2	個所数		4.5	存在壁量	8.19		
		下部	必要壁量	床面積	14.492				必要壁量	3.043	2.39	ok
			存在壁量	壁倍率	2	個所数		4	存在壁量	7.28		
1階	全体		必要壁量	床面積	81.154	必要壁量	地震	26.781	必要壁量	26.781	1.22	ok
				見付け面積	37.08		風	18.54				
			存在壁量	壁の種類	45x90片	個所数		18	存在壁量	32.76		
				壁倍率	2	(0.91mを1個所)						
	側端部	上部	必要壁量	床面積	20.288				必要壁量	6.695	1.63	ok
			存在壁量	壁倍率	2	個所数		6	存在壁量	10.92		
		下部	必要壁量	床面積	20.288				必要壁量	6.695	1.63	ok
			存在壁量	壁倍率	2	個所数		6	存在壁量	10.92		

Y 方向

階	区分		種別	項目	値	項目		値	必要/存在	値	存在/必要	判定
2階	全体		必要壁量	床面積	57.967	必要壁量	地震	12.173	必要壁量	16.63	1.2	ok
				見付け面積	33.26		風	16.63				
			存在壁量	壁の種類	45x90片	個所数		11	存在壁量	20.02		
				壁倍率	2	(0.91mを1個所)						
	側端部	左部	必要壁量	床面積	14.492				必要壁量	3.043	2.39	ok
			存在壁量	壁倍率	2	個所数		4	存在壁量	7.28		
		右部	必要壁量	床面積	14.492				必要壁量	3.043	1.79	ok
			存在壁量	壁倍率	2	個所数		3	存在壁量	5.46		
1階	全体		必要壁量	床面積	81.154	必要壁量	地震	26.781	必要壁量	36.48	1.1	ok
				見付け面積	72.96		風	36.48				
			存在壁量	壁の種類	片/両	個所数		12/5	存在壁量	40.04		
				壁倍率	2/4	(0.91mを1個所)						
	側端部	左部	必要壁量	床面積	20.288				必要壁量	6.695	1.36	ok
			存在壁量	壁倍率	2/4	個所数		1/2	存在壁量	9.1		
		右部	必要壁量	床面積	20.288				必要壁量	6.695	1.9	ok
			存在壁量	壁倍率	2/4	個所数		5/1	存在壁量	12.74		

6.　壁量の計算例

　モデルプラン A について，壁量の検討を行います。地盤は良好で，強風地域の指定は無いものとします。

　結果を表 5.3.4 に示します。

〔演習〕CD-ROM の「Kouzo」フォルダに演習用の木造図面があります。壁量の計算を行ってください。

　解答も添付されています。

演習課題図面

知って納得構造科学

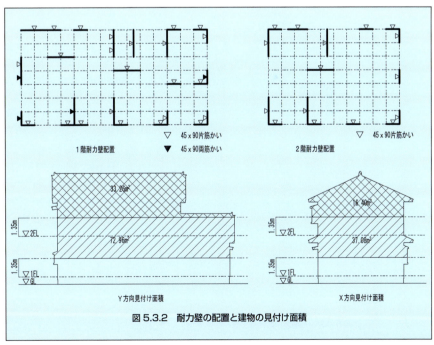

▽ 45 x 90 片筋かい　▼ 45 x 90 両筋かい

1階耐力壁配置

▽ 45 x 90 片筋かい

2階耐力壁配置

33.26㎡

1.35m　▽2FL

72.96㎡

1.35m　▽1FL　▽GL

Y方向見付け面積

16.40㎡

1.35m　▽2FL

37.08㎡

1.35m　▽1FL　▽GL

X方向見付け面積

図 5.3.2　耐力壁の配置と建物の見付け面積

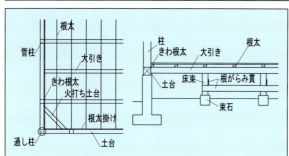

図 5.4.1　束立て床を構成する部材

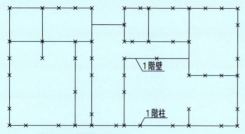

（1）1階の柱列、壁位置を確認する

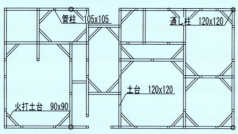

（2）土台、火打ち土台、柱の作図

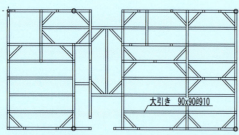

（3）大引きの作図

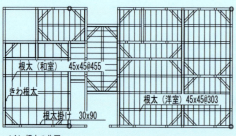

（4）根太の作図

図 5.4.2　1階床伏図作成手順

1 階床組

1. 1階床組構造

　床を構成する骨組を床組といいます。床の構造上の役割には，建物各階の床の固定荷重や積載荷重を梁や柱に伝える他に，地震力や風圧力などの水平力を耐力壁に伝える働きをします。水平力をスムーズに伝えるためには，床面の隅角部に火打ち梁を入れたり，耐力壁線相互の間隔と耐力壁線で囲まれる面積を小さくする（目安として，耐力線相互の間隔は 8m 以下，囲まれる面積は 40m² 以下）などして，床組の剛性を高めることが重要です。

(1) 1階床組の種類

　1階床組は，束で床を支える束立て床と，束を用いないころばし床がありますが，防湿等の理由から束立て床とするのが一般的です。束立て床の場合，1階床の荷重は土台，基礎を介さず，直接地盤に伝達されます。床下地盤からの高さは，床束によって調整されます。束立て床とする場合の床の高さは，その床の直下の地盤面から1階床の仕上面までの高さをいい，45cm 以上と規定されています。

(2) 束立て床を構成する部材

① 床束

・910mm 間隔に配置した束石にたてる。

・90×90mm の松・杉材を用います。木材の他に金物を用いる場合もある。

② 根がらみ貫

・床束と束石がはずれるのを防ぐ。

・松，杉の 12×90mm 程度の材を，束に縦横に差し通す。

③ 土台

・柱と同寸法以上とし，2階建てでは120mm 角を標準とする。

・湿気に対して耐久性のあるひのきやひばを用いる。

④ 火打ち土台

・水平力による土台の変形を防ぐ。

・90mm 角の松・杉材を用いる。

⑤ 大引き

・根太を支える。

・90mm 角の松・杉材を 910mm 間隔に配置する。

⑥ 根太

・床下地板を支える。

・45×45～60mm の杉・松材を畳下地部分では 455mm 間隔，その他の部分は 303mm 間隔で配置する。

・壁ぎわに入る根太をきわ根太という。

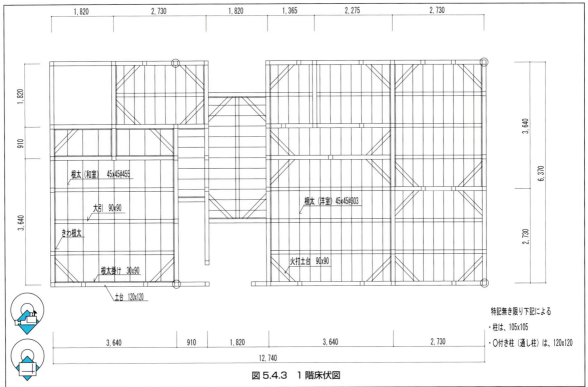

図 5.4.3　1 階床伏図

2. 1 階床伏図の作図手順

　1 階床組の部材配置，部材寸法や材質等を記入したものを 1 階床伏図といいます。以下の要領で作図します。

(1) 1 階の柱，壁の位置を確認する
　① 基礎伏図の場合と同様

(2) 土台，火打ち土台，柱を記入する
　① 土台は 1 階の柱列，壁の下に配置する。（基礎の配置と同じになる）
　② 火打ち土台は土台に囲まれた部分の四隅に，バランスよく配置する。
　③ 通し柱（○印付）と管柱を区別する。

(3) 大引きを配置する
　① 床束をつなぐように長手方向（床板と同方向）に配置する。

(4) 根太を配置する
　① 大引きに直交する方向に配置する。
　② 和室と洋室とで，根太の間隔が異なる。

3. 床組の納まり

(1) 大引き端部の納まり
　一般的に大引きの端部は土台に載せ掛けますが，大引きのレベルによっては添え束や大引き受けを用いて，大引きの高さを調整します（図 5.4.4）。

根太端部の納まり
　根太の端部は土台，大引きに載せ掛けますが，床の仕上げの違いにより，根太の高さが違う場合には，根太掛けを用いて根太の高さを調整します（図 5.4.5）。

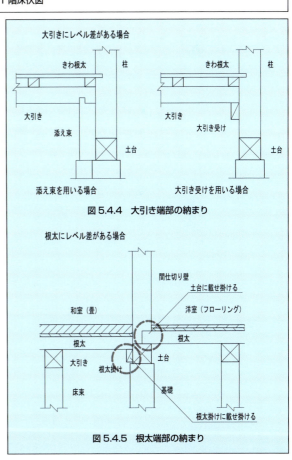

図 5.4.4　大引き端部の納まり

図 5.4.5　根太端部の納まり

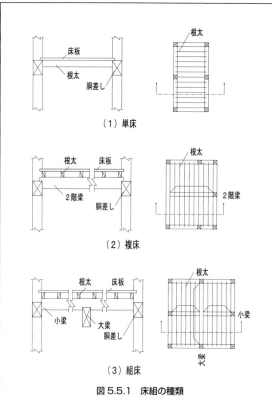

（1）単床

（2）複床

（3）組床

図5.5.1　床組の種類

2階床組

1. 2階床組の種類

　2階床組には，単床（根太床），複床（梁床）および組床の3種類があります（図5.5.1）。

　単床は，梁を用いないで根太だけで構成される床で，根太スパンが0.91m程度の廊下や押入れの床に用います。

　複床は，根太と床梁で構成される床組で最も一般的に用いられています。根太を支える梁は，柱に直接掛けるか胴差し等の横架材に載せ掛けます。

　組床は，複床よりさらにスパンが大きい場合に，大梁，小梁，根太の順に床組をして用います。通常，大梁間隔は，2.7～4.5m程度とし，大梁と直交方向に1.8m程度の間隔で小梁を掛け根太を受けます。

2. 梁の断面寸法

　住宅として使用する場合の一般的な梁寸法，組床の大梁寸法は，表5.5.1とします。ただし，ピアノや書架などの重量物を置く部分の床組材は，別途強度やたわみに対する検討を行う必要があります。

　木材を単材として使用するには，スパンが5m程度までが経済的で，それ以上のスパンに対しては，大断面の集成材や合わせ梁，鉄骨梁を用いるのが有利です。

　住宅建築の場合には，1階に特に大きな部屋でもない限り，単床と複床の組合せで2階床組を構成することができます。

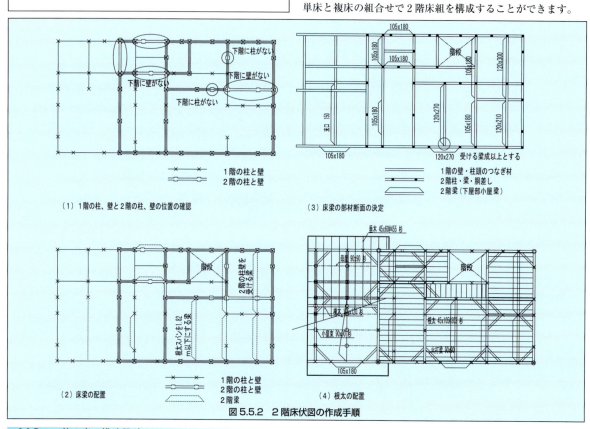

図5.5.2　2階床伏図の作成手順

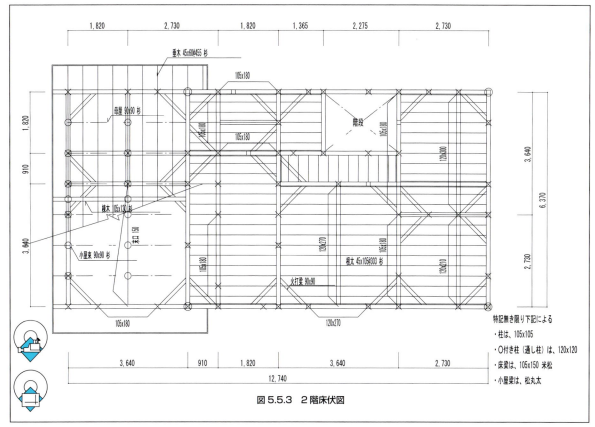

図 5.5.3　2 階床伏図

3．2 階床伏図の作図手順

（1）1 階の柱壁位置と，2 階の柱壁位置を確認する
　①2 階の柱壁のうちで，1 階の柱壁の上に載らない部分を確認する。

（2）梁を配置する
　①2 階の柱壁のうちで，1 階の柱壁の上に載らない部分。
　②根太の方向を考慮して，根太の間隔が 1.82m 以上になる部分。

（3）梁等の部材寸法を確認する
　①　（2）で配置した梁の部材寸法を確認する。部材寸法の選択には，表 5.5.1 を参照。
　②梁を受ける胴差し等の部材寸法の確認する。（原則として，受ける梁部材寸法以上とする）

（4）火打梁を記入する
　①火打梁は，水平力による床面の変形を防ぎ，耐力壁の効果を高める上で重要。
　②胴差しなどの横架材で囲まれた部分に，バランス良く配置する。

（5）根太を記入する
　①根太は，床梁に直交方向に配置する。

表 5.5.1　2 階床梁寸法

2 階床梁寸法（米松）		
2 階梁のスパン （m）	2 階梁の間隔 （m）	部材断面 幅×成（mm）
2.73	0.91	105×150	120×135
	1.82	105×210	120×180
3.64	0.91	105×210	120×180
	1.82	105×240	120×210
4.55	0.91	105×240	120×210
	1.82	105×300	120×270

組床の大梁寸法（小梁間隔 1.82m）材種：米松		
大梁のスパン （m）	大梁の間隔 （m）	部材断面 幅×成（mm）
1.82	2.73	105×210	120×180
	3.64	105×240	120×210
	4.55	105×270	120×240
2.73	2.73	105×240	120×210
	3.64	105×270	120×240
	4.55	105×300	120×270
3.64	2.73	120×300	
	3.64	120×330	
	4.55	120×360	

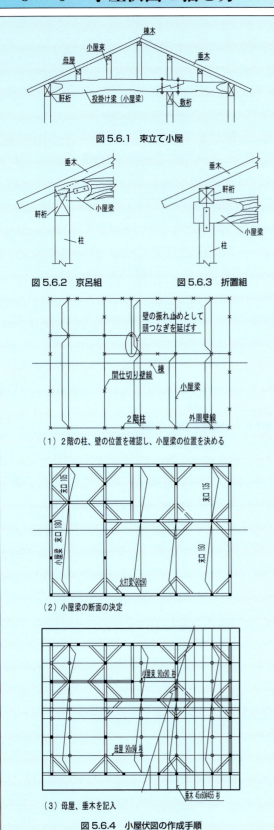

図 5.6.1　束立て小屋

図 5.6.2　京呂組　　　　　図 5.6.3　折置組

（1）2 階の柱、壁の位置を確認し、小屋梁の位置を決める

（2）小屋梁の断面の決定

（3）母屋、垂木を記入

図 5.6.4　小屋伏図の作成手順

小屋組

　屋根の荷重を受け，屋根勾配を形づくるための骨組を小屋組といいます。屋根の勾配は，建物の用途，外観，屋根葺き材料の性質のほかに，その土地の風速，雨量，積雪など気象条件にも左右されます。小屋組には，住宅のような小規模建物に用いる和小屋と，大張り間の架構に適した洋小屋があります。

1. 和小屋
　和小屋は，軒桁または柱に掛け渡した水平材（小屋梁）に，垂直材（小屋束）をたてる単純な構造で，住宅の小屋組のほとんどが和小屋によります。
　束立て小屋（図 5.6.1）は最も標準的な形で，小屋梁の上に 900mm 程度の間隔で小屋束をたて，その上に棟木と母屋を載せて屋根を仕上げます。切妻屋根をはじめ，種々の屋根の形に対応できます。また，小屋束の高さを調整することで，各種の屋根勾配，反り屋根，むくり屋根を容易につくることができます。張り間が大きい場合には，棟木を受ける小屋束が長くなるので，二重梁小屋とします。
　軒桁と小屋梁の取合い方には，小屋梁が軒桁の上に取り付く京呂組（図 5.6.2）と，柱の上に直接小屋梁を取り付ける折置組（図 5.6.3）の別があります。特殊な場合を除き，京呂組を用いるのが一般的です。

2. 小屋梁の位置
　小屋組の計画における一番のポイントは，小屋梁の位置の決定です。以下の要領で小屋梁の位置を決めます。
　①屋根の形状より棟木，隅木の位置を確認する。（隅木は寄せ棟，入母屋の場合のみ）
　②垂木を受ける母屋の位置を決定する。
　③母屋を受ける小屋束の位置を決定する。
　④小屋束を受けるように小屋梁の位置を決定する。

3. 小屋伏図の作図手順
　小屋組の部材配置を示す図面を小屋伏図といいます。以下の手順で小屋伏図を作図します。
（1）2 階の柱と壁の位置を確認する

（2）2 階の柱，壁をつなぐように，妻梁，軒桁，敷桁等を配置する

（3）母屋のスパンが 1.82m 以下になるように，小屋梁を配置する
　①小屋梁は，垂木と同じ方向に掛ける。
（4）小屋梁や小屋梁の受け材の部材断面を検討する
　①小屋梁の部材断面は表 5.6.1 を参照。
　②小屋梁に丸太を使用する場合には，末口のサイズを表示する。

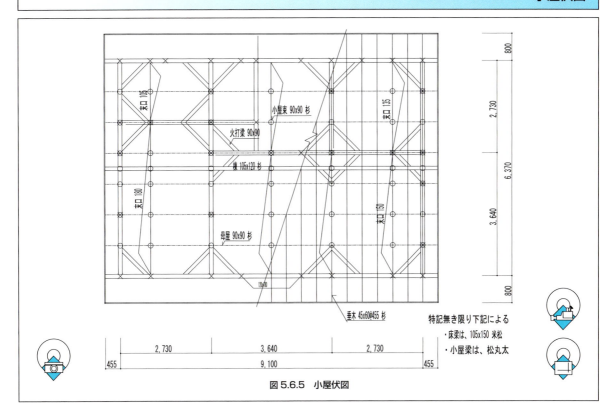

図 5.6.5　小屋伏図

(5) 建物の隅，横架材の交差部に火打梁を配置する

① 火打梁は，90×90mm の杉材を使用する。

② 火打梁は，負担面積 3.3m² に 1 か所程度を目安に，バランス良く配置する。

(6) 母屋，棟木を配置する

① 母屋は 90×90mm の杉材を 910mm 間隔とする。

② 棟木は 105×120mm の杉材を使用する。

(7) 垂木を配置する

① 垂木は 45×60mm の杉材を 455mm 間隔とする。

② ひさしの出が特に大きい場合には，断面や間隔の検討が必要。

表 5.6.1　小屋梁の寸法　（小屋梁の間隔：1.82m）

小屋スパン　（m）	瓦葺		スレート葺	
	松丸太	松角材	松丸太	松角材
	末口	幅 x 成	末口	幅 x 成
1.82	120	105x105	105	105x105
2.73	150	105x150	135	105x135
3.64	180	105x210	150	105x180
4.55	210	120x240	180	105x210
5.46	240	120x270	210	120x240

屋根の形式

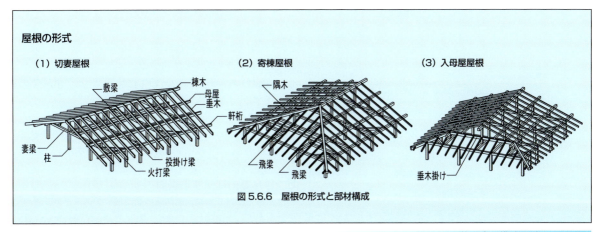

（1）切妻屋根　　　（2）寄棟屋根　　　（3）入母屋屋根

図 5.6.6　屋根の形式と部材構成

梁材の設計

　床や壁の荷重を支える梁材には，曲げモーメントとせん断力を生じますが，応力の性質が違うので，それぞれについて安全を確認しなければなりません。また，部材断面が比較的小さい木材においては，たわみに対する検討も忘れてはなりません。特に木材は，クリープによるたわみの増加を起こしやすい性質を持つので，スパンの大きな梁材については，部材せいに十分余裕を持たせることが大切です。

1.　梁部材に作用する荷重
　梁部材を設計するにあたり，以下の荷重を考慮します。
(1) 固定荷重
　建物自体の重量や恒久的な荷重で，一般的に使われる材料の固定荷重は，表 5.7.1 によります。
(2) 積載荷重
　建物内に持ち込まれる物や人の荷重を積載荷重といい，建築基準法施行令 85 条に規定されています。積載荷重は，室の種類および計算の対象によって異なります。住宅の積載荷重は，表 5.7.2 によります。
(3) 積雪荷重
　積雪荷重は，積雪の単位荷重と垂直積雪量の積として計算し，積雪の単位荷重は，次のような数値とします。
・一般の地域　：積雪 1cm 当たり 20N/m² 以上
・多雪地域　　：特定行政庁が定めた値

2.　曲げモーメントに対する検討
　単純支持された梁材は，その下端に最大曲げモーメントを生じるので，梁下端に欠込みをしてはなりません。やむ得ず梁下端に欠込みをする場合は，中央部を避け部材成の 1/3 以内とします（図 5.7.1）。

$$\sigma_b = M_{max}/Z_e \leqq f_b \times Cf$$

σ_b：曲げ応力度
M_{max}：最大曲げモーメント
Z_e：有効断面係数
f_b：許容曲げ応力度（表 5.7.3）
Cf：寸法調整係数（成 30cm 以下は 1.0）
有効断面係数の算定
　長方形断面の断面係数　$Z = b \cdot h^2/6$
　欠込みのない場合　$Z_e = Z$
圧縮側に欠込みがある場合
　$Z_e =$ 正味の断面係数 Z_0
引張り側に欠込みがある場合
切欠きがせいの 1/4 以下の場合 $Z_e = 0.6 \times$ 正味の断面係数 Z_0
切欠きがせいの 1/3 以下の場合 $Z_e = 0.46 \times$ 正味の断面係数 Z_0

3.　せん断力に対する検討
　せん断力に対しては，梁両端の仕口部に欠込みを生じるので，それを考慮した検討を行います。特に支持点下端の欠込みは，

表 5.7.1　固定荷重

建築物の部分	種別		荷重 (N/m²)	備考
屋根	瓦ぶき	ふき土がない場合	640	下地および垂木を含み母屋を含まない
		ふき土がある場合	980	
	薄鉄板ぶき		200	
	厚型スレートぶき		440	
母屋	母屋の支点間の距離が 2m 以下		50	
	母屋の支点間の距離が 4m 以下		100	
天井	竿縁		100	吊り木，受け木およびその他の下地を含む
	繊維板張り，打上げ板張り，合板張り		150	
	格縁		290	
	しっくい塗り		390	
床	板張り		150	根太を含む
	畳敷き		340	床板および根太を含む
	床張り	張り間が 4m 以下の場合	100	
		張り間が 6m 以下の場合	170	
		張り間が 8m 以下の場合	250	
壁	下見板張り，羽目板張りまたは繊維板張り		100	下地を含み，軸組を含まない
	木ずりしっくい塗り		340	
	鉄網モルタル塗り		640	
	木舞壁		830	軸組を含む

表 5.7.2　積載荷重

室の種類	床設計用 N/m²	骨組設計用 N/m²	地震力算定用 N/m²
住宅	1800	1300	600

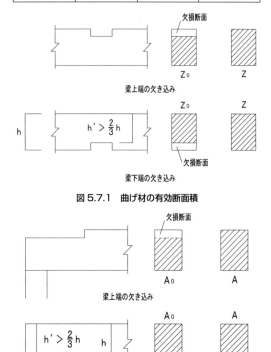

図 5.7.1　曲げ材の有効断面積

図 5.7.2　支持点付近の有効断面積

表5.7.3　木材の許容応力度とヤング係数（無等級材）　　　　　　　　　　　　　　（N/mm²）

種　　　類		長期許容応力度				短　期	ヤング係数
		圧縮	引張	曲げ	せん断		
針葉樹	あかまつ，くろまつ，べいまつ	8.1	6.5	10.3	0.88	長期に対する値の2/1.1倍	9800
	からまつ，ひば，ひのき，べいひ	7.6	5.9	9.8	0.77		8820
	つが，べいつが	7.0	5.4	9.2	0.77		7840
	もみ，えぞまつ，とどまつ，べにまつ，すぎ，べいすぎ，スプルース	6.5	5.0	8.1	0.66		6860
広葉樹	かし	9.7	8.6	14.0	1.5		9800
	くり，なら，ぶな，けやき	7.5	6.5	10.8	1.08		7840

引裂きの原因となるので注意が必要です。下端の欠込みは，部材せいの1/3以下とします（図5.7.2）。

$$\tau = \alpha \cdot Q / A_e \leqq f_S$$

τ：せん断応力度

α：断面形状で決まる値（長方形の場合は1.5）

Q：せん断力

f_S：許容せん断応力度（表5.7.3）

A_e：有効断面積

欠込みのない場合　　　　　　A_e＝全断面積 A

圧縮側に欠込みがある場合　　A_e＝正味断面積 A_o

引張り側に欠込みがある場合　$A_e = (A_o)^2 / A$

4. たわみに対する検討

たわみに対しては，仕上材のひび割れや建具の運行不能といった構造的な障害や，振動などの使用上の障害が生じることのないようにしなければなりません。長期荷重に対しては，クリープを考慮してたわみ量を小さく抑えておくことが必要です。以上のことから最大たわみ量は，スパンの1/300以下で，建具類に振動障害がないことと定められています。

たわみの計算に使用する木材のヤング係数は表5.7.3によります。ただし，変形がきわめて重視される部材の変形計算には，その値の1/2をとるのがよいでしょう。

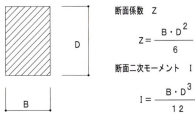

図5.7.3　木造梁設計条件

5. 梁の設計例

w＝30N/cm（長期）

B×D＝12×24cm（べいまつ）

梁の検討式

（1）応力の算定

$M = w \cdot L^2 / 8$

$\quad = 30 \times 364^2 / 8 = 4.97 \times 10^5 \, \text{N} \cdot \text{cm}$

$Q = w \cdot L / 2$

$\quad = 30 \times 364 / 2 = 5460 \, \text{N}$

（2）断面性能の算定

$Z = 12 \times 24^2 / 6 = 1152 \, \text{cm}^3$

$I = 12 \times 24^3 / 12 = 13824 \, \text{cm}^4$

$A_e = 12 \times 24 = 288 \, \text{cm}^2$

※設計例では全断面を有効としていますが，実状に応じて断面欠損を考慮します。

（3）曲げモーメントの検討

$\sigma_b = 4.97 \times 10^5 / 1152 = 431 \, \text{N/cm}^2 = 4.31 \, \text{N/mm}^2$

$f_b = 10.3 \, \text{N/mm}^2$（表5.7.3）

$\sigma_b / f_b = 4.31 / 10.3 = 0.42 < 1.0$　OK

（4）せん断力の検討

$\tau = 1.5 \times 5460 / 288 = 28 \, \text{N/cm}^2 = 0.28 \, \text{N/mm}^2$

$f_s = 0.88 \, \text{N/mm}^2$（表5.7.3）

$\tau / f_s = 0.28 / 0.88 = 0.32 < 1.0$　OK

（5）たわみの検討

$E = 4.9 \times 10^3 \, \text{N/mm}^2$（表5.7.3の1/2を採用）

$\delta = 5 \cdot w \cdot L^4 / 384 \cdot E \cdot I$

$\quad = 5 \times 30 \times 364^4 / 384 \times 4.9 \times 10^5 \times 13824$

$\quad = 1.01 \, \text{cm}$

$\delta / L = 1.01 / 364 = 1/360 < 1/300$　OK

表 5.8.1　柱に取付ける金物

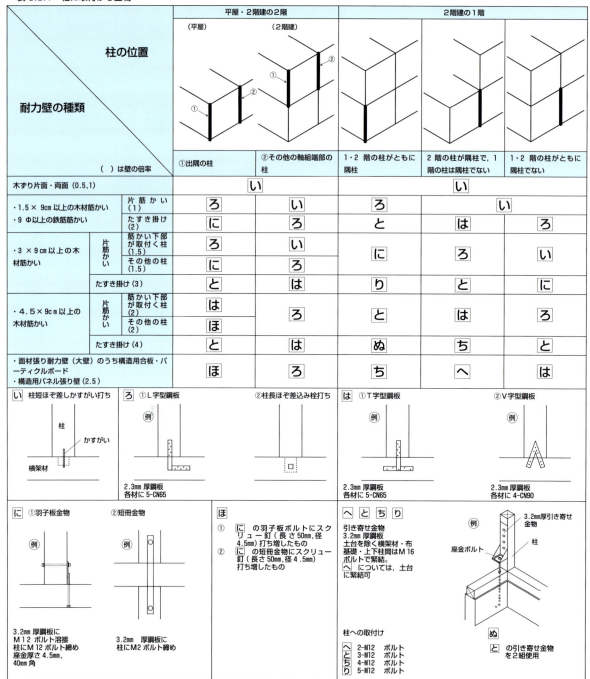

耐力壁の種類 ＼ 柱の位置 （　）は壁の倍率	平屋・2階建の2階		2階建の1階		
	①出隅の柱	②その他の軸組端部の柱	1・2階の柱がともに隅柱	2階の柱が隅柱で，1階の柱は隅柱でない	1・2階の柱がともに隅柱でない
木ずり片面・両面 (0.5,1)	い		い		
・1.5×9cm以上の木材筋かい ・9Φ以上の鉄筋筋かい　片筋かい(1)	ろ	い	ろ	い	
たすき掛け(2)	に	ろ	と	は	ろ
・3×9cm以上の木材筋かい　片筋かい　筋かい下部が取付く柱(1.5)	ろ	い	に	ろ	い
片筋かい　その他の柱(1.5)	に	ろ			
たすき掛け(3)	と	は	り	と	に
・4.5×9cm以上の木材筋かい　片筋かい　筋かい下部が取付く柱(2)	は	ろ	と	は	ろ
片筋かい　その他の柱(2)	ほ				
たすき掛け(4)	と	は	ぬ	ち	と
・面材張り耐力壁（大壁）のうち構造用合板・パーティクルボード ・構造用パネル張り壁 (2.5)	ほ	ろ	ち	へ	は

い 柱短ほぞ差しかすがい打ち
柱／かすがい／横架材

ろ ①L字型鋼板　②柱長ほぞ差込み栓打ち
2.3mm 厚鋼板　各材に 5-CN65

は ①T字型鋼板　②V字型鋼板
2.3mm 厚鋼板　各材に 5-CN65
2.3mm 厚鋼板　各材に 4-CN90

に ①羽子板金物　②短冊金物
3.2mm 厚鋼板に M12 ボルト溶接　柱に M12 ボルト締め　座金厚さ 4.5mm，40mm 角
3.2mm 厚鋼板に　柱に M2 ボルト締め

ほ ① **に** の羽子板ボルトにスクリュー釘（長さ 50mm，径 4.5mm）打ち増したもの　② **に** の短冊金物にスクリュー釘（長さ 50mm，径 4.5mm）打ち増したもの

へ と ち り 引き寄せ金物
3.2mm 厚鋼板
土台を除く横架材・布基礎・上下階間は M16 ボルトで緊結。 **へ** については，土台に緊結可

柱への取付け
へ	2-M12	ボルト
と	3-M12	ボルト
ち	4-M12	ボルト
り	5-M12	ボルト

3.2mm 厚引き寄せ金物／座金ボルト／柱

ぬ **と** の引き寄せ金物を2組使用

出典：「木質構造」杉山英男編著，鈴木秀三他著，共立出版より

住宅性能表示制度　Web　　耐震診断　Web

（引用文献）
1）P124 表 5.8.1 「木質構造」第 3 版 P181，杉山英男編著，菊池重昭，野口弘行，鈴木秀三，神谷文夫，安村基著，共立出版

〔参考文献〕
1）「木質構造設計基準・同解説」／日本建築学会
2）「木造住宅のための構造の安定に関する基準に基づく横架材及び基礎のスパン表」／日本住宅・木材技術センター
3）「木造住宅用接合金物の使い方」／日本住宅・木材技術センター
4）「木造建築」／里川長生著／理工図書
5）「図と模型でわかる木構造」／辻原仁美著／学芸出版社
6）建築知識　2001.1 エクスナレッジ

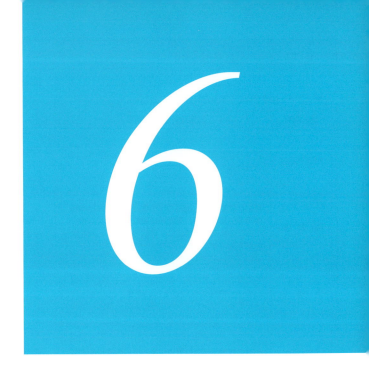

設備の設計

1．建築設計と設備設計の接点

　建築と設備の接点での大きな問題は，建築側での設備の知識の不足があげられます。設計段階では，動線や，ゾーニングについては，きちんと考えてプランニングされていますが，設備の基本的な部分についてはおざなりになっているようです。

　以前，平面プランはきちんとレイアウトされていましたが，残念ながら，下水道の本管の深さが浅く，トイレが敷地の奥に配置されていて，排水勾配が不足するために，敷地全体をかさ上げして排水勾配を確保するか，最終桝で，ポンプアップするしかない例がありました。これは，敷地との関係など，事前の設備設計段階での調査不足が招いた結果だと思われます。どうしても，後で何とかなるというパターンが多いようです。

　一方，設備設計ではプランニングの段階で，かなり練らないと，排水勾配は後ではどうにもなりません。設備機器の取合い等が天井懐や，壁の位置等とも関係していますので，大きく影響します。

　ここでは以上のようなことを踏まえて，建築の側から見た設備図の描き方を中心に理解を深めましょう。

2．住宅設計における設備図の考え方
（1）打合せ時の平面図をもとにしたレイアウトの確認作業

　打合せにおいて，照明器具の位置やスイッチの位置等かなり細かな部分のレイアウトが求められます。このため平面図のスケールは 1/100 よりも 1/50 などの，より大きなスケールの方が都合が良く，床仕上等の不要な線は消去したものの方が，打合せのときには重宝します。

　また，設備記号などを平面図に書き込む際には，カラーのペン等を利用して，照明器具とスイッチの関係や，給水栓と給湯栓の違い等を確認しながら書き込んでいった方がより確実にレイアウトが進んでいきます。

（2）作図段階

　作図段階での必要な建築図としては，表 6.1.1 のような図面が必要となります。

　これらの図面をもとに各設備図を作図していきます。
（表 6.1.2 参照）

　設備図特有の図面として，電気設備では屋内配線用図記号（JIS C 0303），機械設備では屋内配管用図記号（国土交通省制定）などの設備記号があります。

　今日のような CAD の普及していなかった時代では，建築の平面図等をトレーシングペーパーに裏書し，作図時に誤って壁や出入口等を消去しないように，表から設備記号や，配線配管を書き込んでいました。今日では，建築図，設備記号，配線配管等を各レイヤに分けて，作図していきます。

表 6.1.1　設備設計で必要な建築図面

建築図面	設備設計と関連事項
付近見取図	建設地の位置の確認を行います。電力会社や，ガス会社等の打合せで必要となります。
配　置　図	建物と敷地境界，道路境界の関係，各設備の本管，幹線の位置関係や，高低差の確認。特に排水管，下水管の本管の高低差は，建物の位置にも大きな影響を与えます。
平　面　図	各所室のレイアウト，壁の位置，出入口などの開口部の位置関係の確認を行います。これは，スイッチや，コンセントの位置に大きく関係します。
立　面　図	外部の幹線引込み位置や，メーターの取付け位置などの確認に使用します。
断　面　図	各所室の床の高さや，天井高さ，階高等の確認に使用します。
矩　計　図	より細かな各高さの確認に使用します。
伏　　　図	基礎伏図等の構造の伏図の場合，埋設配管の位置関係，天井配管の梁との関係の確認。天井伏図等の意匠の伏図では，照明器具が取付くか等の確認に使用します。

表 6.1.2　木造住宅の設備図面の種類

区　　分	設備図面の種類
電気設備図	分電盤接続図 電灯，コンセント配線図 弱電配線図
機械設備図	給水，給湯設備配管図 排水，衛生設備配管図 換気，空調設備図
ガス設備図	都市ガス，プロパン設備配管図

建築設備大辞典　Web

電気設備

1. 電気設備の知識

(1) 電圧の種別

① 低　　圧：直流では 750V 以下，交流では 600V 以下

② 高　　圧：低圧を超えて 7000V 未満

③ 特別高圧：7000V 以上

(2) 住宅で用いられる主な電気方式

① **単相2線式100V**：一般的に住宅，店舗や事務所，工場等の電灯やコンセントの回路に用いられます。

② **単相3線式100/200V**：事務所ビルや比較的大きな住宅等の3〜50kW程度の引込みや電灯幹線に用いられます。一般の100Vと200Vの電源利用が併用して利用できる方式です。

2. 幹線設備（図6.1.1 参照）

建物では，電力会社から受電した電力が，配電盤や電灯分電盤，動力制御盤等を経由して，電灯やコンセント，動力設備などに配られます。

① **幹　　線**：引込み口，配電盤から各分電盤に至る経路線路のことをいいます。

② **分岐回路**：分電盤から電灯，コンセント等に至る配線をいいます。

3. 配線設備

(1) 配線材料（電線，ケーブル類の種類）（図6.2.2 参照）

① **絶縁電線**：建物内で使用される電線は，合成ゴムや合成樹脂等の絶縁物で絶縁された銅線を使用します。

種類としては屋内用として，600V ゴム絶縁電線（RB線），600V ビニル絶縁電線（IV線），屋外用として，引込み用ビニル絶縁電線（DV線），屋外用ビニル電線（OW線），高圧用として高圧絶縁電線等があります。

② **コード**：コードは電気用品取締法の適用を受け，電灯器具や電気器具などに使用されます。種類としては丸打ち，袋打ち，単心，より合わせ等のゴム丸コードとビニルコード，ゴムキャップタイヤコードおよびビニルキャップタイヤコード等があります。

③ **ケーブル**：絶縁電線を機械的に処理した物で，種類としてはビニル外装ケーブル，クロロプレン外装ケーブル，ポリエチレン外装ケーブル，MIケーブル，鉛被ケーブル等があります。

(2) 電線の太さの決定

電線の太さは，電線の許容電流，電圧降下，機械的強度について検討し，決定します。

① **電線の許容電流**：電線に電気が流れると，抵抗により熱が発生し，熱の上昇により，絶縁の劣化が始まります。そこで，電線の太さに応じた安全な最大電流値を定めています。これを電線の許容電流とよびます。また，絶縁材料や，周囲温度によっても許容電流は減少します。

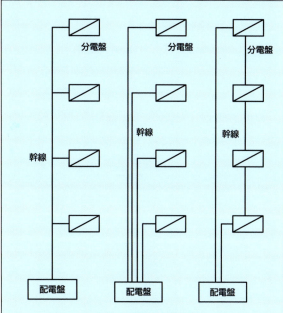

図 6.1.1　幹線の配線方式

出典：『絵とき建築設備（改定2版）』吉村武，杉森良光，世良田嵩 著，オーム社より

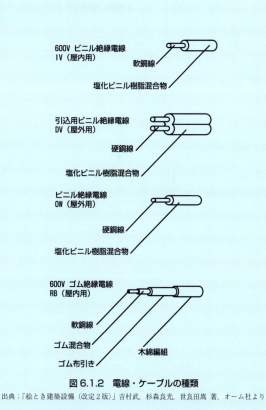

図 6.1.2　電線・ケーブルの種類

出典：『絵とき建築設備（改定2版）』吉村武，杉森良光，世良田嵩 著，オーム社より

表 6.1.3 接地工事の種類

接地工事の種類	接地線の太さ	適 用 場 所
第1種	2.6mm以上	・高圧以上の電気機器の外箱と鉄台 ・高圧電路の避雷器 ・特別高圧計器用変圧器の二次側電路
第2種	4mm以上	・特別高圧又は，高圧を低圧に変成する変圧器の二次側電路
第3種	1.6mm以上	・300V以下の低圧の電気機器の外箱と鉄台 ・300V以下の金属管工事の金属体 ・高圧計器用変圧器の二次側電路
特別第3種	1.6mm以上	・300Vを超える低圧の電気機器の外箱と鉄台 ・300Vを超える低圧の配線工事の金属体

出典：「絵とき建築設備（改定2版）」吉村武，杉森良光，世良田嵩 著，オーム社より

表 6.1.4 電灯分岐回路の種類

分岐回路の種類	コンセントの定格電流	電線の太さ
15A分岐回路 20A配線用遮断機分岐回路	15A以下	1.6mm以上
20A分岐回路	20A	2.0mm
30A分岐回路	20A以上 30A以下	2.6mm
40A分岐回路	30A以上 40A以下	$8mm^2$
50A分岐回路	40A以上 50A以下	$14mm^2$

出典：「絵とき建築設備（改定2版）」吉村武，杉森良光，世良田嵩 著，オーム社より

表 6.1.5 住宅の分岐回路数

住宅の規模	望ましい分岐回路数			
	計	電灯用	台所用コンセント	台所以外コンセント
50（15坪）以下	$4+\alpha$	1	2	1
70（20坪）以下	$5+\alpha$	1	2	2
100（30坪）以下	$6+\alpha$	2	2	2
130（40坪）以下	$8+\alpha$	2	2	4
170（50坪）以下	$10+\alpha$	3	2	5
170（50坪）超過	$11+\alpha$	3	2	6

α の値は，厨房用大型機器，エアコン，衣類乾燥機など
設置数により増加させる分岐回路数を示す。
出典：「初めての建築設備」＜建築のテキスト＞編集委員会編，学芸出版社より

② **電圧降下**：電線に電流が流れると，配線距離に応じた抵抗による損失が発生し，電圧が下がります。これを電圧降下と呼びます。一般には，低圧配線では，電圧降下は標準電圧の2％以下を原則とします。

③ **機械的強度**：低圧屋内配線においては，直径1.6mmの軟銅線または，これと同等以上の強さおよび太さの電線の使用が義務付けられています。

(3) 接地配線（表6.1.3参照）

電路は地面から絶縁します。これは漏電による感電や火災を防止し設備の保全をするために行います。

接地工事には，第一種接地工事，第二種接地工事，第三種接地工事および特別第三種接地工事の4種類があります。

(4) 分岐回路配線

① **分岐回路**：低圧屋内幹線から分岐した分岐回路においては，電気設備技術基準により3m以下に開閉器および過電流遮断器が必要となります。

② **分岐回路の種類**：50A以下の分岐回路では，ヒューズや配線用遮断器の容量によって，電気設備技術基準により，表6.1.4のように分類しています。

③ **一般住宅の分岐回路数**：住宅の分岐回路数は，表6.1.5のように電灯回路とコンセント回路に分離します。

④ **動力分岐回路**：電動機1台につき1回路を原則とします。最近の住宅における，電気容量の大型化が顕著になっています。パソコンなどのOA機器の発達により，回路数の不足が発生する可能性が予測されます。特に予備回路数に注意が必要です。

(5) 配管材料

電線管：金属管（厚鋼と薄鋼），合成樹脂管，合成樹脂可とう管，CD管等があります。付属品としてアウトレットボックス，コンクリートボックス，スイッチボックス，カップリング，ノーマルベンド等があり，これらを接続して電路を構成します。

4. 弱電設備

最近のコンピュータ技術，光通信等の情報通信の発展速度は目覚ましいものがあります。建物内の弱電設備にまで，大きな影響を与えています。

(1) 電話設備の種類

アナログ回線（一般回線，ADSL等），デジタル回線（ISDN）
無線回線

(2) テレビ設備の種類

地上波
放送衛星（BS）
通信衛星（CS）
ケーブルテレビジョン（CATV）

(3) インターフォン設備

最近は，小型ディスプレーを装備したインターフォンを中心とした，セキュリティシステムが住宅の安全管理のメインシステムとなってきました。

照明設備

1. 照明の基礎

(1) 光 束
光源から出た光のエネルギーを人間の目で測定した量。
（lm）ルーメン

(2) 光 度
光源からある方向にどれだけの光束が出ているか表した単位。
（cd）カンデラ

(3) 照度
単位面積当たりに通過する光束の単位。（lx）ルクス

2. 照度基準
　照度の決定は，照明計画の基本となりますが，人の活動の場所や，内容によって，異なってきます。
　住宅では居室については300lx程度を基準として設定しますが，最近では高齢者の視力低下による安全性の確保等で廊下やトイレ，浴室，脱衣室等の非居室群も同等の照度を要求されてきています。

3. 照明の条件
　人が活動するためには下記のような条件が考えられます。
① 十分な照度
② 経済性を考慮した光源
③ 良好な演色性
④ メンテナンスが容易
　また，明るさの分布にムラがあると，目が疲れやすくなり，物の視認性や立体感を得るためには適当な陰影が必要となります。
　そのため，十分検討して照明器具を選択する必要があります。

(1) 照明方式

① 直接照明
光源からの光で作業面が直接照らされるため，効率が良く，費用が安くなります。

② 半直接照明
天井面の反射光も考慮し，光も柔らかくなります。

③ 全般拡散照明
電球にグローをかけて，透過光と天井や壁の反射光で作業面を照らすため，光も柔らかく，設備費も安くなるため，事務所や教室の照明に適しています。

④ 半間接照明
天井の反射光と直接照明との組合せで，落ち着いた雰囲気になります。

⑤ 間接照明
光源からの光を天井や壁面に反射させるため，効率が悪く，設備費が高くつきます。
落ち着いた雰囲気を演出する場合などで用いられます。

(2) 光源の選定
　光源の選択は光質，効率，寿命，用途により比較検討して選択します。光源の種類として，白熱電球，放電灯があります。

蛍光灯
（天井直付け形）　　　コードペンダント

ダウンライト　　　シャンデリア

床置き形スタンド　　　ブラケット

卓上形スタンド　　　フットライト

門 灯

図6.1.3　照明器具の種類
出典：「初めての建築設備」＜建築のテキスト＞編集委員会編，学芸出版社より

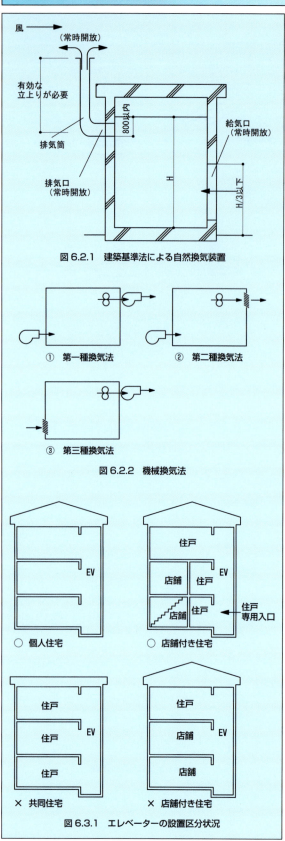

図 6.2.1　建築基準法による自然換気装置

図 6.2.2　機械換気法

図 6.3.1　エレベーターの設置区分状況

換気設備

1. 換気の目的
　換気とは，室内空気が臭気や有毒ガス，粉塵および発生熱等により汚染された場合に，汚染された空気を室外に除去し，正常な外気と入れ替えることです。

2. 必要換気量
　必要換気量とは，室内を快適な環境に保つため必要な外気量のことです。

　建築基準法では，必要換気量を20m³/hとしています。

3. 換気の種類
(1) 自然換気
　建物に風が当たり，その前後の圧力差を利用した換気方法や，室内外の温度差を利用した換気方法などがあります。

（図 6.2.1 参照）

(2) 機械換気
　① 第一種換気：送風機と排風機を使用して換気する方法。最も確実な方式です。

　② 第二種換気：送風機と排気口を使用して換気する方法。室内圧力が外気よりも高くなるので，隙間風の侵入を嫌う，手術室や，精密工場等で使用します。

　③ 第三種換気：排風機と吸気口を使用して換気する方法。室内の圧力が負圧となり，便所，厨房，浴室等室内の空気が他に漏れるのを嫌うところに使用します。（図 6.2.2 参照）

搬送設備

　最近の住宅建築において，高齢者対応の設備が注目されています。特に電気設備においては，搬送設備として，ホームエレベーターの普及が，目立ってきています。

　ホームエレベーターについては，個人住宅用に用途を限定し，一般用とは異なるコンセプトに基づき，使用者を家族とした，少人数用として開発されています。そのため，いろいろな法規制などの設置基準があります。

1. 設置基準
床面積	1.1m² 以下
定　員	2 または 3 名最大
積載荷重	200kg 以下
最高速度	20m/min 以下
昇降行程	10m 以下

　この昇降行程10m以下は4階建てまでの住宅に適用できます。

　また，昇降路のサイズとしては，1間×1間（1820×1820）が必要となります。

2. 駆動方法
使用電力	単相3線式 200V

　電動機　1.5kW

　ドラム式（巻胴式）

　トラクション式（つるべ式)

3. 設置手続き

① **使用決定**：ホームエレベーターの機種の選定を行います。このとき，使用条件に注意する必要があります。

② **建築設備の確認申請**：一般には，エレベーターメーカーが申請手続きを行い，建築主が建築主事に提出します。

③ **確認済証**：建築主事の確認済証の交付を受けます。

④ **着　工**：確認済証の交付後，工事の着工をします。

⑤ **工事完了**：確認申請の図面に基づき工事を完了させます。

⑥ **工事完了手続**：完了検査申請を建築主が建築主事に行います。

⑦ **官庁検査**：完了検査を受けます。

⑧ **検査済証受領**：建築主事より検査済証の交付を受けます。

⑨ **使用開始**：検査済証の受領後，使用を開始します。

4. 設置における諸条件

(1) 設置場所の限定（図 6.3.1，図 6.3.2 参照）

　ホームエレベーターは，個人住宅用のエレベーターのため，共同住宅や店舗などでは使用できません。ただし，店舗併用住宅などで使用する場合には，エレベーターホールを共用部分から区画したレイアウトにすれば使用できます。

　プランニングがある程度できた時点で，ホームエレベーターのレイアウトについて，官公庁との打合せを行ったほうが安全です。

(2) 昇降路が縦穴区画の要求を受けた場合には，昇降路内を防火区画します。遮炎遮煙スクリーン等の設備が必要となります。

(3) 昇降路面積は，原則として各階の床面積に算入します。

5. 昇降路 （図 6.3.3 参照）

　設置場所の位置によっては，昇降時の振動と騒音が問題となる場合があります。

(1) 居室のレイアウトでは，寝室等の静寂性を要求されるような部屋にエレベーターの昇降路を隣接する場合は，昇降時の振動と騒音に注意が必要となります。

(2) 昇降路には，通し柱を使用するか，同等な強度のあるものが必要となります。

(3) 各階の床下および最上部には昇降槽を囲む格好で，梁をまわします。また，梁と柱を金物で緊結する必要があります。

(4) 昇降路回りの壁は，壁の倍率を 2 以上とします。また，筋かいを使用する場合は，たすき掛けにします。

(5) 昇降路の底にエレベーターピットが必要となります。ピットの底が地盤面よりも低い場合などでの防水処理が必要となります。また，最上階でのオーバーヘッドの高さにも注意が必要です。設計資料で確認することが重要となります。

6. その他

　ホームエレベーターを使用中に地震や，災害などで停止した場合のセキュリティシステムとして，通信システムを保守点検契約で組み込むことができます。この場合は，電話回線を用意しておきます。

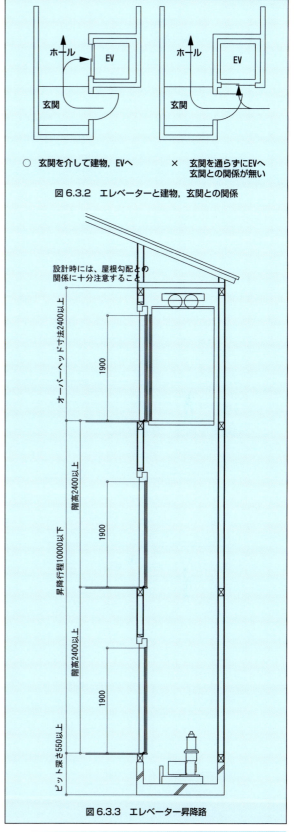

○　玄関を介して建物，EVへ　　×　玄関を通らずにEVへ
　　　　　　　　　　　　　　　　　　玄関との関係が無い

図 6.3.2　エレベーターと建物，玄関との関係

設計時には，屋根勾配との関係に十分注意すること

オーバーヘッド寸法2400以上

昇降行程10000以下

階高2400以上

階高2400以上

1900

1900

1900

ピット深さ550以上

図 6.3.3　エレベーター昇降路

屋内配線図

1. 電灯配線図の作図方法

(1) 平面図 1/100 に分電盤，コンセント，電灯，スイッチ等のレイアウトをします。

(2) 接続図は分電盤の回路との接続を単線で表します。

(3) 機械配置図は，各電力，動力設備の仕様を表します。

(4) 屋内配線記号は，表 6.4.1 より選択します。

〔例題〕

　図 6.4.1 のような間取りにレイアウトしてみましょう。

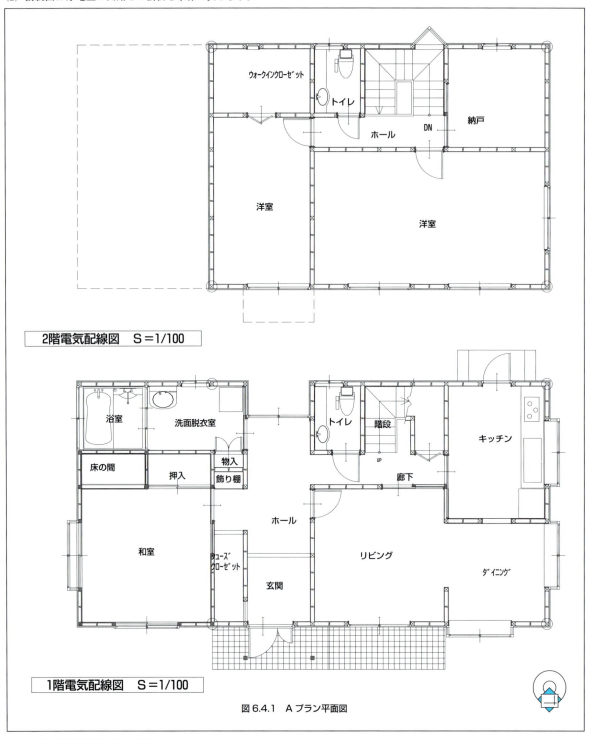

図 6.4.1　Aプラン平面図

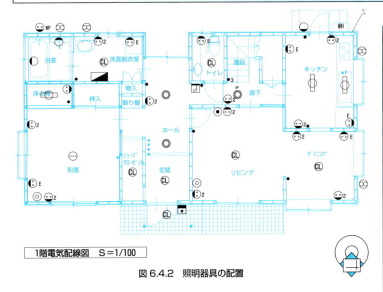

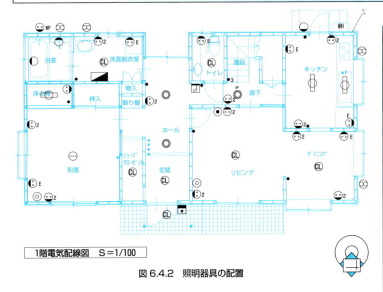

表 6.4.1　屋内配線用図記号（JIS C 0303）

電　灯	白熱灯	○
	シーリングライト	CL
	コードペンダント	⊖
	シャンデリア	CH
	蛍光灯	▭
	引掛けローゼット	◎
	埋込器具（ダウンライト）	◉
	壁付ブラケット	◑
	屋外灯	◎
スイッチ	スイッチ	•
	3,4路スイッチ	•3　•4
	プルスイッチ	•P
	自動点滅器	•A
	パイロット付スイッチ	•L
	リモコンスイッチ	•R
コンセント	壁付コンセント	●
	2口コンセント	●2
	3極コンセント	●3P
	防水コンセント	●WP
	接地極付コンセント	●E
その他	電話	◉
	TV	◎
	ルームエアコン	RC
	ブザー	◠
	チャイム	♩
	壁付押しボタン	◧
	調光器	✐
	換気扇	⊗
	配線用遮断機	B
	漏電遮断機	E
	プルボックス	⊠
	開閉機	S
	積算電力計	WH
	分電盤	◣
	配電盤	⊠
	受電点	⟨
	電動機	M
	点検口	⊡
	立上り	↗
	立下げ	↙
	VVF用ジョイントボックス	⊘
配　線	露出配線	- - - -
	天井隠蔽配線	———
	床隠蔽配線	— — —
	地中埋設配線	— · —

1階電気配線図　S＝1/100

図 6.4.2　照明器具の配置

2．作図手順

（1）器具のレイアウト

① **照明器具**：各諸室に照明器具をレイアウトする。

直付けの照明器具は諸室の中央に，2灯以上の場合は均等に割り付けます。蛍光灯の場合には蛍光灯の向きに注意をします。壁付き灯は壁に付く部分を黒く塗りつぶします。これは，コンセントにおいても同じ作図方法です。

② **スイッチ**：各照明器具との位置関係に注意をし，できるだけ出入口近くにレイアウトします。3路スイッチは，照明器具との位置を検討し，動線を考慮してレイアウトします。

スイッチの高さは，一般に高さの指示をしない場合には，床面から1200mm 程度の位置にします。高齢者や，障害者の使用状況を考慮して，高さの指示が必要な場合には，明確に図面に書き込む必要があります。（一般に 900〜1000mm 位）

③ **コンセント**：接続される電気器具の接続状況に応じて，分岐回路との十分な検討が必要となります。腰壁の位置を確認し，対角にレイアウトし，バランスや使い勝手を考慮します。

水回りや，湿気の多い所，外部の雨水のかかるおそれが予測される所には，防水コンセントなどの選択が必要となります。

電磁調理器，電子レンジ，冷蔵庫，洗濯機，テレビ，パソコン等使用容量の大きいものや，電磁波を大量に発生するような電気器具を使用するものについては，アース付きのコンセントとします。

コンセントの高さは，一般には，床面から 200mm 程度の位置にします。高齢者の使用するコンセントの場合には，腰をかがめる動作は負担がかかるため，床面から 400mm くらいの高さに設定し，図面に明示します。この場合，注意が必要なのは，電気器具のコードが壁からぶら下がるようになるために，足元で引っ掛からないようなコードの処理が必要となります。

④ **換気扇**：換気の要求される場所にレイアウトします。

⑤ **分電盤**：点検のしやすく，管理の容易な場所にレイアウトします。

⑥ **弱電**：テレビや電話のアウトレットボックスの位置は使用状況を考慮してレイアウトします。

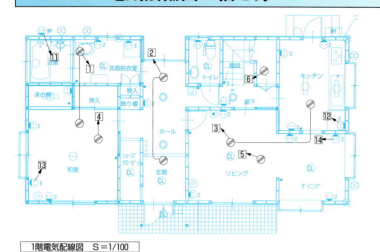

1階電気配線図　S＝1/100

図 6.4.3　分岐回路のレイアウト

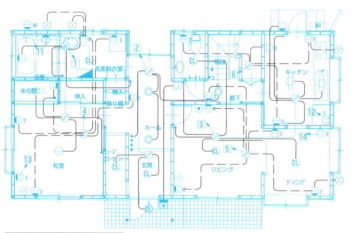

1階電気配線図　S＝1/100

図 6.4.4　分岐回路のレイアウト

（2）分岐回路のレイアウト

　分岐回路の設定時にはコンセント回路と電灯回路を分ける必要があります。

① 電灯回路：3室を1回路として考えながらレイアウトをします。

② コンセント回路：台所を2回路に分けて考え，その他の諸室は，2室で1回路として，レイアウトをします。

　大きな容量を使用するコンセントについては，単独で，1回路とします。また，コンピュータを使用コンセントについても1回路とします。

（3）各回路の結線

① 照明器具とスイッチとの結線：このとき，点灯させたい照明器具とスイッチの結線を最初に行い，明確に表現します。次に各分岐回路のグループごとに照明器具を結んいきます。

② コンセントの結線：各分岐回路のグループごとにコンセントを結んでいきます。

　最後に分岐回路の番号を振り分けます。

（4）電気設備配線図

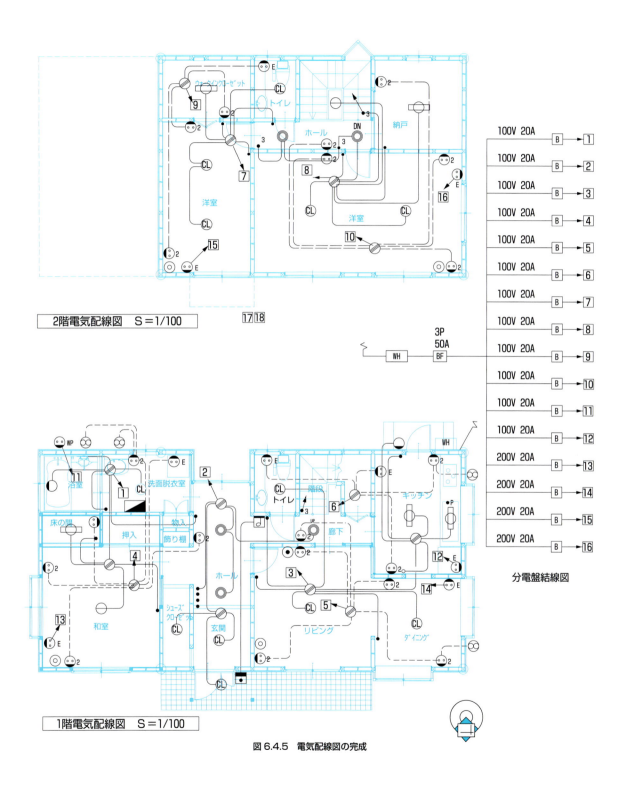

2階電気配線図　S＝1/100

1階電気配線図　S＝1/100

分電盤結線図

図 6.4.5　電気配線図の完成

給水設備

1．水源と水質

　現在の住宅の水源としては，公共水道によるものがほとんどですが，井戸水に依存している場合もあります。どちらにしても，人が飲み物や洗浄用として利用することは，衛生上安全であっても，不快な臭いや，色があるものを使用することは考えられません。そのために，飲料用の水道水としての水質については，細かく基準が決められています。

(1) 水源

　水源は大きく分けると地表水と，地下水に分類されます。

① 地表水：大部分は雨水が地表面を流下，流入したものです。そのため，不純物が混入しており，濁りが大きいが，最も多く利用されています。

② 地下水：浅層水と深層水とに分類され，大地によるろ過作用の大きな深層水の方が水質が良好です。

(2) 水質

　給水設備では，使用目的により上水と中水とに分けられます。

① 上水：飲料や，炊事用として利用されている水道水です。このため，無色，透明，無味，無臭で有毒，有害な物質が含まれていないこと，つねに衛生的で，安全が要求されています。

② 中水：下水処理水や，雨水，井戸水等の水資源の有効利用や，節水対策として利用されています。

2．給水量

　住宅における水回りの器具には，それぞれの機能を十分に発揮させるように，最小限度の必要流量が決められています。また，器具に接続されている各種の配管にもサイズや勾配があらかじめ設定されています。

(1) 給水量の算定

① 給水人員による算定（人数がわかっている場合）

$Q_d = N \times Q$

Q_d：1日当たりの給水量〔l/d〕

N ：給水人数〔人〕

Q ：建物別給水量〔l/人・d〕

住宅では 200～400l/人・d となる。

② 有効面積による算定（人数がわからない場合。ただし，住宅の場合はほとんど家族構成が判明している場合が多いので必要ないと思われる。）

$Q_d = k \times A \times a \times Q$

k ：有効面積率（有効面積と延べ面積の割合）

A ：建物延べ面積〔m²〕

a ：有効面積当たりの人数〔人/m²〕

住宅では 0.16 人/m² となる。

(2) 予想給水量の算定

　給水管の径や，給水タンクの容量を算定するには，1日当たりの使用水量から，単位時間当たりの給水量を算定します。

① 時間平均予想給水量（Q_h）：1日当たりの使用水量を1日平均使用時間で割ったもの。〔l/h〕

表6.5.1　水質基準の省令（厚生省令第69号）

	項目	基準値
1	一般細菌	1mlの検水で形成される集落数が100以下であること
2	大腸菌群	検出されないこと
3	カドミウム	0.01mg/l以下
4	水銀	0.0005mg/l以下
5	セレン	0.01mg/l以下
6	鉛	0.01mg/l以下
7	ヒ素	0.01mg/l以下
8	六価クロム	0.05mg/l以下
9	シアン	0.01mg/l以下
10	硫酸性窒素及び亜硝酸性窒素	10mg/l以下
11	フッ素	0.8mg/l以下
12	四塩化炭素	0.002mg/l以下
13	1,2-ジクロロエタン	0.004mg/l以下
14	1,1-ジクロロエチレン	0.02mg/l以下
15	ジクロロメタン	0.02mg/l以下
16	シス-1,2-ジクロロエチレン	0.04mg/l以下
17	テトラクロロエチレン	0.01mg/l以下
18	1,1,2-トリクロロエタン	0.006mg/l以下
19	トリクロロエチレン	0.03mg/l以下
20	ベンゼン	0.01mg/l以下
21	クロロホルム	0.06mg/l以下
22	ジブロモクロロメタン	0.1mg/l以下
23	ブロモジクロロメタン	0.03mg/l以下
24	ブロモホルム	0.09mg/l以下
25	総トリハロメタン（クロロホルム、ジブロモクロロメタン、ブロモジクロロメタン及び黒ブロモホルムのそれぞれの濃度の総和）	0.1mg/l以下
26	1,3-ジクロロベンゼン	0.002mg/l以下
27	シマジン	0.003mg/l以下
28	チウラム	0.006mg/l以下
29	チオベンカルブ	0.02mg/l以下
30	亜鉛	1.0mg/l以下
31	鉄	0.3mg/l以下
32	銅	1.0mg/l以下
33	ナトリウム	200mg/l以下
34	マンガン	0.05mg/l以下
35	塩素イオン	200mg/l以下
36	カルシウム，マグネシウム等（硬度）	300mg/l以下
37	蒸発残留物	500mg/l以下
38	陰イオン界面活性剤	0.2mg/l以下
39	1,1,1-トリクロロエタン	0.3mg/l以下
40	フェノール類	フェノールとして0.005mg/l以下
41	有機物等（過マンガン酸カリウム消費量）	10mg/l以下
42	pH値	5.8以上、8.6以下
43	味	異常でないこと
44	臭気	異常でないこと
45	色度	5度以下
46	濁度	2度以下

$Q_h = Q_d/T$

T：1日平均使用時間〔h〕

住宅では10時間となる。

② **時間最大予想給水量（Q_m）**：1日のうち，最も多く使われ
る1時間当たりの使用水量〔l/h〕

$Q_m = (1.5\sim2.0)\times Q_h$

③ **瞬間最大予想給水量（Q_p）**：1日のうち，最も多く使われ
る瞬間使用水量〔l/min〕

$Q_p = (3.0\sim4.0)\times Q_h/60$

3. 給水方式 （図6.5.1 参照）

水道の給水方式として次の2種類に分類されます。

(1) 直結給水方式

水道本管の水圧をそのまま利用し，各器具に給水する方式の
ため，水道本管の水圧以上の水圧は望めません。

また，水道本管の圧力の変動に大きく影響を受けます。

(2) 間接給水方式

水道本管から引込みをし，受水槽などに一度蓄えてポンプな
どの加圧装置により給水する方式です。

重力加圧方式（高架水槽方式），圧力タンク方式等があります。

4. 給水配管

(1) 管材の知識

① 給水管

給水管として利用されている管材には鋼管，塩化ビニル管，
ポリエチレン管等があります。

鋼管に対する錆の問題から，近年ではビニル管等のプラス
チック管，鋼管の内部にプラスチックをコーティングしてい
るビニルライニング鋼管の使用が一般的です。

ビニル管やポリエチレン管は，軽量で耐食性があり，最近は
耐熱性や耐衝撃性も大きくなったビニル管も使用されています。

② ウォーターハンマー防止器

ウォーターハンマーは水撃作用ともよばれ，弁などの急閉
鎖により給水管内の圧力が急激に上昇して，配管を振動させ，
衝撃音を発して配管や機器類に損傷を与えることがあります。

このウォーターハンマーを吸収するものとして，エアチャ
ンバーが用いられていましたが，最近では，ウォーターハン
マー防止器が使用されています。

(2) 最近の動き

最近では，住宅用配管の施工のしやすさ等から，給湯用配管
も含めて，ヘッダー配管や，さや管工法が採用されるように
なってきています。（図6.5.2 参照）

5. 給水管の管径の算定

給水管の管径の算定には流量線図や均等表による方法があり
ます。しかし，住宅ではメーターの口径が15A，20Aがほとんど
です。このため給水管接続径の大きなバス水栓・洗濯流し・調
理用流し（20A）以外は15Aで処理できます。幹線を20Aとし，
立上り管を15Aまたは20A（上記）で問題ないと思われます。

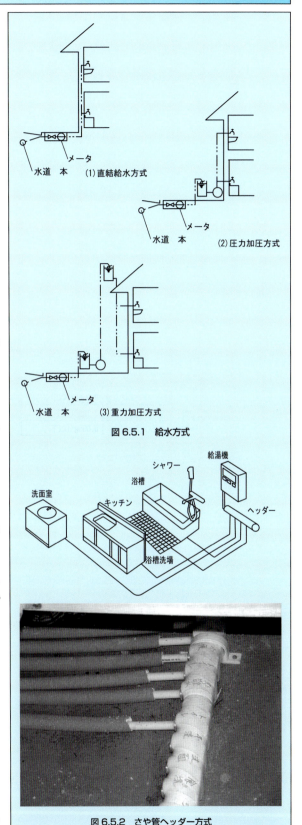

図6.5.1　給水方式

図6.5.2　さや管ヘッダー方式

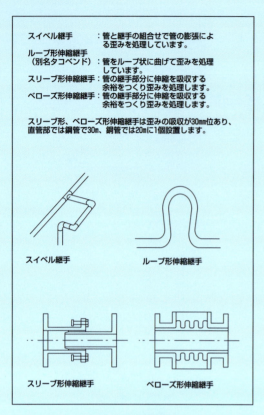

スイベル継手　：管と継手の組合せで管の膨張による歪みを処理しています。
ループ形伸縮継手
（別名タコベンド）：管をループ状に曲げて歪みを処理しています。
スリーブ形伸縮継手：管の継手部分に伸縮を吸収する余裕をつくり歪みを処理します。
ベローズ形伸縮継手：管の継手部分に伸縮を吸収する余裕をつくり歪みを処理します。

スリーブ形、ベローズ形伸縮継手は歪みの吸収が30㎜位あり、直管部では鋼管で30ｍ、銅管では20ｍに1個設置します。

スイベル継手　　　　　　　　ループ形伸縮継手

スリーブ形伸縮継手　　　　　ベローズ形伸縮継手

図 6.6.1　伸縮継手

出典：「絵とき建設設備（改訂2版）」吉村武，杉森良光，世良田嵩 著，オーム社より

$Q_d = q_d \times N$

$Q_h = Q_d \times q_h$

Q_d：1日当たりの最大給湯量〔l/d〕

Q_h：1時間の最大給湯量〔l/h〕

q_d：1人1日当たりの給湯量〔l/人・d〕
　　（住宅では70～150l/人）

q_h：1日の使用量に対する1時間当たりの割合〔l/d〕
　　（住宅では1/7）

N：給湯人数

図 6.6.2　給湯量の算定

出典：「空気調和・衛生工学便覧」第10版より

給湯設備

1．配管方式

給湯の配管は単管式と複管式とに分類されます。

（1）単管式

給湯配管のみで，配管内のお湯が冷えてしまうと，次の使用時にはその水が出た後から，お湯が出てくる欠点がありますが，配管が簡単なために小規模の建物や住宅に利用されています。

（2）複管式

給湯管と返湯管があり，配管内にはつねに適温のお湯が循環していますが，工事費が高くつくために，大規模建物に利用されています。

2．給湯量

1人当たりの使用量を想定し，員数による場合と，器具の数と種類，その個当たりの使用量とその使用時間および同時使用率を考慮して算定する場合とがあります。

3．給湯機器

（1）瞬間式給湯器

ガスを熱源とする方式で，元止め式と先止め式があります。

① **元止め式**：4，5号クラスでその場でお湯を出す方式です。

② **先止め式**：9号以上で配管により必要な場所に給湯できます。

瞬間湯沸器の能力は給水温度を25℃上昇させた温水を1分間に出湯する量〔l〕で表した号数を用いる。

たとえば，15号の湯沸器は，10℃の水を度の35℃のお湯にして，1分間に15l出す能力があります。作動水圧は一般的に0.3～0.7kg/cm^{2}となります。

（2）貯湯式電気湯沸器

一般的には電気温水器とよばれていますが，深夜電力を利用するものが多いのですが，最近ではヒートポンプを利用した給湯・暖房兼用型のものも利用されています。

（3）灯油炊き温水ボイラー

燃料に灯油や重油，軽油を用いて，オイルバーナーにより燃焼室で燃焼させて，温水をつくります。

4．管材の知識

（1）給湯管

給湯管は高温のため，給水配管に比べて腐食しやすいことから，耐食性に優れている銅管，ステンレス鋼鋼管，鋼管の内面を耐熱性硬質塩化ビニルでライニングした耐熱性硬質塩化ビニル鋼管や耐熱性硬質塩化ビニル管が利用されています。

（2）伸縮継手

お湯の温度の変化による管の膨張，伸縮に対応するために伸縮継手等を使用します（図6.6.1参照）。

5．給湯量の算定（図6.6.2参照）

給湯量の算定には，人数から算定する方法と，器具の個数から算定する方法があります。

人数から算定する方法の方が，より正確です。

6－7 排水設備

排水設備

1. 排水の種類
住宅の排水は汚水排水，雑排水，雨水排水の3つに分類されます。

(1) 汚水排水
大小便器や汚物流し類の器具からの排水。

(2) 雑排水
上記以外の浴室，流し，洗面器等の一般の器具からの排水。

(3) 雨水排水
敷地内の雨水の排水。

2. 排水方式
公共下水道の完備した地域の場合とそうでない地域の場合とで，その排水の排除方式は異なります。前者の場合はさらに合流方式と分流方式とに分けられます。

合流方式は公共下水施設が完備している地域において，汚水，雑排水を屋内で合流し，雨水を屋外で合流差せた後，下水道へ放流する方式です。

分流方式は公共下水施設が完備されていない地域などで汚水を，または汚水と雑排水を屎尿浄化槽により処理した後，雨水と合流もしくは分流のまま，河川等に放流する方法です。

3. 排水配管
住宅の排水は，排水管に勾配をとって重力によって流します。その勾配は，1/50〜1/100の前後でとり，排水管の管内の流れはその管径の1/3〜1/2の深さで，毎秒1.5mの速さで流れるように設計されています。この管内の上部の空間は通気用で，トラップを保護するために設けられています。

4. 排水管径の算定
(1) 一般的な排水管
① 排水管の最小管径は30mmとする。
② 雑排水管で固形物を含む可能性のあるものは，最小管径を50mmとする。
③ 汚水管の最小管径は75mmとする。

(2) 器具排水管
器具の排水の口径以上とします。
（表6.7.1参照）

(3) 排水横枝管
排水横枝管が受け持つ器具排水負荷単位（fuD）表6.7.1の合計値を求め，表6.7.2 A欄から管径を求めます。

この場合，次の点に注意します。
① 接続する横枝管の口径の最大のもの以上の口径とする。
② 横枝管が，大便器と接続する場合は，大便器1個の場合で75mm以上，2個以上の場合は100mm以上とする。

表 6.7.1 器具排水管の最小口径と排水負荷単位（fuD）

器具	トラップの最小口径（mm）	器具排水管の最小口径（mm）	器具排水負荷単位（fuD）
大便器（洗浄弁）	75	75	8
大便器（洗浄タンク）	75	75	4
小便器（大型）	40〜50	40〜50	4
小便器（小型）	40	40	4
洗面器	30	30	1
手洗器	25	30	0.5
浴槽（住宅用）	30	30	2
浴槽（洋風）	40	40	3
調理用流し（住宅用）	40	40	2
調理用流し（営業用）	40	40	4
掃除用流し	65	65	3
洗濯用流し	40	40	2
汚物流し	75〜100	75〜100	8
床排水（40mm）	40		0.5
床排水（50mm）	50		1
床排水（75mm）	75		2
連続排水（流速3.8l/minごとに）			2

出典：空気調和・衛生工学便覧第12版より

表 6.7.2 排水横枝管と立て管の許容排水負荷単位

管径（mm）	A 排水横枝管	B 3階建て以下またはブランチ間隔を有する1立て管	C 4階建て以上の場合 fuDの合計値	D 4階建て以上の場合 1階分のfuDの合計値
30	1	2	2	1
40	3	4	8	2
50	6	10	24	6
65	12	20	42	9
75	20	30	60	16
100	160	240	500	90
125	360	540	1100	200
150	620	960	1900	350
200	1400	2200	3600	600
250	2500	3800	5600	1000
300	3900	6000	8400	1500
375	7000			

出典：空気調和・衛生工学便覧第12版より

6－7 排水設備

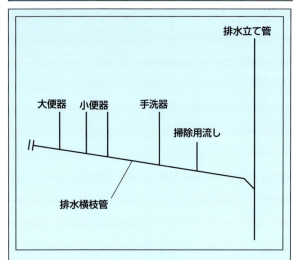

図 6.7.1 例題

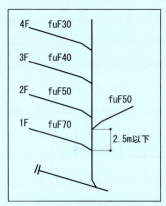

図 6.7.2 例題 6-7-2

表 6.7.3 排水横主管および敷地配水管の管径と fuD

管径(mm)	許容量最大器具排水負荷単位(fuD)			
	配管勾配			
	a欄	b欄	c欄	d欄
	1/192	1/96	1/48	1/24
50			21	26
65			24	31
75		20	27	36
100		180	216	250
125		390	480	575
150		700	840	1,000
200	1,400	1,600	1,920	2,300
250	2,500	2,900	3,500	4,200
300	3,900	4,600	5,600	6,700
375	7,000	8,300	10,000	12,000

出典：空気調和・衛生工学便覧より

〔例題〕

図6.7.1のようなトイレにおいて，器具排水管，排水横枝管の管径を求めてみましょう

ただし，大便器は洗浄弁付きとします。

表6.7.1，表6.7.2より

器具	器具の排水管	fuD	数量	ΣfuD	横枝管管径
大便器	75	8	1	8	
小便器	40	4	2	8	
手洗器	30	1	1	1	75
掃除用流し	65	3	1	3	
計				20	

答 横枝管管径は75mm

（4）排水立て管

排水立て管が受け持つ器具排水負荷単位（fuD）表6.7.1の合計値を求め，表6.7.2の各欄から管径を求めます。

この場合次の点に注意します。

① 3階建て以下の場合は，表6.7.2 B欄から管径を求める。

② 4階建て以上の場合は，表6.7.2 C欄から管径を求め，次にその排水立て管が受け持つ1階分，または1ブランチ間隔分のfuDの最大値を求め，表6.7.2 D欄から管径を求めどちらか大きいほうを選択する。

1ブランチ間隔とは，排水立て管に接続している排水横枝管の間隔が2.5m以上のものをいい，2.5m以下の場合は，2本の排水横枝管は1本とみなして計算する。

〔例題〕

図6.7.2のような建物の排水立て管の管径を求めてみましょう。

① 各階のfuDの合計を求める。

② 1階分または，1ブランチ間隔の最大値を求める。

③ その後，どちらかの大きな値を選択する。

各階のfuDの合計は，30＋40＋50＋70＋50＝240

よって表6.7.2より100mmとなる。

次は，一階または1ブランチ間隔の最大fuDの検討では，1階が最も大きく70＋50＝120となり，表6.7.2より125mmとなる。

そこで，排水立て管の管径はこれらを比較し，125mmを採用する。

答 排水立て管の管径 125mm

（5）排水横主管

勾配を決め，排水主管が受け持つfuDの合計値より，表6.7.3より決定します。

（6）雨水排水系統

① 雨水立て管（表6.7.4参照）

雨水管の管径は，屋根の水平投影面積より算定し，管径を決定します。

② 雨水横走り管（表6.7.5参照）

雨水管の管径は，屋根の水平投影面積より算定し，管径を決定します。

5. トラップ

排水管や公共下水道からの悪臭や有毒ガス，虫や小動物等の室内への侵入を防ぐ役目があります。したがって，トラップ内の水（封水）を切らさないよう，機能を損なわないように十分に注意を行います。また，配管上でも通気管を設け，封水の破壊を防いでいます。

(1) トラップの種類

トラップの種類は図 6.7.2 のようなものがあります。

(2) 封水の損失現象

トラップの封水がなくなる現象として，下記のようなものがあります。

① 誘導サイホン作用（吸出し作用）
② 自己サイホン作用
③ 蒸発
④ 毛管現象
⑤ 跳ねだし作用

6. 通気方式

(1) 通気管の目的

① トラップの封水の保護
② 排水管内の気圧変動を押さえ，排水の流れをよくする。
③ 排水管内に新鮮な空気を流通させて，十分な換気を行い，管内を清潔に保つ役割をしている。

(2) 通気方式

通気方式には次のものがあります。

① 各個通気方式

各器具のトラップごとに通気管を立ち上げる方式で，最も安全な方式です。

② ループ通気方式

排水横枝管の最上流側の器具排水管接続点直後より通気管を立ち上げ，通気立て管または伸頂通気管に接続して，2 個以上のトラップの通気を行います。

③ 伸頂通気方式

排水立て管をそのまま大気中へ開放して，伸頂通気管とし，通気立て管を省略する場合をいいます。

(3) 通気管の管径

それぞれの通気管の管径は，接続する排水管の 1/2 以上とし，最小管径を 30mm とします。

通気主管に接続する通気横枝管の管径は，排水横走り管の 1/2 以上とします。

7. 管材の知識

排水管材としては，排水用鋳鉄管，鋼管（白管），排水用鉛管，硬質塩化ビニル管があり，屋外用として，コンクリート管，陶管が埋設配管材として使用され，通気管として鋼管（白管），硬質塩化ビニル管が使用されます。給水管のように高圧がかからないために給水管に比べて肉薄です。

表 6.7.4　雨水立て管の管径と屋根面積

管径(mm)	許容最大屋根面積(m²)
50	67
65	135
75	197
100	425
125	770
150	1250
200	2700

出典：空気調和・衛生工学便覧より

表 6.7.5　雨水横走り管の管径と屋根面積

管径(mm)	許容最大屋根面積(m²) 配管勾配								
	1/25	1/50	1/75	1/100	1/125	1/150	1/200	1/300	1/400
65	127	90	73						
75	186	131	107						
100	400	283	231	200	179				
125		512	418	362	324	296			
150		833	680	589	527	481	417		
200			1470	1270	1130	1040	897	732	
250				2300	2060	1880	1630	1330	1150
300				3740	3350	3050	2650	2160	1870
350					5050	4610	3990	3260	2820
400						6580	5700	4650	4030

出典：空気調和・衛生工学便覧より

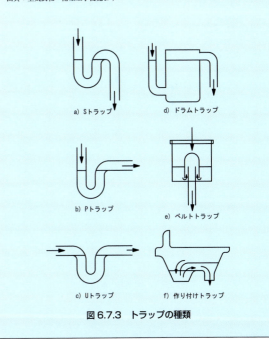

a) Sトラップ　　　d) ドラムトラップ

b) Pトラップ　　　e) ベルトラップ

c) Uトラップ　　　f) 作り付けトラップ

図 6.7.3　トラップの種類

衛生器具設備

1．衛生器具の種類と材料の条件
（1）衛生器具としての条件
① 吸湿性，腐食性がなく耐久性があること
② つねに清潔が保てるもの
③ 容易に破損しないこと
④ 製作が容易であること
⑤ 取付けが容易であること
⑥ 汚染防止の点に十分に配慮された器具であること

2．種類
（1）大便器（C）
大便器は和風大便器と洋風大便器に大別されます。また，構造により5つに分類されます。
① 洗出し式：底が浅く臭気や汚れが付きやすい。
② 洗落とし式：構造がシンプル，水溜まり小さくおつりが来やすい。
③ サイホン式：汚物が付きやすく，水溜まり小さい。
④ サイホンジェット式：水溜まりが大きいので汚物が沈み臭気が少ない。
⑤ 吹出し式：音が大きい。

（2）小便器（U）
壁掛け，ストールおよび壁掛けストールタイプがあります。

（3）洗面器（L）
排水栓を設けた容量の大きめのもの。

（4）手洗器（L）
排水栓のない容量の小さいもの。

（5）洗浄用タンク（T）
（6）掃除用流し（SK）
（7）水洗金具
浴槽用をバス水栓金具といい，シャワー用をシャワー水栓金具とよんでいます。また，ハンドル類も種類が豊富で使用目的に応じた器具の選択ができます。水栓金具については，使い勝手に十分に注意を行って選定します。

これは，特に高齢者に対して，温水の使用方法を同じにして誤操作の防止を図ります。

温度調節機能の付いた混合水栓金具の選定がより安全な選定方法となります。

（8）各種ユニット
① 浴室ユニット
② キッチンユニット
③ システムトイレ
④ シャワーユニット
⑤ 洗面化粧台
各種のユニット化された水回り製品が多く市場に出回っています，情報の整理も必要となっていますので注意をしてください。

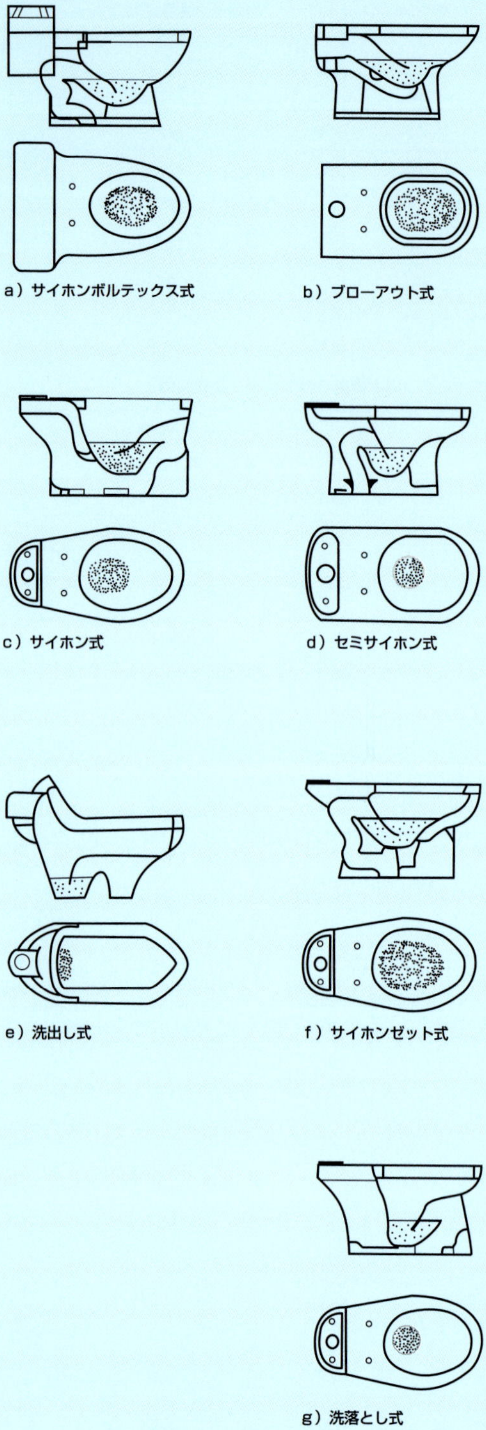

図 6.8.1　大便器の種類
(a) サイホンボルテックス式 (b) ブローアウト式 (c) サイホン式 (d) セミサイホン式 (e) 洗出し式 (f) サイホンゼット式 (g) 洗落とし式

ガス設備

1. 都市ガス

都市ガス事業社が供給する都市ガスには，天然ガス，ナフサ，石炭，LP ガス等を原料として製造されます。

2. LP ガス

LP ガス（LPG）は，液化石油ガスとよばれ，プロパンガスを主成分として，常温，常圧では気体ですが，圧力を加えたり冷却したりすれば，容易に液化することができるため，タンクや容器に充填して簡単に貯蔵，輸送ができます。

3. 特徴

(1) 都市ガスは空気よりも軽く，LP ガスは空気よりも重たいのが特徴で，ガス漏れ警報器の設置には，取付け位置に注意を要します。天井面に近い所では都市ガス，床面では LP ガスとなります。

比重では都市ガスが 0.5，LP ガスが 1.5 くらいです。

(2) LP ガスの場合は，ガスボンベの設置箇所に注意が必要です。ボンベの搬入出に都合の良い所に設置すべきですが，ボンベの管理をきちんと設定できるように設置方法に工夫が必要となります。

(3) 双方ともガスを燃焼させることでエネルギーを利用していますが，換気の方法を十分にチェックする必要があります。必ず，換気扇などの機械換気が必要です。

(4) 瞬間式の湯沸かし器を使用する場合は，給水管の圧力に注意が必要となります。水圧が低い場合には湯沸かし器が作動しません。　　　　　　（6.6 給湯設備　3（1）参照）

屎尿浄化槽設備

屎尿浄化槽は，下水道施設のない地域での生活雑排水や汚水の処理を行いますが，処理方式等の構造基準が定められています。

1. 屎尿浄化槽の構造基準

屎尿浄化槽は建築基準法施行令第 32 条に定められ，建設省告示 1292 号で細かく規定されています。

2. 単独処理屎尿浄化槽

水洗便所からの汚水だけを処理する装置で，分離接触ばっき方式，分離ばっき方式および散水ろ床方式の 3 つがあります。

放流水の水質は，BOD90ppm 以下，BOD 除去率 65 ％以上の性能で，処理対象人員 500 人以下となっています。

3. 合併処理し尿浄化槽

水洗便所からの汚水と雑排水を合併して，処理する方式です。

4. 処理の方法

屎尿浄化槽の処理方法として物理的処理（スクリーニング，沈殿，撹拌，ろ過）→　生物化学的処理（好気性処理，嫌気性処理，消毒）を行って処理していきます。

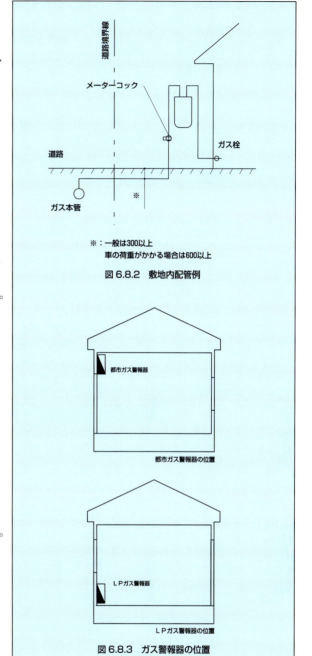

※：一般は300以上
車の荷重がかかる場合は600以上

図 6.8.2　敷地内配管例

都市ガス警報器の位置

LPガス警報器の位置

図 6.8.3　ガス警報器の位置

表 6.8.1　し尿浄化槽処理対象人員算定表（JIS A 3302）

処理対象人員		
建築物用途	算定人員	算定単位
住　宅	A<130の場合　n=5 A>130の場合　n=7	a：人員［人］ A：延べ面積［m²］
集合住宅	a=0.05A	a：人員［人］ A：延べ面積［m²］

表 6.9.1　機械設備記号

水栓	給水栓	⊕
	給湯水栓	⊗
	混合水栓	⊗
	排水・汚水口	○
ガスコック	一口	●
	二口	●₂
管	給水管	——・——
	給湯管	——Ｉ——
	汚水管	————
	排水管	————
	ガス管	——G——
	止水弁	⋈
	メーター	Ⓜ
桝	排水・雨水桝	⊠
	汚水桝	◯

給排水設備配管図

1. 給排水設備図の作図方法

(1) 平面図 1/100 に給水栓, 給湯水栓, 排水口, 汚水・排水桝, 給湯器, ガスコック等の水栓, 排水口をレイアウトをします。

(2) 排水桝, 汚水桝, 雨水桝等をレイアウトします。

(3) 汚水配管, 排水・雨水配管, 給水配管, 給湯配管, ガス配管の順に作図します。

(4) 屎尿浄化槽がある場合は, 合併式か, 単独式かの状況を把握して, 放流先の一番近い場所にレイアウトします。

　機械設備の記号は, 表 6.9.1 を参照します。

2. 作図手順（汚水排水設備）

(1) 汚水配管

　大便器, 小便器などの汚水管は単独で処理することとなります。

　汚水処理方法によって, 敷地内での配管敷設の方法が異なるため, あらかじめ確認を必ず行います。

(2) 下水処理施設が完備している場合

　分流式：汚水は最終桝から下水道へ, 雑排水は別の最終桝から側溝へ別々に放流します。

　合流式：汚水, 雑排水ともに最終桝で合併し, 一括して下水道へ放流します。

(3) 屎尿浄化槽の場合

　単独処理：汚水のみを放流

　合併処理：汚水＋雑排水を一括して放流

① 汚水口の位置を決定する。
　汚水口は大便器, 小便器の中心へ配置する。

② 最終桝, 合流桝の順に桝を配置する。

③ それぞれの管の分岐ごとに桝が必要となる。

④ 汚水口と桝を単線で結合する。

⑤ 汚水管の管径を単線の上部に描き込む。

(4) 排水, 雨水配管

① 排水口, 縦樋の位置を決定し, 排水口は洗面器, 浴槽, 流し等の実際の排水位置に描き込む。

② 最終桝, 合流桝の順に桝を配置する。

③ それぞれの管の分岐ごとに桝が必要となる。

④ 排水口・縦樋と桝を単線にて結合する。

⑤ 排水管の管径を単線の上部に描き込む。

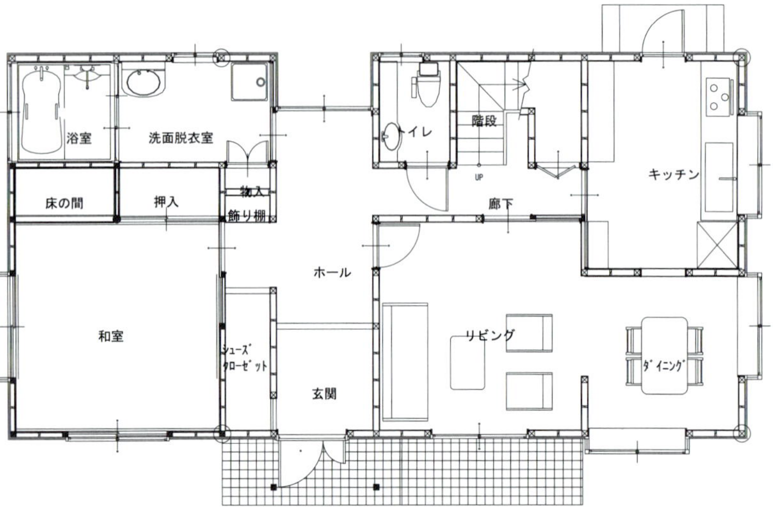

図 6.9.1　レイアウト平面図

（5）給水配管

給水管は，敷地外の水道本管よりの分岐配管によって，敷地内で止水栓，メーターの順に接続します。作図の場合も同様に描き込んでいきます。

① 水栓の位置を決定し，水栓は洗面器，浴槽，流し等の実際の位置に描き込む。
② 給水管を内部と外部配管に分けて，レイアウトする。
③ 水栓と給水管を単線で結合する。
④ 止水栓を水道本管の接続口にレイアウトし，水道メーターを止水栓の隣に描き込み，敷地内給水管とつなぎ込む。
⑤ 給水管の管径を単線の上部に描き込む。

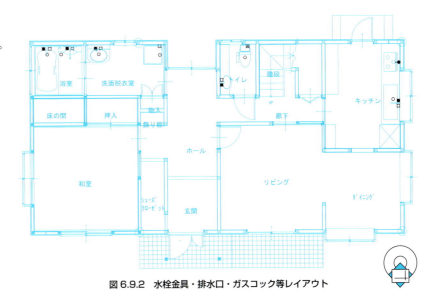

図6.9.2　水栓金具・排水口・ガスコック等レイアウト

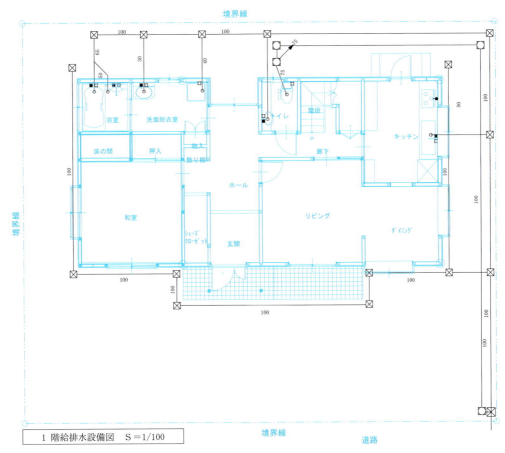

1 階給排水設備図　S＝1/100

図6.9.3　排水設備図

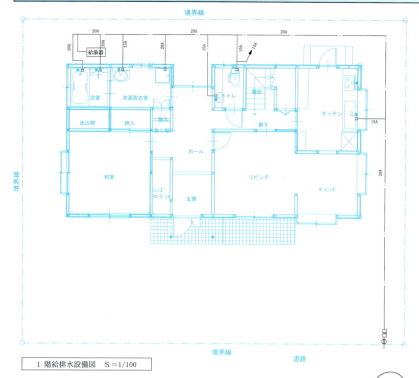

1 階給排水設備図　S＝1/100

図 6.9.4　給水設備図

(6) 給湯配管

　給湯管は，給湯器よりの配管を描き込みます。追い炊き式の浴槽の場合，戻り配管が必要となります。

① 給湯水栓の位置を決定し，給湯水栓は給水配管と同様に実際の水栓の位置に描き込む。この場合，給湯水栓が単独式か混合水栓かの区別を確認しておくこと。

② 給湯器の設置場所を確認し，レイアウトをする。

　給湯器のメンテナンスのスペースの確保も必要となるので，隣地からの距離も要チェック。

　また，熱源によっては，貯湯タンクが必要となるため，注意が必要となる。

③ 給湯管を内部と外部配管に分けて，配置する。

④ 給湯水栓と給湯管を単線で結合する。

⑤ 給湯管と給湯器を単線で結合する。

⑥ 給湯管の管径を単線の上部に描き込む。

(7) ガス配管

　都市ガス，集合LPガスのガス管は敷地外のガス本管よりの分岐配管によって，敷地内で元栓，メーターの順に接続します。単独のLPガスの場合は，ガスボンベの置場を確認して，配管を行います。

　給湯水栓は給水配管と同様に実際の水栓の位置に描き込みます。

① ガスコックの位置を決定する。

② ガス管を内部と外部配管に分けて，配置する。

③ ガスコックとガス管を単線で結合する。

④ ガス管の管径を単線の上部に描き込む。

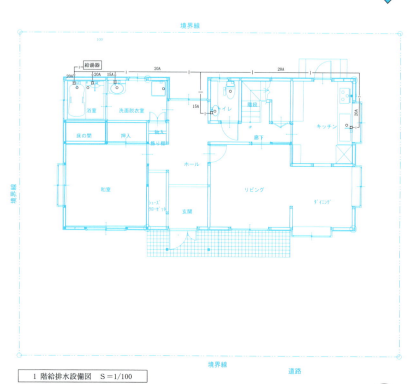

1 階給排水設備図　S＝1/100

図 6.9.5　給湯設備図

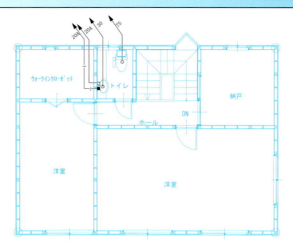

2 階給排水設備図　S＝1/100

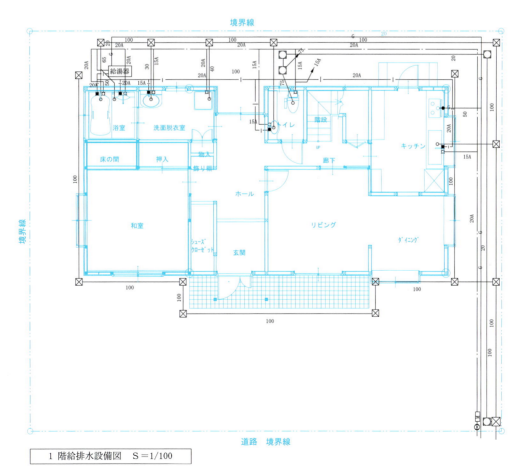

1 階給排水設備図　S＝1/100

図6.9.6　機械設備完成図

課題

課題 01　6-4 電気設備図の描き方に基づいて A プランの屋内配線図を描いてください。

課題 02　6-9 給排水衛生設備図の描き方に基づいて A プランの給排水衛生設備図を描いてください。

CD–ROM の「A model」フォルダに解答図面が添付されています。

〔引用文献〕
1）P138 図 6.6.2,　P139 表 6.7.1,　表 6.7.2
　　P140 表 6.7.3,　表 6.7.4,　P141 表 6.7.5
　　空気調和・衛生学会編　「空気調和・衛生工学便覧」12 版・第 2 巻・
　　第 4 巻
2）P127 図 6.11,　図 6.1.2,　P128 表 6.1.3,　表 6.1.4,　P138 図 6.6.1
　　吉村武・杉森良光・世良田嵩　共著
　　「絵とき建築設備（改定 2 版）」/オーム社　1995
3）P128 表 6.1.5,　P129 図 6.1.3
　　＜建築のテキスト＞編集委員会　編
　　「初めての建築設備」/学芸出版社　2000

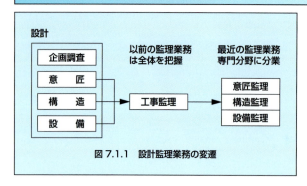

図 7.1.1　設計監理業務の変遷

1. 工事監理とは

工事監理とは，設計図書どおりに建物が施工されいるか工事施工段階で行う設計監理のことです。最近では，設計事務所の中においても分業化が進み，設計と監理の担当が別れているケースが多くなっています。

その理由として，施工方法の多様化，高度化が進み，設計と監理の両方の知識を個人だけでは対応できにくい環境となっていることだと思われます。

また，工事監理では，施工方法の知識や技術だけではなく，建築主，工事担当者，職人さんとの人間関係等までもが要求されるようになってきています。

2. 監理と管理

建築工事における監理と管理の違いは，設計側の監理と施工側の管理の違いであり，立場の違いです。
（工事監理）
① 設計者の意図を施工者側に正確に伝えること。
② 承認図，施工図を設計図書に照らして検討し承認すること。
③ 工事が設計図書や工事契約書どおりに進んでいるかを検討確認し，建築主に報告すること。
④ 工事監理が完了したことを報告すること。
（工事管理）
① より良い品質（品質管理）
② より安全な工事（安全管理）
③ できるだけ早い工期（工程管理）
④ なるべく安い価格（原価管理）

3. 木造の工事監理

一般に木造の工事監理は他の工事監理と比べると難しいとよく耳にします。

その理由として，
① 受注金額を考えると，鉄筋コンクリート造，鉄骨造等ほどの設計監理費の費用を計上できないため，常駐が難しいこと。
② 設計・監理側の木造の知識が乏しい（特に構造，木材に関する知識）こと。
③ 建物規模が小さく，工務店の現場担当者が掛け持ちで動き回り，現場に常駐していない所が多く，細かな打合せ

や施工図提出量が少ない等で，施工側の能力に左右されやすいこと等が考えられます。

しかし，木造の建築物は，職種が多くにわたることが特徴としてあげられ，非常にきめ細かな作業が要求されます。そのため，打合せを綿密に行わないといけないのですが，なかなか現場担当者を捕まえるのも大変な作業となるのが現状のようです。

4. 工事監理者に求められるもの
(1) ハード面
① 建築の知識（構造，材料，施工，法規等）
② 設備の知識（電気，給排水，衛生，給湯，空調，換気，ガス等）

(2) ソフト面
① 建築主，施工者との関係
② 官公庁との関係
③ 近隣への対応
④ 工程，コストの管理
⑤ 幅広い一般教養

公正な立場で諸問題に対応し，毅然とした態度で，工事に関係する人々から信頼を得ることができること。往々にして，その場で決断できず，持ち帰り，後ほど解答しますといいながら，時間がかかってしまい，現場が止まってしまうケースが多く見られます。特に木造の場合は，工事規模が小さいため，次の工程に入る時期が短く，職人さんが手待ちになり，人間関係が悪くなることがあります。

このように多様な知識を要求され，さらに最新の技術，古くから続いている伝統的な技術を把握し，現場に出入りする人々との良好な人間関係を確保することが，工事監理者として求められています。

5. 情報管理

設計担当者から工事監理の引継ぎを行います。
このときに必要なものがあります。
① 設計図書
② 質疑応答書
③ 工事見積書
④ 工事契約書
⑤ 工程表

以上の書類が情報の管理で重要なものとなります。

特に質疑応答書は設計担当者から，きちんと引き継ぐ必要があります。設計図書の不都合での対応や，変更事項の確認作業時に必要となり，追加変更工事の対象として，お金に絡んでくる場合があります。

工事監理の流れ

　プランニングから始まる基本設計を経て，実施設計においてまとめ上げ，監理へと進んで行います。現場のなかでは，施工状況を考慮しながら，アドバイスを行うなど，細かな作業が要求されます。

　監理の業務としては，請負者の選定から始まり，次のような流れで進んでいきます。

1. 着工前

(1) 請負者の選定（発注）

　① 特命方式
　② 見積り合せ方式
　③ 入札方式

　いずれの選定方式でも「設計図書」を基本として積算を行うため，「設計図書」が不十分なときは必ず質疑応答が発生し，書面にて互いに確認し，契約時の重要な書類となります。

(2) 契約

　請負者が決定し，工事費の取決めが完了すると，契約となります。

　① **請負時の基本的知識**（法律的な知識）
　　民法（債権・契約・請負の項目）
　　建設業法（契約書の記載項目）
　② **契約書の例**（一般によく利用されている契約書）
　　民間（旧四会）連合協定工事請負契約約款
　　建設工事の標準請負契約約款（中央建設業審議会作成）

(3) 設計図書の調査

　① 図面の不明確な箇所や，誤記の有無のチェックを行い，工事内容を確認すること。
　② 意匠図，構造図，設備図などの各図面の関連性を照合すること。
　③ 仕様書には，図面ではなかなか明示しにくい項目を書き込んでいるので，内容を確認すること。

　以上のように設計図書のチェックを行うことにより，工事の進展に応じて発生しやすいトラブル等を未然に防ぐことができます。

(4) 現地調査

　現地調査をおこなうことにより，周辺の環境や近隣に対しても，トラブル等を未然に防ぐことができます。

　① 敷地境界線の確認
　② ベンチマークの確認
　③ 既存部分（建物，樹木，障害物等）の確認
　④ 埋設物（上下水道，ガス管，電話線，既存基礎等）の位置，有無の確認
　　特に下水道については，汚水管の高さが建物の設計GLを押し上げることもあるので，注意すること。
　⑤ 電波障害についての調査，確認

表 7.1.1　請負者の選定

特　命	特定の施工者を選定して，それに見積を依頼する。
見積合わせ	複数の施工者から見積りを取り，それらの中から施工者を選択する。
指名入札	工事の規模，品質，工期等を考慮して建築主の信用する施工者にのみ指定して入札する方式

表 7.1.2　契約方式の選定

名　称	内　容	備　考
一式請負契約	建築工事の全部を一括して施工者に請け負わせる方式	
分割請負契約	建築工事の全体を数個の単位に分割し，各単位毎に業者に請け負わせる方式	分割の方式として，専門工事別，工程別，工区別等がある
単価請負契約	建築工事費を項目別に分け，項目ごとに単価を契約する方式	工事の進行状況に応じて，出来高を計り，単価を掛けて工事費とします。
定額請負契約	一般に一本見積りまたは，親金式請負とよばれる契約方法で，工事費総額の頭金額だけを，決めて請け負わせる方式	
実費報酬加算式施工契約	一般に実費精算といわれる契約方法	

表 7.2.3　設計図書の構成

- ・特記仕様書
- ・意　匠　図
- ・構　造　図
- ・設　備　図 ── ・給排水衛生設備図
  - ・電気設備図
  - ・空調設備図
  - ・換気設備図
  - ・ガス設備図
  - ・昇降機設備図
- ・現場説明事項

表7.2.1　木造でよく使用される工程表の構成

		表　示	長　所	短　所	適　用
ネットワーク式工程表	ネットワーク		・工期明確 ・重点管理作業明確 ・作業の相互関係明確 ・複雑な工事も管理	・一目での全体の出来高不明	施工一般の管理
横線式工程表	バーチャート		・工期明確 ・表の作成容易 ・所要日数明確	・重点管理作業不明 ・作業の相互関係不明確	施工一般の管理
	ガンチャート		・進行状態明確 ・表の作成容易	・工期不明 ・重点管理作業不明 ・作業の相互関係不明確	施工一般の管理

2. 工事中

（1）施工図等の検討と承認

　現場では，設計図書に基づき詳細な図面を起こしていきます。一般に木造ではあまり施工図を作成することをしない現場が多いのですが，施工後での後戻りを行うことにより，強度や，修正箇所が残るなどの，建物の品質を低下させないためにも，監理者は，設計図書に基づき，施工図などを確認，承認し，あらかじめチェックをし，品質の保持を行っていきます。

（2）施工計画の検討，助言

　施工者は，設計図書に基づいて，作業方法や，安全管理，工程管理等を行っていきますが。このときに，施工者からの施工計画書の提出により，技術的な判断や，改善，助言を監理者は行っていきます。

（3）工程管理

　施工者から工程表の提出を受け，全体の流れを把握し，適正な工期での施工の確認を行います。

　工程表でのチェック事項として納期と工期の確認を行います。特に納期のかかるものについては，承認から発注，納品までのスケジュールの把握を行い，余裕のある工程管理を行います。

3. 竣工時

（1）工事完了の手続き

　① 施工者による自主検査
　　施工者～施工者
　② 官公庁の検査

　　施工者～官公庁
　③ 監理者による検査
　　施工者～監理者
　④ 建築主による検査
　　施工者～建築主
　⑤ 建築物の引き渡し
　　施工者～建築主

建築における儀式

　木造建築に関する儀式として以下のようなものがあげられます。

　① 地鎮祭（工事前）
　② 上棟式（棟上げ時）
　③ 落成祝い（工事完了入居後）

　このように木造建築では，古来からのしきたりにより，「土地の上に建物が出来ていくことを感謝し，加護していただくことを祈願する。」ことを基本として行っています。また，建物が完成し，入居した後で行う新築祝いは，神への感謝と，工事に携わった人達への感謝の気持ちを表しています。

　できれば，古来からの儀式の進行を確認し，いざというときに戸惑わないように参考としてください。

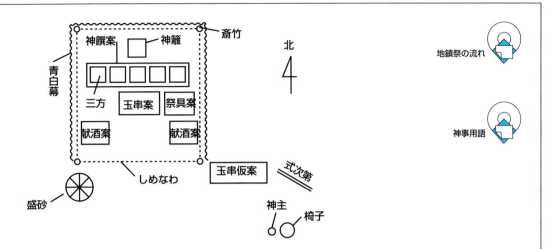

地鎮祭の流れ

神事用語

① はじめに，玉串を下図のように持って
静かに神前へ進みます。

③ 右手をはなし，葉先を下図のように
右手に持ち替え，回しながら枝の方
を神前に向けます。

② 玉串案の前に立ったら，一礼し，右手
を下図のように胸元に回して，葉先を
前方に向け，そのまま左手を葉の付根
までおろします。

④ 右手で葉先を軽く支えた形で奉げ
ます。
右足から一歩下がって，二礼二拍手，
一礼して下がります。

各工事のポイント

1. 仮設工事

（1）地縄張りの検討

① 地縄張り後，隣地境界線，道路境界線からの距離を確認し，設計図書の配置図との照合を行い，建物位置の確認を行います。

② 位置確認後仮の G.L. を設定。

（2）搬入経路の検討

仮設計画において，建て方時のクレーンや木材搬入車の経路の確認と架線等の障害物の有無の確認を行います。

（3）建物位置の確認

水盛・遣方において，通り芯を出し，各諸室の位置を確認し，B.M. を設定し，G.L. を決定します。

2. 基礎工事

（1）躯体の施工図のチェックと承認

施工図で，設備配管の位置やフーチング下を通る配管材の補強方法の検討と助言を行います。また，隣地境界線と建物の距離が狭い場合は，特にフーチングと境界線との距離の関係に注意を行うようにします。雨水や，排水設備の桝等がある場合は，施工図や，桝の承認図などで，配管スペースの確認が重要になります。

（2）床掘りのチェックと承認

床掘り終了後，根切り底，栗石地業等の確認を行います。根切り底が乱れている場合は一番深いところまで掘り下げて，栗石で深さを調整します。決して，土を盛ってはいけません。積載荷重により密圧沈下を起こし，基礎の不同沈下の原因となります。また，地盤によっては十分な地耐力がない場合もあり，床掘り終了時に，合わせて土質をチェックし，地耐力の不足が考慮されるときは，地盤改良や，基礎の種別変更を指示することも必要となってきます。

（3）栗石地業の突き固めの確認

栗石地業の突き固めの確認をします。このとき，フーチング下を通る配管材の破壊を防ぐこと等の処置の確認も行います。

（4）フーチングの配筋確認

フーチングの配筋でのかぶり厚さ，鉄筋の本数，補強筋の有無等の確認をします。

（5）金物の位置・数量確認

基礎立上りのアンカーボルト，ホールダウン金物等の数量や位置，ボルトの状態などのチェックと承認をします。

（6）土間，スリーブ補強筋の確認

土間配筋の本数やかぶり厚さ，スリーブの補強筋等のチェックを行います。

（7）防湿処理の確認

土間コンクリート下の防湿シートの重なり具合を確認します。

（8）床下換気口の確認

床下換気口の仕様と，箇所数等を施工図や承認図で確認します。

表 7.3.1　仮設工事のチェック事項

	仮設工事におけるチェック事項		対　　象	
1	建物の位置	地縄張りのチェック	隣地境界線との距離	軒先の出
				基礎フーチングの出
			道路境界線との距離	軒先の出
				道路斜線
2	GLの設定	BMとの関係チェック	レベル確認	道路斜線
				排水勾配
3	産業廃棄物	マニフェストのチェック	処分先等の確認	解体工事等
4	仮設計画書	施工図, 計画書の処分先のチェック	搬入計画	
			資材置き場	
			足場計画	
			駐車場	
			近隣関係	

現場で直角の確認をしますが，トランシットのない場合でも簡略のチェックをする方法があります。
メジャー（5m程度）があれば確認できますので，いざといった場合に利用してみてください。

（1）基本のラインの起点0点にメジャーを当てます。ここから4.0mの点にポイントを置きます。A点とします。

（2）次に90°方向のラインの起点0点にメジャーを当てます。ここから3.0mの点にポイントを置きます。B点とします。

（3）A点よりB点に向けてメジャーを置き，AB間の長さを確認します。この距離が5.0mであれば，この角度AOBは直角となります。

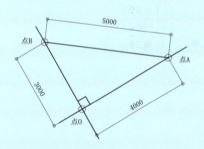

次に隣地の確認などで，敷地の角度などを出したいときなどでよく利用する方法があります。
これもメジャー1つで処理できます。

（1）敷地のコーナーの一辺を基準と考えます。コーナーの起点（0点）から1.0mにポイントを置きます。ここを点Aとします。

（2）次に点0より1.0mの距離にポイントを置きます。ここを点Bとします。

（3）最後に点Aから点Bに向けて，AB間の距離を測定します。これで角度AOBの角度が測定できます。後は三角関数表によって，度数に変換してください。

図 7.3.1　大矩の検証

（9）基礎パッキンの確認

基礎パッキンの高さの調節の指示，確認を行います。

（10）その他の確認

設備の施工図により，基礎の貫通や，欠損等が発生する場合は，補強筋を建築側で処理するかどうかの確認と，処理方法の承認を行います。

3．地質調査の必要性について

最近まで，木造住宅のような小規模建築工事では，地質調査を行うことが少ない状況でしたが，近年，住宅品質確保促進法（品確法）の関連や，住宅への積極的な構造耐力上の安全性に対する，認識が大きくなってきました。

地質調査は，設計段階で行っていますが，施工側からの要求も強くなってきています。

基礎工事において，掘削土の状況や，土質を現場で確認し，地質調査のデータ結果との対比を行い，分析し，適切な判断で，作業を進めていく必要があります。そのためには，土質などの知識が必要となります。

表 7.3.2　基礎工事のチェック事項

		施 工 計 画 書 の 確 認	
1	全 体	基礎工事チェック	重機の搬入出の方法
			搬出土の処分先
		施工図の確認	土留めの方法
			埋設配管の確認
2	土工事	地中埋設物の有無の確認	
		掘削土の確認	地盤調査データ比較
		掘削幅，深さの確認	
3	地業工事	栗石突き固め確認	埋設配管の処理方法
		捨てコンクリートの強度などの確認	スランプ，使用セメント種類
		防湿シートの確認	厚さ，重なり幅
4	コンクリート工事	コンクリート強度の確認	スランプ，使用セメント種類
			打設時期による補正
			打設時間
5	型枠工事	施工図の確認	使用材の確認（化粧型枠等）
			床下点検用開口
			スリーブ位置
		かぶり厚の確認	
6	鉄筋工事	使用材の確認	
		施工図の確認	数量，サイズの確認
			補強筋の確認
7	その他	施工図の確認	アンカーボルト，ホールダウン金物の確認
		束石の確認	形状，位置
		床下換気口の確認	形状，位置
		基礎パッキンの確認	形状，位置
		床下清掃の確認	

写真　スウェーデン式貫入試験

写真　圧入式貫入試験

表 7.3.3　木工事のチェック事項

1	材料	構造軸組材，造作材の確認	使用樹種，等級	
			使用箇所	
			形状，寸法	
			含水率	
		死に節，割れの確認		搬入時
		造作材（既製品使用）時の確認	色合い，寸法，形状，取り合い	サンプル確認
2	工事	施工図の確認	筋かい位置，補強金物使用状況	納まり
		板図の確認	寸法，仕口，継手	
		プレカット図の確認	寸法，仕口，継手	
		補強金物の確認	位置，サイズ，取り付け方法	
		防腐，防蟻処理の確認	使用材料，箇所	
		下地補強の確認	設備，器具，手すり等	
3	その他	上棟式の確認	日時	住宅金融支援機構の場合中間検査の日取りに影響

現場チェックマニュアル Web

工事監理チェックシート Web

4. 木工事
（1）材料について
　① 使用木材の品質

　　使用木材については，仕様書に基づき，使用箇所，材種，等級，含水率，養生方法等を確認します。

・特記仕様書によって，それぞれの使用場所の樹種確認をする。材料によっては，納期の確認作業も必要となる。

・設計図書によっては，木材の規格寸法外を使用する場合があります，このようなときには，コスト面，納期面のチェックを必ず行うこと。

　構造材，造作材の搬入地における含水率のチェックを行うこと。

　木造建築で最も難しいといわれている木材について，十分な知識を得ることが，監理上，設計上必要となります。机上での知識も大切ですが，木材と生で接する機会をつくることで，木材の手触り，色，臭い，性質や欠点，長所等の重要なポイントの知識を得る上で貴重な知識となるでしょう。

　② 補強金物の確認

・施工図で補強金物の使用箇所，形状等の確認をすること。補強金物は，設計図ではなかなか表現できないため，特記仕様書等で表すことが多いので施工図により必ず確認をすること。

　③ 防腐剤，防蟻材等の品質の確認すること。

・防腐剤，防蟻材の使用箇所は，注意が必要となる。最近シックハウス症候群など，健康管理に気を配る住宅が多くなっている。そのため，設計者や，建築主と密接に連絡をとりながら，使用材料の確認をする。

　④ 現場搬入時に死に節や，割れ，腐れ等のチェックを行うこと。

表 7.3.4　木材の含水率（JIS 製品）

品　目		種類（乾燥材）	含水率基準（表示値以下，％）
針葉樹の構造用製材	仕上材	SD20, SD15	25, 15
	未仕上材	D25, D20, D15	25, 20, 15
枠組壁工法構造用製材		乾燥材	19
針葉樹の造作用製材（造作類）		SD18, SD15, D18, D15	18, 15, 18, 15
針葉樹の造作用製材（壁板類）		SD20, SD15, D20, D15	20, 15, 20, 15
針葉樹の下地用製材		SD25, SD20, SD15	25, 20, 15
広葉樹製材		D25, D20, D15	13, 10
単層フローリング（人工乾燥）		D13, D10	15, 13
単層フローリング（天然乾燥）		針葉樹，広葉樹	20, 17
複合フローリング		針葉樹，広葉樹	14
集成材，構造用集成材			15
普通合板等			14

(2) 提出書類について

① 工程表の提出

木造建築での工程表は，上棟式や住宅金融支援機構における中間検査の日程等を把握し，その他の各工事における進行に大きな影響を与えるため，工事着手前に必ず，施工者側から提出してもらいます。

② プレカット図の確認

最近の木造の傾向として，大工さんが墨付け，切込みを行うことをせず，プレカット工法とよばれる，設計図書に基づき，構造材などの寸法採りや，組み方までもプレカット図によって工場で切込みを行うことが多くなってきました。

プレカット図での注意として，建築図（特に平面図）のみで自動的に作図できるため，設備工事での配管の取合いや，特殊な空間処理には十分に対応できていないケースがあり，念入りな図面のチェックが要求されます。

プレカット工法の進出により，大工さんがプレカット図を見て，棟上げ時に，まるでプラモデルでも組み立てるかのように簡単になっており，このことは，木造工事の簡素化，均一化には役に立っていますが，大工さんの技量としてみると，古来からの墨付けや刻みによる伝統的な技術力の低下が見られることが気掛かりです。

③ 施工図の確認

施工図でのチェックでは，補強部分や，筋かい等の応力の集中する部分を特に注意し，補強金物の使用等とも検討していきます。

また，造作工事での納まり，散り等の細かい寸法に対して，施工図での確認をし，不都合のないように十分に検討していきます。最近の住宅などでは，バリアフリーの対応として，手すりや，いろいろな福祉用具が部品として出てきており，そのために，取付け用の補強下地として位置やサイズの確認が施工図・承認図で必要になってきています。

(3) 軸組の確認

① 構造材の取付け方法や，材種，仕口，継手，本数，補強金物の種類，筋かいの本数と位置等の確認を行うこと。

② 防腐剤，防蟻材の塗布と色，施工箇所等の確認を行うこと。特に木造の場合，構造材である柱には，仕上げ材としての一面もあり，和室等の化粧材として用いられる柱の塗布には細心の注意と管理が必要となります。

③ 屋根下地や，外壁下地工事ではルーフィング材の貼り方や，開口部の水切り等は，将来のメンテナンスにかかわる部分であるので，十分に確認を行うこと。

④ 手すり等の補強材の位置の確認を行うこと。

(4) 造作材での確認

納まり，木取り，木柄合せ等の検討を行います。特に，敷居と鴨居の木表，木裏の使用箇所の確認を行います。

表 7.3.5 工程表の構成

表 7.3.6 プレカット図での確認事項

プレカット図
・伏図，軸組図との部材構成の確認
・使用部材の寸法確認
・階段回りなどの吹抜け空間の納まり確認
・和室回りの真壁と大壁との取合いの確認
・造作材と構造材の納まり確認
・手すり下地等の特殊な部材構成の確認

表 7.3.7 施工図での確認事項

施工図
・使用部材の寸法確認
・筋かいの位置と方向の確認
・火打ち梁の位置の確認
・補強部材の寸法の確認
・補強金物の仕様，使用箇所の確認
・造作材と構造材の納まり確認
・手すり下地等の特殊な部材構成の確認
・通し柱の位置と使用材料の確認
・防腐，防蟻処理の使用材料と塗布箇所の確認
・建具回りの取合いの確認（仕上り寸法で確認）
・階段の各寸法（蹴上げ，踏面，幅員）の確認
・手すり取付高さや補強材位置，補強方法の確認
・設備機器などの取合いの確認

表 7.3.8　屋根工事での確認事項

屋根工事

- ・下屋と外壁の取合い確認

- ・ルーフィングの重ね代や増貼りの確認
　横100mm，縦200mmの重ね代

- ・屋根工事完了時における養生方法の確認
　屋根材の上での外部足場の足下養生材の確認

- ・瓦桟と垂木の間隔の確認

- ・補強金物の仕様，使用箇所の確認

- ・使用材料の種類，厚み，サイズなどの確認

表 7.3.9　建具工事での確認事項

鋼製建具

- ・特殊部材の納期と承認図の確認

- ・各種寸法，カラーの確認

- ・外付け，半外付け，内付けの区別の確認

- ・出隅，入隅での納まり確認

- ・電気錠における業者区分の確認
　建築工事なのか電気工事なのか

- ・ガラスの使用材料の種類，厚み，サイズなどの確認
　特に防火指定箇所の確認を十分に行うこと

木製建具

最近は既製品の使用頻度が高くなっているが，
取付けについては下地の確認を必ず行うこと。
ときたま，下地が不良のまま取付けを行い，風
がないのに扉が開閉する住宅があります。

- ・ムク材や突板使用材の色合いや板目の確認

- ・段差解消による建具足下のエアタイト機能の確認

- ・取付け調整の確認は，養生撤去後に行うこと

表 7.3.10　防水工事での確認事項

FRP防水工事

- ・動きの大きい入隅部には防水層の破壊防止用の
　キャントストリップの確認

- ・紫外線による劣化防止用の塗装材の確認

- ・工事完了後に必ず水張り検査を行い，検査で確認

- ・出隅，入隅での納まり確認

5.　屋根工事

① 野地板，ルーフィング，屋根仕上，破風，鼻隠し，軒の出，屋根勾配，軒裏等の確認を行う。特に軒の出は隣地から建物までの距離が十分に確保できない場合には，敷地からはみ出さないように，検討すること。

② 屋根の形状による谷等の，将来雨漏りの可能性のある部分については，十分に検討すること。

6.　建具工事

（1）アルミサッシ

① 木造用アルミサッシは，ほとんど既製品を使用しているため，承認の段階で，柱間とサッシの寸法の確認をしておき，手戻りのないようすること。

② 木造では，サッシにガラスが組み込まれた状態で搬入されるため，現場での養生や，ガラス材の種類を早めに打ち合わせておくこと。

③ サッシとの納まりについて，承認図等により十分に検討すること。特に和室における，障子等での納まりについては，外部仕上げや，雨戸がついた場合の入隅における雨戸や建具のカットなどが考えられる。

（2）木製建具

　以前は，大工さんが建具枠まで加工，取付けまでを行い，その後，建具屋さんが採寸し，工場で加工，組立，取付けを行っていましたが，最近は建具枠と建具とが一体化した既製品を使用し，大工さんが取付けを行うことが多くなってきました。ここでも，工事の省力化が進んできています。そこで，建具の精度よりも，取付けの精度の方がポイントになっています。取付け下地の不備は，当然のことながら，建付けの精度に大きな影響を与えています。

　木製建具の最終チェックは養生等を取り除いた時点で行います。

7.　防水工事

（1）防水材の確認と承認

　木造でのバルコニー等の防水はFRP防水を使用し，木造の特徴でもあるピン構造としての揺れなどにも対応してきています。ただし，動きの大きな入り隅部では十分な注意を払って，施工を行う必要があります。そのために，防水工事が終了した時点で，水張り検査を行い，漏水のないことを確認する必要があります。

（2）シーリング材の確認と承認

　仕様書に基づいた使用材料の確認を行います。また，施工時では下地の清掃を行い，接着不良を起こさないようにし，ボンドブレーカー使用の有無を確認して3面接着を防ぐことが大切になります。

8. 左官工事

最近の木造建築では，乾式工法が進みモルタルによる施工が減少しています。ここでも工事の省力化が進んできています。

外部等での，水を使用した湿式工法では，異なる仕上げでの接点では，必ずといってよいほどクラックが発生しています。このため，建物の寿命を縮めることになりかねません。そこで，下地処理を十分に行い，伸縮目地やひび割れ誘発目地等を入れておくことが必要になります。

9. タイル工事

① 仕様書に基づいた使用材料の確認を行うこと。

② タイル工事では割付け図の提出を求め，設備機器での目地の位置や，半端なタイルが多くならないように，図面で早めのチェックが必要となる。

③ 役物による納まりについては，メーカーとの間で，十分に検討し，最悪の場合は，特注になることもあるので，早めのチェックが必要となる。

④ タイル取付け後の養生や，他の工事との関係を十分に注意する必要がある。特にタイル面への振動を与えるような工事を，同時期に行う工程は慎むこと。

10. 内外装工事

(1) 内装工事

下地処理の方法を十分に検討します。ボードのジョイント部での不陸，間柱，胴縁の欠損等がないように下地の段階でのチェックが必要となります。

洗面所などの水回りの床面での接着剤には，エポキシ系の接着剤の使用の確認が必要となります。

(2) 外装工事

① 仕様書に基づいた使用材料の確認をすること。

② 使用するシーリングの性質についての確認をすること。

③ 外壁にサイディング等を使用した場合，玄関回りで，タイル張り等の仕上げの厚みが異なる取合いが発生する可能性があり，下地の段階でのチェックが必要となる。

11. 塗装工事

① 色彩の決定においては，できるだけ大きな塗装見本を作成し，十分に乾燥したところで太陽の光の下で決定を行うこと。これは，小さな色見本や，室内の照明などにより，実際の色を識別することができないため。

② 外部の塗装，特に吹付け工事では，天候や，風向き等に注意をし，十分に養生を行い，近隣からのクレームの発生を未然に防ぐ必要がある。

表 7.3.11　左官工事での確認事項

左官工事
・玄関土間での水勾配の確認
・和室回りでは，下地処理を念入りに行うように指導（鏝ムラの減少を少なくするため）
・ボードジョイント部分の寒冷紗の確認
・外壁の処理では，異種の仕上や，構造下地がある場合は，クラックが発生しやすいため，伸縮目地や，クラックの誘発目地を入れることで処理をする
・下塗り，中塗りでの乾燥期間を十分に取ること

表 7.3.12　タイル工事での確認事項

タイル工事
・タイルの割付図の確認
・使用材料の納期，材質，寸法の確認
・タイル工事と他の工事の施工期間の重複の確認　振動を発生する工事との時間管理
・床工事における水勾配の確認　浴室の出入口における水はけ確認
・水回り部分の設備機器との取合いの確認
・乾式工事，湿式工事での下地処理の確認　乾式工事での下地の湿気には十分注意をすること

表 7.3.13　内装工事での確認事項

内装工事
・仕上と下地の確認
・塗装工事との施工時期の確認
・下地の精度の確認
・使用材料の種類，メーカーの確認　特に不燃材料の使用番号などに注意をすること
・水回り部分での下地や，接着剤についての確認

表 7.3.14　塗装工事での確認事項

塗装工事
・色見本を必ず作成し，色調などの確認を行うこと　最低でも600×600の見本を作成すること
・木部塗装の場合，含水率の高い材料を使用する場合は，乾燥期間を十分にとること
・下地の精度の確認
・使用材料の種類，メーカーの確認
・埃を多く発生するような工事との併用の施工期間を作らないように十分に工程の打合せをすること

表 7.3.15　断熱工事での確認事項

断熱工事
・使用材料の確認
・防湿層の確認（防湿シートを断熱材内側へ）
・使用材料の種類，メーカーの確認
・使用箇所での断熱材の厚みの確認
・外部建具回りの防湿テープ処理の確認

表 7.3.16　ユニット工事での確認事項

ユニットバス工事
・使用機種の性能，寸法，メーカーの確認
・ユニットバスの開口部の取合いの寸法の確認を承認図にて早めに行うこと
・ユニットバスの手すり位置等の寸法，下地補強の確認
・ユニットバスを 2 階に設置する場合は，床面の補強梁材や，1 階部分での梁などの補強方法の確認をする

12.　断熱工事

① 仕様書に基づいた使用材料の確認を行う。

② 使用箇所に適合した断熱材を選択し，防湿シートを断熱材内側に使用して，内部結露の発生を防ぐことが大切になる。

13.　ユニット工事

(1) ユニットバス

① ユニットバスは間仕切壁が完了する前に現場で組み立てるが，特に承認図を先行して決定しておかないと，他の工事がストップしかねないので，早めのチェックが必要となる。また，ユニットバスは手すり等の下地補強は，十分に検討しておくことが大切である。

　　また，最近では，2 階でのユニットバスの使用も多くなってきた。そのため，梁の補強や，排水配管の勾配，配管の結露防止の処理方法等のチェックが必要となる。

② 他のユニットについても下地位置の決定など早めの承認を必要とするものもある。

14.　設備工事

① 床下などでの配管工事を行う場合，大工さん等との工程の調整をして，トラブルのないようにする。

② ユニットなどでの外部への貫通配管では，配管勾配を検討しておかないと，雨水の浸入が起こるので，十分に検討しておくことが大切である。

〔参考文献〕

1)「建築知識 1999 年 10 月号」/木造住宅「現場管理」100 の勘どころ/
　株式会社　建築知識

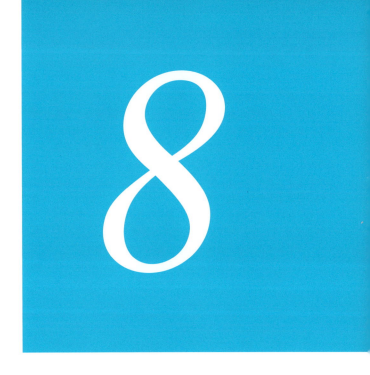

1. リフォームについて

　住宅の機能・設備への不満と，建築主のライフステージ・ライフサイクルの変化に伴って，住居をリフォームしようとする要求が強くなってきています。

　特に住宅設備機器の急速な技術進歩によって，高機能な設備機器が安く市場に出回り，身近に感じられるようになってきました。今まで使用してきた設備そのものの劣化・老朽等により，その改善欲求が高まっています。

　また，高齢者にも暮らしやすく，健康に住み続けたい等のライフステージ・ライフサイクルのニーズ変化によって，リフォームに対する要求がますます強くなってきています。

　そこで，その要求に応えられるように，リフォーム手順，リフォーム工事の特徴，リフォームのための予備知識等について説明します。

2. リフォームの手順と留意点について

　リフォームをしようとする潜在的な意識を顕在化し，完成させ，これまで以上に快適な生活を手に入れようとするためには，リフォームを企画し完成に至るまでの流れを把握しなければなりません。それには，リフォームの各段階での事項を理解し，関係者間の意志の疎通を図る必要があります。

　また，リフォーム工事は小さな工事でも決して簡単ではなく，専門的な知識や技術が必要です。それぞれの段階における内容とともに技術的要点も理解して，はじめて関係者間の意志の疎通を図ることができるようになると思います。

　そのような理由から，ここでは企画から完成までの流れと企画・技術的要点を，従来のリフォーム工事と，住宅性能保証制度を活用した場合を比較しながら説明します。

　リフォームにおける企画段階から完成，引渡しまでの流れを各段階に分けて図 8.1.1 に示します。

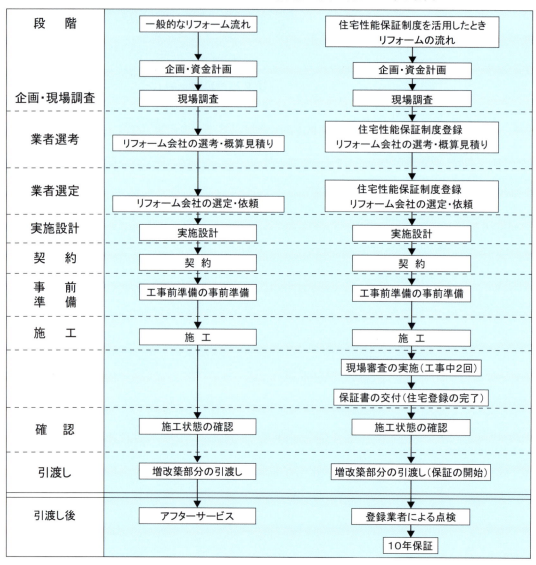

図 8.1.1　リフォームの流れ

(1) 企画・現場調査段階

① 建築主は家族で住まいの不満点，不具合をよく相談し，その結果を文書にてまとめます。

（リフォームの主な動機　表 8.1.1, 2 参照）

(a) 災害の予防と安全性の確保

(b) 快適かつ衛生的な環境の改善

(c) 劣化部分の回復，耐用性の改善

(d) 省エネルギー，資源の低減等

(e) ライフスタイル・ライフステージの変化

② 建築主は，具体的なプランを構築します。構築する手段としては，住宅展示場，ショールーム，雑誌，インターネット，リフォーム経験者の話，セミナー等があります。また，建築主は設計ブリーフを作成し，具体的プラン等の構築への準備をします（表 8.1.3 参照）。

③ 建築主は，大体のプランが構築できたら，設計者・施工者等に相談し，建築主のプランをもとに，現場の状況や寸法の確認をしてもらいます。現場の状況によって，また建物の構造によって可能なことと不可能なこととがありますので，必ず設計者・施工者等に現場の確認を行ってもらいます。

調査計画書・調査仕様書は，建築主のプランに応じて決定した調査の項目・方法・調査スケジュール等も含めて作成してもらい，調査報告書の受領にあたっては，各調査段階ごとに調査仕様書に従い，調査の目的，項目，方法，結果および所見などが明記されていることを確認します。

ここで，現場調査項目として主な項目をあげておきます。

（図 8.1.2, 3, 表 8.1.4 参照）

(a) 事前調査

既存の設計図書・記録による調査で，建築物の概要（規模，立地条件，構法，使用材料等）・被災状況・維持管理状況・建築主の動機があります。

(b) 劣化調査

構造耐力，基礎（ひび割れ・沈下等），床組（床の傾斜・剛性の低下等），外壁（亀裂・剥離・劣化）・小屋組（たわみ等），生物劣化等があり，それぞれ一次劣化，二次劣化，三次劣化調査と調査判断の適否の程度により行われます。

(c) 建築設備

給排水設備，衛生設備，換気設備，電気設備，ガス設備，消火設備，警報設備等

(d) その他

内装，外装の劣化の程度，建具の劣化の状態，断熱等，利用状況，維持管理状況等

表 8.1.1　リフォームの具体的動機

リフォームの具体的動機	好みの間取りやインテリアにしたい
	構造，内装，設備の劣化のため
	台風，地震等の災害対策として
	高齢者に配慮してバリアフリーにしたい
	子供の成長，独立により間取りを変えたい
	親，子供との同居により間取りを変えたい
	水回り等設備機器の買い替え
	趣味のスペースを持ちたい
	家で仕事をしたいため
	健康に配慮して
	収納物の増加により

表 8.1.2　イメージ情報の入手

イメージ情報の入手	テレビ
	新聞，新聞広告，チラシ
	住宅，インテリア雑誌
	ショールーム
	住宅展示場
	ホームセンター，家具店等
	知人，友人，親戚
	インターネット
	近くの工務店等
	セミナー，講習会

安心リフォーム満足リフォーム

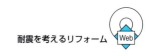

耐震を考えるリフォーム

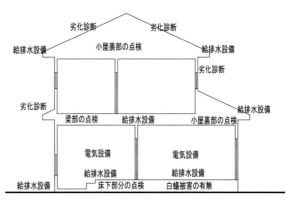

図 8.1.2　主な点検箇所

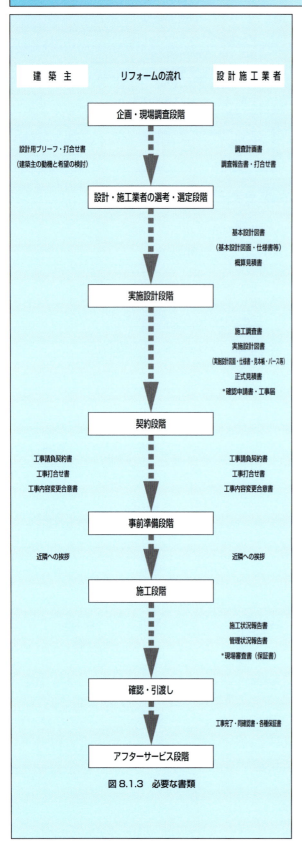

建 築 主	リフォームの流れ	設 計 施 工 業 者

企画・現場調査段階

設計用ブリーフ・打合せ書
（建築主の動機と希望の検討）

調査計画書
調査報告書・打合せ書

設計・施工業者の選考・選定段階

基本設計図書
（基本設計図面・仕様書等）
概算見積書

実施設計段階

施工調査書
実施設計図書
（実施計画図面・仕様書・見本帳・パース等）
正式見積書
＊確認申請書・工事届

契約段階

工事請負契約書
工事打合せ書
工事内容変更合意書

工事請負契約書
工事打合せ書
工事内容変更合意書

事前準備段階

近隣への挨拶

近隣への挨拶

施工段階

施工状況報告書
管理状況報告書
＊現場審査書（保証書）

確認・引渡し

工事完了・同確認書・各種保証書

アフターサービス段階

図 8.1.3　必要な書類

(2) 設計・施工業者の選考・選定段階

建築主は，次の各項を考慮してリフォームを行う業者を選考・選定します。

① 建築主は，設計・施工業者に，調査結果をもとにしてプランを精査してもらい，概算見積りを提出してもらいます。建築主は要望が反映されているか，予算に見合っているかを考慮します。

② 対象とするリフォームに関する設計・施工者の技術的水準と経験および信頼性を考慮します。

③ 納期までに設計・施工を完了し得る体制の有無を考慮します。

④ アフターサービスの有無，住宅性能保証登録の有無，定期点検の有無を考慮します。

(3) 実施設計段階

建築主は信頼できる設計・施工業者を選定した後，施工調査を踏まえた上で，実施設計図書の作成を依頼し，次の各項を考慮して設計・施工業者とともにその図書を精査します。

① 正式な見積書と実施設計図・パースにおいて，建築主の要望が的確に盛り込まれているかの有無を丁寧に確認します。

② 壁紙，フローリング，タイル等の建材または設備機器等は，ショールームを利用して実物を確認したものが設計図書に記載されているか確認します。

(4) 契約段階

建築主は，リフォームの契約にあたっては，特に次の事項に配慮します。

① 工事内容，工事金額，工事期間等が記載された約款をよく確認します。また，リフォーム工事では，事前の現場調査では不明確な点もあり，一般に施工調査が行われます。その結果，リフォームの方法や範囲の変更が必要になり，設計図書や契約金額，工期等の変更を行わなければならない場合があるので，その手続きを契約時に明確にしておきます。

② 瑕疵担保あるいは性能保証などについて，リフォームの場合，既存部分が原因となる劣化，リフォーム境界領域の処理の多様性等があるために，契約書に瑕疵担保が明記されている場合でも，建築主と設計・施工者との協議対象となる場合が多く，協議上合意を得た無償保証，瑕疵の決定項目等は，契約書・設計図書に必ず明記しておきます。

(5) 事前準備段階

設計・施工者は，リフォームにより建築主・通行者・近隣にあたえる影響を十分配慮します。

特に工事中の苦情・トラブルを避けるためにも，工事に伴う振動・騒音・臭気・粉塵・汚染・交通の阻害が通行者・近隣に与える影響を考慮します。また施工調査によっては，既存の住居が部分的に使用できなくなったり，既存の家具・設備等の撤去において建築主の生活に支障をきたすこともあるので，この点も十分配慮します。

(6) 施工段階

建築主は，リフォーム工事中，定期的に設計者・施工者とともに施工状況を確認します。

住宅保証機構の検査員による現場審査（工事中2回）にも積極的に参加をして，現場の確認をします。また，工事における通行者・近隣に対する影響も再度確認します。

(7) 確認段階・引渡し段階・アフターサービスについて

建築主は，リフォーム工事が終了したら，完成検査に立ち会い，設計図書と照合し，その適合性を確認します。そのとき，係員の指示に従って次に示す書類・物品等も確認し，保管しておきます。これらの書類は，後々のメンテナンス，アフターサービス，増改築等に必要です。

① 完成届および引渡し書
② 鍵引渡し書および鍵箱
③ 工具引渡し書および工具箱
④ 建築物の使用説明書
⑤ 維持保全計画変更のための資料
⑥ 完成図・施工図その他の資料・性能保証書他各種保証書・官公庁の許認可関係書類，工事中の各種試験・測定等の記録や写真

また，建築主は，工事の目的物を含め，工事現場およびその周辺の後片づけおよび清掃状態についても確認をします。

引渡し後，設備機器等が故障したり，完成検査では見つからなかった瑕疵があった場合の連絡先を確認し，整理しておきます。

表8.1.3　設計用ブリーフ作成例

建築主	住所〒						
	氏名					TEL	（　　）
				年齢（　　歳）		FAX	（　　）
家族構成	氏　　名	続柄	性別	職　業		趣味など	

予算総額	300万		円		
建築物の構造	木造2階			建築年	15年

工事の動機	母親が高齢化し，足腰の衰えによって，つまずきやすく危ないため，廊下・部屋の床の段差をなくしてほしい。さらに，玄関・廊下・洗面所・風呂を広くし，手すりをつけて安全に移動できるようにしてほしい。 また，1階の母親の部屋を洋室にリフォームし，介護しやすく，暖かく明る部屋にしてほしい

希望の要点	廊下・各部屋の段差を解消してほしい
	玄関の上がり框を低くして入りやすくしてほしい
	玄関にベンチを置いて，靴の履き替えを楽にしてほしい
	玄関・廊下・洗面所・風呂を現状より広くして介助しやすくしてほしい
	玄関・廊下に明るい照明器具をつけてほしい
	安全に歩けるように，母親の身体に応じた手すりを設置してほしい
	洗面器・浴槽は高齢者用に取り替えてほしい
	1階の和室8畳間を洋室にしてほしい
	洋室には，母親の持ち物を考慮してクローゼットを設けてほしい
	洋室は明るく，暖かい部屋にしてほしい
	洋室は安全を考慮した仕上げにしてほしい

設計・施工者はブリーフ等で示すリフォームの前提となる諸条件と建築物の現況を照合確認します。建築主の示す諸条件に対する疑問や実態に合わない要求は，協議の上で変更や修正を行います。また現状の把握が不十分な場合で設計が困難な場合にも，協議の上で，調査・診断の手続きをとります。

表8.1.4　工事の分類

大規模な工事	主な小規模な工事
構造耐力上主要な部分の工事： 　　基礎・基礎杭・壁・柱・小屋組・土台・斜材（筋かい，方づえ，火打ち材その他これらに類するもの）・床版・屋根版横架材（梁，桁その他これら類するもの）で，当該住宅の自重もしくは積載荷重，積雪，風圧，土圧，もしくは水圧または地震その他の振動もしくは衝撃を支えるもの。 雨水の浸入を防止する部分の工事： 　　住宅の屋根もしくは外壁またはこれらの開口部に設ける戸，枠その他の建具 　　雨水を排除するため住宅に設ける配水管のうち，当該住宅の屋根もしくは外壁の内部または屋内にある部分	コンクリート工事：ポーチ・玄関・テラス等の主要構造部以外のコンクリート部分 木工事　　　　　：床，壁，天井等の下地の工事 表装工事　　　　：壁紙・フローリング等の貼替え，補修工事 左官，タイル工事：壁，床の左官工事 建具工事　　　　：大規模な工事以外の建具・ガラスの取替え工事 塗装工事　　　　：塗装部分の白樺，はがれ，亀裂等の補修工事 屋根工事　　　　：屋根葺き材の張替え工事 断熱工事　　　　：壁・床・天井の断熱材張替え工事 防虫処理工事　　：壁面・軸組の防虫処理部分の工事 電気工事　　　　：配線・コンセント・スイッチ・エアコン・照明器具取付け工事 排水・給水工事　：配管・蛇口・水栓・トラップ・湯沸かし器・衛生機器の工事 汚水処理工事　　：汚水処理槽の工事 ガス工事　　　　：ガス栓・配管工事

（品確法施行令第6条参照）

3. リフォーム工事の特徴

リフォーム工事は，既存の建築物を改修・改造・増築等という工事の特質上，新築工事と異なるさまざまな特徴があります。その主な特徴は既存建築物との［取り合い］です。その［取り合い］に不具合が生じると，その原因が判明しにくい点です。リフォーム工事そのものに無理があり不具合が生じたのか，既存建築物が悪くて不具合が生じたのか判明しにくいためにクレームが生じやすい工事であるということです。このクレームや無用のトラブルを避けるためにも，工事着工前の事前協議・事前調査・施工調査・工事記録等が新築工事以上に重要です。

以下にリフォーム工事の主な特徴を列挙しておきます。

① 基礎・土台・柱等の構造体等の劣化は見えない部分が多く，リフォーム工事途中でないとわからないこともあり，施工中の調査である施工調査により工事内容の変更，工費の追加，工期の延長が生じる場合があり，事前の協議が新築工事以上に重要です。

② リフォーム工事は，日常修繕，大規模な模様替え，改修，修繕，修復，補修等小規模なものから大規模なものまでいろいろな工事があり，その目的に応じて専門的な知識，技術が要求されるために設計・施工業者の選定が重要になります。また，施工後のアフターサービス，性能保証がどの程度まで適応されるか，確認し明記しておくことが必要です。

③ リフォーム工事は，建築主が居住しながら行われることが一般的であるために，建築主の私生活のプライバシーに対する配慮，建築主の健康に対する配慮が必要です。特に，塗料や接着材等の建築材料から放出される化学物質により健康に悪影響をあたえないような十分な配慮が必要です。

④ リフォーム工事には，既存建築物の一部取壊しにおける廃棄物の置き場所と，新しく持ち込まれる材料，資材の置き場所などが同じ敷地内にあるために，新築工事以上に，材料管理に注意をはらうことが必要です。また廃棄物の処理に対しても費用が掛かります。

4. リフォーム工事の10年保証について

住宅の品質確保の促進等に関する法律は，新築住宅の請負契約または売買契約における瑕疵担保責任について特別の定めをすることにより，住宅の品質確保の促進，住宅購入者等の利益の保護および住宅に係る紛争の迅速かつ適正な解決を図り，もって国民生活の安定向上と国民経済の健全な発展に寄与することを目的としています。このほど，この住宅性能保証制度の目的に準じて，一定の増改築工事も対象となり，住宅登録の申請を行うことにより一定の保証が受けられるようになりました。しかし，この制度はまだ新しく，あまり知られていないように思いますので，ここで簡単にこの増改築の保証制度について説明します。

現状のリフォーム工事は比較的小規模なものが多く，契約書を取り交わしていない，または曖昧な内容による契約や安易な工事変更によるトラブルが多く発生しています，このために，

この保証制度を定着させ少しでも多くのトラブルを回避することが必要です。

現在定められている制度では，対象となる増改築工事について，基礎を新設する工事に限定さています。リフォームには増築，改造等いろいろな場合があり，既存の住宅の一部を取り壊して基礎を新設しなければ保証制度の対象にならないなどの問題があります。

この点において，既存の住宅においても調査・劣化診断・修繕の考え方に基づいて調査，診断，修繕した後の増改築であるならば，住宅保証制度工事内容の拡大が可能になり，基礎を新設できないような工事にもこの制度が適応できるようになると思います。

① 対象住宅　　：戸建て住宅・長屋建て住宅
② 申請者　　　：住宅性能保証制度の登録業者
③ 対象となる増改築工事（規模・工事内容ともに下記の条件を全て満たすこと）

規模　　：増改築部分の面積規模が10m² 以上
　　　　：増改築部分の工事費用が500万円以上
工事内容：基礎を新設する工事であること
　　　　：増改築部分の用途に居住の用途が含まれること（図8.1.4 参照）
　　　　：2階以上を増改築する場合で，当該部分の直下階相当部分を改築しない工事は保証対象にはなりません。

④ 保証までの流れの概略

リフォームにおける性能保証制度の流れの概略を図8.1.1 の示しておきます。登録業者は，保証開始日から最長10年にわたり保証住宅の増改築部分の保証を行います。

保証開始日から3年目以降の長期保証については，保証の対象となる工事の保証費用の約80%を保証金として登録業者に支払います。

⑤ 申込み先・問合せ・詳細情報

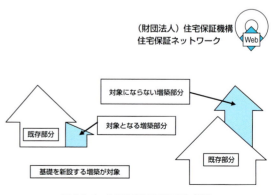

図8.1.4　住宅性能保証が可能な増築

5. リフォーム工事トラブル防止について

　現在，前記しましたリフォーム工事の特徴やリフォーム境界領域の処理の多様性によりいろいろトラブルが生じています。また，リフォームに対するニーズの高まりによりますますトラブルが多く生じるように思われます。ここではリフォームにおいてトラブルをなるべく回避できるような要点について列記します。

① 建築主は，リフォームの動機を文書で，設計・施工業者に明確に伝えます。動機を明確にすることは予算の削減にもつながります。

② 建築主はリフォーム工事後のクレーム処理，性能保証等の責任体制やリフォーム工事の知識，技能の信頼性において的確な設計・施工業者を選定します。

③ リフォーム工事においては，設計・施工業者に建築主の希望に対する事前調査をもとに概算見積りを作成してもらいます。また小規模なリフォーム工事においても，書面によって工事請負契約を結び，契約約款，仕様，予算を確認しておきます。

④ リフォーム工事においては，調査結果により，工事内容・工事範囲・予算・工期の変更を行う場合が多いので，その手続きを契約時に明確にしておきます。変更に伴う協議事項は，そのつど，設計図書に明記しておきます。

⑤ リフォーム工事においては，事前調査，施工調査，劣化診断等の各種調査を重要視し，その報告書をもって，建築主と設計・施工業者の意志の疎通を図ります。また建築主も積極的に工事現場に行き，調査結果報告を確認し，記録をとるようにしておきます。

⑥ 建築主は工事完成後は工事内容を設計・施工業者とともに現場で確認し，工事完了確認書，性能保証書等の書類内容も確認しておきます。

⑦ 建築主は引渡し後の瑕疵，不具合についても必ず記録し，設計・施工者とともにその状況を確認し，契約書，保証書等の書類をもとに協議します。

⑧ リフォームに関する紛争が起きた場合，各種の紛争解決の支援を行う機関に相談します。
　　紛争解決のための支援機関：弁護士会，建築士会，住宅リフォーム・紛争支援センター，リフォネット相談センー，すまいづくりまちづくりセンター等

既存住宅の性能表示制度

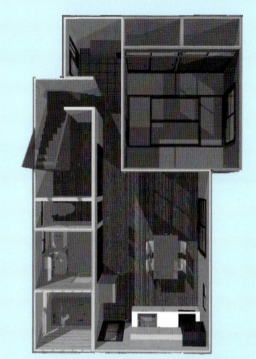

改修前

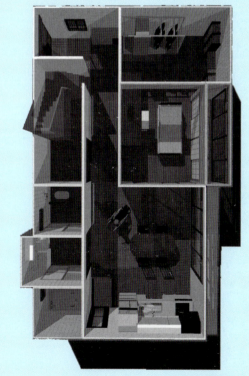

改修後

図 8.1.5　車椅子利用者のための改修事例

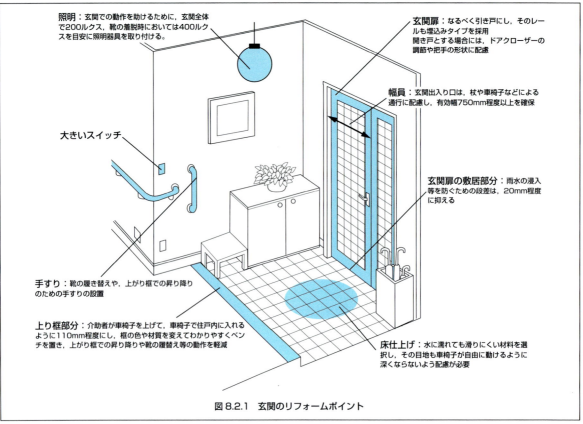

照明：玄関での動作を助けるために，玄関全体で200ルクス，靴の着脱時においては400ルクスを目安に照明器具を取り付ける。

玄関扉：なるべく引き戸にし，そのレールも埋込みタイプを採用
開き戸とする場合には，ドアクローザーの調節や把手の形状に配慮

大きいスイッチ

幅員：玄関出入り口は，杖や車椅子などによる通行に配慮し，有効幅750mm程度以上を確保

玄関扉の敷居部分：雨水の浸入等を防ぐための段差は，20mm程度に抑える

手すり：靴の履き替えや，上がり框での昇り降りのための手すりの設置

上り框部分：介助者が車椅子を上げて，車椅子で住戸内に入れるように110mm程度にし，框の色や材質を変えてわかりやすくベンチを置き，上がり框での昇り降りや靴の履替え等の動作を軽減

床仕上げ：水に濡れても滑りにくい材料を選択し，その目地も車椅子が自由に動けるように深くならないよう配慮が必要

図 8.2.1　玄関のリフォームポイント

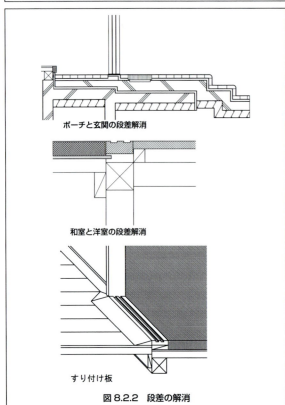

ポーチと玄関の段差解消

和室と洋室の段差解消

すり付け板

図 8.2.2　段差の解消

バリアフリーのためのリフォームについて

　私たちの暮らしを守る家の性能を向上し，快適な暮らしを得るためのリフォームにおいて，どのような点に注目してリフォームを計画したらよいのでしょうか，ここではそのポイントを介護の必要な高齢者も快適に暮らせる戸建て住宅の加齢対応型住宅へのリフォームを参考にして説明します。

　高齢者のためのリフォームは高齢者自身の自立した生活を支えるための改修であり，本人や家族が抱えている日常的生活の支障や介護負担を取り払うための切実な生活改善行為です。

　近年，介護保険制度による居宅支援住宅改修費の給付や自治体独自の住宅改修補助制度を活用したリフォームが増えています。その主な改修として，手すり取付け，段差解消，床材取替え，引き戸等へ扉の取替えおよび洋式便器への取替え工事（介護保険制度），あるいは浴槽取替え工事など（改修補助制度）があります。

1．玄関　（図 8.2.1, 2 参照）

　玄関は，部屋の内外をつなぐ接点であり，外出のしやすさに関わるリフォーム計画が重要です。日本の家屋の玄関は，靴を履き替える習慣から，玄関ホールに上がり框を設けて段差をつけます。特にこの上がり框部分での昇り降りや，靴の履替えを円滑にすることの配慮が必要です。

2. 廊下 （図 8.2.3 参照）

廊下は，部屋と部屋を結ぶ動線空間です。高齢期になると，下肢機能や視力などの低下に伴い，移動するためにいろいろな補助が必要になるために，ある程度の幅員を確保する必要があります。また，多少足腰が衰えても安全に歩行できるように，床の段差の解消，滑りにくい床仕上げの採用，手すりの設置等の配慮が必要です。

3. 階段 （図 8.2.4 参照）

階段は上下階を結ぶ動線空間です。高齢期になると，全体的な運動機能が低下するため，階段の昇り降りは重労働となり，転倒事故が発生しやすくなります。これを解消するために，階段の勾配や形状の工夫，手すりの設置等が必要です。

手すり等をつけるためにはある程度の有効幅を確保することが必要ですが，階段の改造が構造的に無理ならば，高齢期を迎えてからの生活は 1 階だけにするような考え方もあります。

階段の形式は，踊り場付きの折れ階段とし，転倒した場合の落下距離を短くします。段鼻は突き出さないようにし，蹴込み寸法は 2cm 以下にして，つまずき等の原因に対して十分に配慮します。さらに，廊下等の床と階段の踏面との色や材質を変えて，容易に見分けることができるようにします。

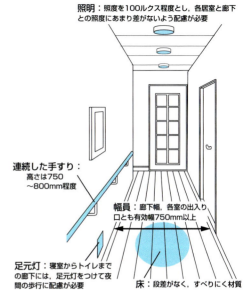

照明：照度を100ルクス程度とし，各居室と廊下との照度にあまり差がないよう配慮が必要

連続した手すり：高さは750～800mm程度

幅員：廊下幅，各室の出入り口とも有効幅750mm以上

足元灯：寝室からトイレまでの廊下には，足元灯をつけて夜間の歩行に配慮が必要

床：段差がなく，すべりにく材質

図 8.2.3　廊下のリフォームポイント

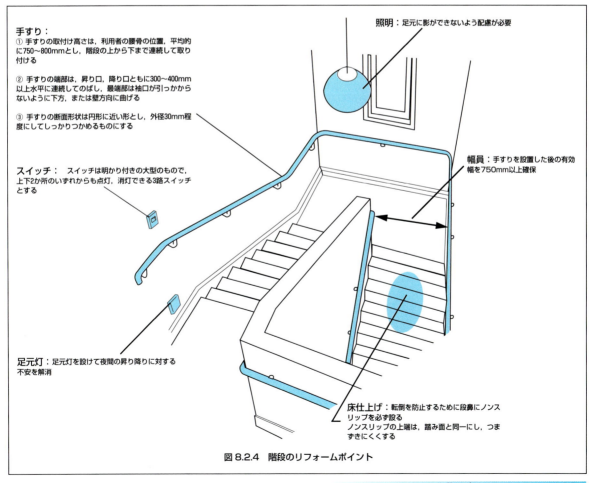

手すり：
① 手すりの取付け高さは，利用者の腰骨の位置，平均的に750～800mmとし，階段の上から下まで連続して取り付ける

② 手すりの端部は，昇り口，降り口ともに300～400mm以上水平に連続してのばし，最端部は袖口が引っかからないように下方，または壁方向に曲げる

③ 手すりの断面形状は円形に近い形とし，外径30mm程度にしてしっかりつかめるものにする

スイッチ：　スイッチは明かり付きの大型のもので，上下2か所のいずれからも点灯，消灯できる3路スイッチとする

照明：足元に影ができないよう配慮が必要

幅員：手すりを設置した後の有効幅を750mm以上確保

足元灯：足元灯を設けて夜間の昇り降りに対する不安を解消

床仕上げ：転倒を防止するために段鼻にノンスリップを必ず設ける
ノンスリップの上端は，踏み面と同一にし，つまずきにくくする

図 8.2.4　階段のリフォームポイント

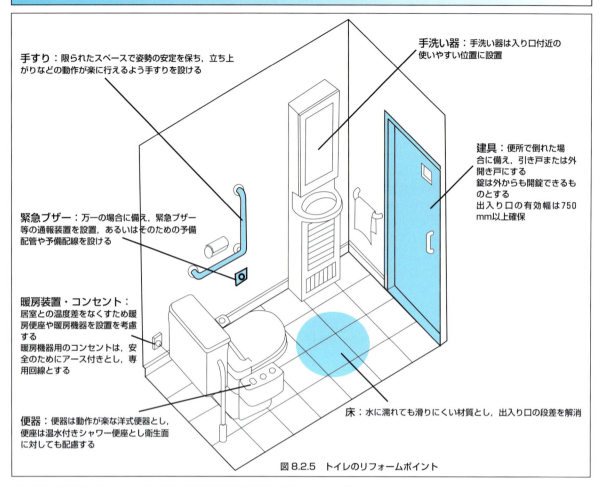

手洗い器：手洗い器は入り口付近の使いやすい位置に設置

手すり：限られたスペースで姿勢の安定を保ち，立ち上がりなどの動作が楽に行えるよう手すりを設ける

建具：便所で倒れた場合に備え，引き戸または外開き戸にする
錠は外からも開錠できるものとする
出入り口の有効幅は750mm以上確保

緊急ブザー：万一の場合に備え，緊急ブザー等の通報装置を設置，あるいはそのための予備配管や予備配線を設ける

暖房装置・コンセント：居室との温度差をなくすため暖房便座や暖房機器を設置を考慮する
暖房機器用のコンセントは，安全のためにアース付きとし，専用回線とする

便器：便器は動作が楽な洋式便器とし，便座は温水付きシャワー便座とし衛生面に対しても配慮する

床：水に濡れても滑りにくい材質とし，出入り口の段差を解消

図 8.2.5　トイレのリフォームポイント

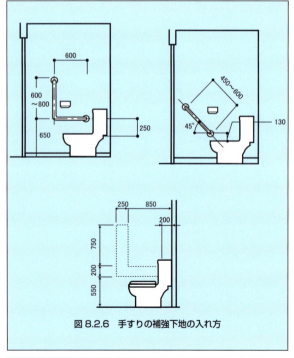

図 8.2.6　手すりの補強下地の入れ方

4.　便所　（図 8.2.5, 6, 7 参照）

　便所は，日常生活で頻繁に使われる場所であり，身体機能が低下した場合でも自立して使用したいところです。便所での動作を安全に，容易にできること，また，温度差などにより体調を崩さないような配慮が必要です。

（1）便所の位置

　高齢者になると便所に行く回数が多くなり，夜間の利用が増えるため高齢者の寝室から近い位置に移すか，寝室の入り口を便所に近い方に移動します。

（2）便所の広さ

　高齢者の身体機能低下により介護が必要になった場合を想定すると便所の広さは間口 1,200mm，奥行 1,500mm 以上とします。

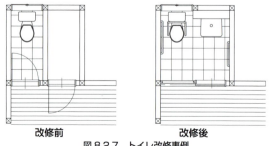

改修前　　　　　　　　改修後
図 8.2.7　トイレ改修事例

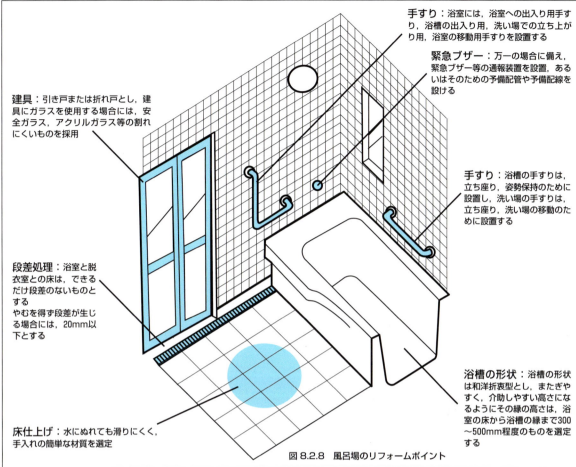

建具：引き戸または折れ戸とし，建具にガラスを使用する場合には，安全ガラス，アクリルガラス等の割れにくいものを採用

手すり：浴室には，浴室への出入り用手すり，浴槽の出入り用，洗い場での立ち上がり用，浴室の移動用手すりを設置する

緊急ブザー：万一の場合に備え，緊急ブザー等の通報装置を設置，あるいはそのための予備配管や予備配線を設ける

手すり：浴槽の手すりは，立ち座り，姿勢保持のために設置し，洗い場の手すりは，立ち座り，洗い場の移動のために設置する

段差処理：浴室と脱衣室との床は，できるだけ段差のないものとする
やむを得ず段差が生じる場合には，20mm以下とする

床仕上げ：水にぬれても滑りにくく，手入れの簡単な材質を選定

浴槽の形状：浴槽の形状は和洋折衷型とし，またぎやすく，介助しやすい高さになるようにその縁の高さは，浴室の床から浴槽の縁まで300〜500mm程度のものを選定する

図 8.2.8　風呂場のリフォームポイント

5．浴室　(図 8.2.8, 9, 10 参照)

　浴室は，高齢者の障害内容に対応し，安全かつ快適に入浴できるように，十分な広さを確保するとともに，脱衣室・浴室間の動作を容易にする床の段差の処理，手すりの設置や浴槽にまたぎやすく機能的に優れた形状のものを採用するなどの配慮が必要です。また床の材質も水に濡れても滑りにくく，掃除が簡単にできる材質を選択することも必要です。

(1) 浴室の広さ

　浴室は，一人で入浴できなくなった場合を考慮し，できる限り介助可能な広さを確保します。浴室の広さは 1.25 坪サイズ（1,800×2,250mm）が理想的です。どうしても後から広げたい場合には，増築，または改築による構造補強が必要となります。

(2) 浴槽の選定

　浴槽の縁に腰を降ろして入れるタイプの浴槽や，浴槽の脇に腰掛けを置くスペースがあれば浴槽への出入りが楽になります。

　最近では，バリアフリー対応のユニット型の浴室が市場に出回っています，そのなかで，建築主のライフスタイルに合った機種を選択したいものです。

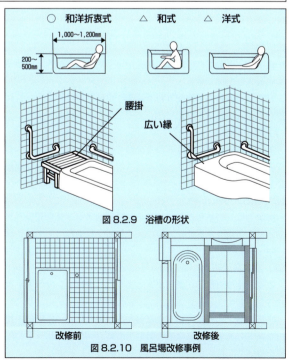

○ 和洋折衷式　△ 和式　△ 洋式

図 8.2.9　浴槽の形状

腰掛

広い縁

改修前　　　改修後

図 8.2.10　風呂場改修事例

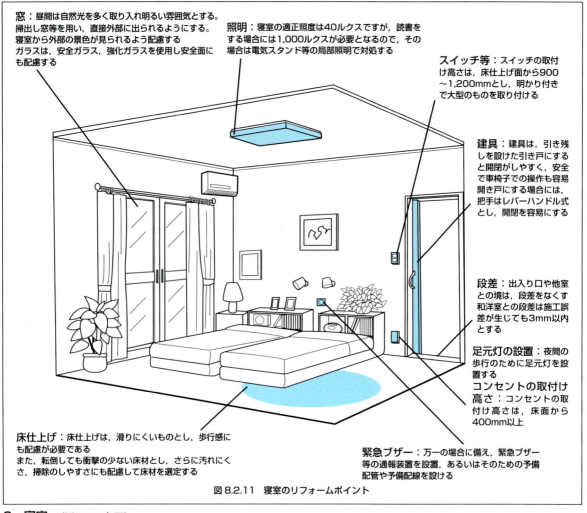

窓：昼間は自然光を多く取り入れ明るい雰囲気とする。掃出し窓等を用い，直接外部に出られるようにする。寝室から外部の景色が見られるよう配慮する　ガラスは，安全ガラス，強化ガラスを使用し安全面にも配慮する

照明：寝室の適正照度は40ルクスですが，読書をする場合には1,000ルクスが必要となるので，その場合は電気スタンド等の局部照明で処する

スイッチ等：スイッチの取付け高さは，床仕上げ面から900〜1,200mmとし，明かり付きで大型のものを取り付ける

建具：建具は，引き残しを設けた引き戸にすると開閉がしやすく，安全で車椅子での操作も容易　開き戸にする場合には，把手はレバーハンドル式とし，開閉を容易にする

段差：出入り口や他室との境は，段差をなくす　和洋室との段差は施工誤差が生じても3mm以内とする

足元灯の設置：夜間の歩行のために足元灯を設置する

コンセントの取付け高さ：コンセントの取付け高さは，床面から400mm以上

床仕上げ：床仕上げは，滑りにくいものとし，歩行感にも配慮が必要である　また，転倒しても衝撃の少ない床材とし，さらに汚れにくさ，掃除のしやすさにも配慮して床材を選定する

緊急ブザー：万一の場合に備え，緊急ブザー等の通報装置を設置，あるいはそのための予備配管や予備配線を設ける

図 8.2.11　寝室のリフォームポイント

6.　寝室　（図8.2.11参照）

　寝室は，睡眠だけでなく，個人がゆっくりとくつろげるプライベートな空間です。

　寝室はできる限り介助可能な適切な空間を確保するとともに，静かで明るい環境を整えておいてやることが必要です。

（1）寝室の広さ

　主寝室の広さは，できる限り介助可能な広さを確保し，ベッドの使用にも配慮します。その広さとしては最低限6畳程度が必要です。

（2）収納スペース

　高齢者は，収納物が多いので十分な収納スペースを確保します。日常使用するものは，手の届く範囲に収納し，その高さは1,500mm以下にします。

（3）冷暖房設備

　安全な冷暖房機器が設置できるように，専用コンセントを設けておきます。

　暖房機器としては，穏やかな温かみが得られる，床暖房の採用を検討します。冷房機器の設置場所においては，ベッドの配置を考慮し，冷気が直接体にあたらないように配慮します。

リフォーム総合情報 　　　　　リフォーム部位別解説

増築改築編 　　住宅バリアフリー化情報提供システム　リフォーム見積ガイドシステム

〔参考文献〕
1）建築物の耐久計画に関する考え方/日本建築学会編/丸善株式会社
2）建築物の改修考え方・同解説/日本建築学会編/丸善株式会社
3）建築物の調査・劣化診断・修繕の考え方（案）・同解説/建築学会編/丸善株式会社
4）加齢対応型住宅　設計・施工の手引き/東京都住宅局開発調整部住宅計画課/東京都政策報道室都民の声部　情報公開課

　建築設計製図を学習する過程で，設計に関する実務的知識の例を Web サイトに接続することにより，学習の発展性と活性化を図る目的から付属 CD-ROM を活用して Web サイトにリンクができるようにしてあります。どのサイトも大変に優れたサイトです。サイトによっては，コンテンツに直接つながるものもありますが，関連する項目以外にも素晴らしい内容で構成されていますので，ぜひサイト全体をご覧いただくことをお勧めいたします。

Web サイト一覧

サイト運営	Ｗｅｂサイト名	内
「住まいの情報発信局」運営協議会	住まいの情報発信局	建築情報総合
有限会社 ADS 計画研究所	住いの水先案内人	
株式会社トステムハウジング研究所	いい家ネット	
国土交通省	住宅行政	
dbNET 事務局	dbNET	建材検索総合
建材情報センター	Archimap（アーキマップ）	
国土交通省	住宅ホームページ	住宅政策情報
住宅金融支援機構	住宅金融支援機構	ホーム＞調査・研究＞住宅市場動向調査
「住まいの情報発信局」運営協議会	住まいの情報発信局	住宅性能表示制度
社団法人 住宅生産団体連合会	Housing net	住宅産業を取巻く動き
国立社会保障・人口問題研究所	日本の将来推計人口	高齢者人口
住まいの科学情報センター	住まいの科学情報センターHP	室内化学物質汚染
「住まいの情報発信局」運営協議会	住まいの情報発信局	シッハウス対策
ソーラーシステム振興協会	ソーラーシステム振興協会 HP	ソーラーシステム
OM ソーラー協会	OM ソーラー協会 HP	OM ソーラー
エアサイクル産業株式会社	エアサイクル産業 HP	エアサイクル（PAC 住宅）
三和総合設計株式会社	三和総合設計株式会社 HP	設計図書
居波尚子 氏	Interior Zukan	建築材料/インテリア材料
建材情報センター	Archimap（アーキマップ）	建材検索
有限会社 建築情報	建築系検索エンジン KenKen!	建材検索
積水ハウス株式会社	敷地調査のご案内	敷地調査／法規制等／環境規制
交野市	民法の相隣（トラブル）関係について	相隣問題
ジオテック株式会社	ジオテック株式会社 HP	住宅地盤の基礎知識／スウェーデン式試験
日本物理探鑛株式会社	日本物理探鑛株式会社 HP	平板載荷試験／地質調査の手法
国土交通省	国土地盤情報検索サイト	地盤情報
関東地質調査業協会	関東地質調査業協会 HP	住宅の地質調査／大地の解体新書
三和総合設計株式会社	三和総合設計株式会社 HP	地盤調査について
AZ－マイホーム	AZ－マイホーム HP	地質調査報告書等
有限会社 ADS 計画研究所	住いの水先案内人	真北の求め方／敷地法規制
香川県 HP	建築関係手続	ホーム＞くらし・社会基盤＞住宅・建築＞建築関係手続＞ 建築指導
総務省行政管理局	電子政府の総合窓口イーガブ	法令検索＞建築基準法法令集
森竹敏朗 氏	TM Architect	相隣問題
セキスイエクステリア株式会社	セキスイエクステリア HP	サイトプラン
有限会社グリーンサイト	green-site.com	造園
株式会社トステムハウジング研究所	いい家ネット	快適な家づくりのカギは動線計画
有限会社向井建築設計事務所	間取り作成講座	プランニング
「住まいの情報発信局」運営協議会	住まいの情報発信局	住まいづくり総合情報サイト
大建工業株式会社	収納プランニングソフト	HOME＞ProGate＞収納プランニングソフト
有限会社 ADS 計画研究所	住いの水先案内人	知っておきたい建築法規
株式会社ロジック アスカネット事業部	アスカネット「建築応援サイト」	イエスマハウス
有限会社 ADS 計画研究所	住いの水先案内人	高齢者の住まい
有限会社 ADS 計画研究所	住いの水先案内人	バリアフリー
国土交通省	長寿社会対応住宅設計指針	ホーム＞政策・仕事＞住宅・建築＞住宅
大建工業株式会社	インテリアカラーシミュレーション	HOME＞ProGate＞空間シミュレーション
インテリア産業協会	インテリア産業協会 HP	インテリアコーディネータ資格
（一社）日本建材・住宅設備産業協会	カタらボ	材料基本知識
有限会社 ADS 計画研究所	住いの水先案内人	基本材料辞典
dbNET 事務局	dbNET	建材検索
建材情報センター	Archimap	建材検索
日本ペイント株式会社	日本ペイント HP	建築用塗装データ／戸建住宅
ロックペイント株式会社	ロックペイント HP	建築塗装仕様別検索
社団法人日本塗料工業会	日本塗料工業会 HP	塗装メーカー
大建工業株式会社	WEB 見積システム	HOME＞ProGate＞WEB 見積システム
Build House	家づくりあれこれ	家に関する知識→家造りの知識→予算（気になる予算）
東近江市役所	トップ＞都市整備・産業・環境＞建築＞確認申請関係	建築確認から完了検査までの流れについて
有限会社 ADS 計画研究所	住いの水先案内人	知って納得構造科学
有限会社インテグラル	ホームズ君ドットコム	木造住宅の耐震診断・性能表示総合情報
財団法人日本住宅・木材技術センター	日本住宅・木材技術センターHP	住宅性能表示制度/耐震性能評価
株式会社環境システムデザイン研究所	建築設備フォーラム	建築設備大事典
三和総合設計株式会社	三和総合設計株式会社 HP	設計図書→工事監理→住宅監理チェックリストト
有限会社 ADS 計画研究所	住いの水先案内人	あなたも出来る現場チェック
一般社団法人住宅リフォーム推進協議会	リフォームに関する情報	リフォームに関する情報
「住まいの情報発信局」運営協議会	住まいの情報発信局	安心リフォーム・満足リフォーム
有限会社 ADS 計画研究所	住いの水先案内人	耐震を考えるリフォーム
財団法人住宅保証機構	住宅保証機構 HP	保証内容/住宅保証制度のネットワーク
「住まいの情報発信局」運営協議会	住まいの情報発信局	既存住宅の性能表示制度
財団法人住宅リフォーム・紛争処理支援センター	リフォネット	リフォーム総合情報サイト
有限会社 ADS 計画研究所	住いの水先案内人	増改築・基本編
一級建築士事務所 Office Yuu	リフォームのホント・裏話	リフォーム部位別解説
財団法人住宅リフォーム・紛争処理支援センター	住宅リフォームセンターHP	住宅バリアフリー化情報提供システム
		リフォーム見積ガイダンスシステム

容	ア　ド　レ　ス	関連する章
サイト	http://www.sumai-info.jp/	全体
	http://www.ads-network.co.jp/	全体
	http://www.ii-ie2.net/	全体
	http://www.mlit.go.jp/jutakukentiku/house/	全体
サイト	http://www.dbnet.gr.jp/	全体
	http://www.archimap.ne.jp	全体
	http://www.mlit.go.jp/jutakukentiku/house/	1-1
	http://www.jhf.go.jp/	1-1
	http://www.sumai-info.jp/	1-1
	http://www.judanren.or.jp/	1-1
	http://www.ipss.go.jp/	1-2
	http://www.kcn.ne.jp/~azuma/	1-2
	http://www.sumai-info.jp/sick/	1-2
	http://www.ssda.or.jp/	1-3
	http://www.omsolar.jp/	1-3
	http://www.passive.co.jp/	1-3
	http://www.biwa.ne.jp/~sanwa-ss/	2-1
	http://i-zukan.net/ic/	2-7
	http://www.archimap.ne.jp/	2-7
	https://www.kenchikukenken.co.jp/	2-7
	http://www.sekisuihouse.com/investigation/index.html	3-2
	http://www.city.katano.osaka.jp/	3-2
	http://www.jiban.co.jp/gyoumu/chousa/tyosa02.htm	3-2
	http://www.n-buturi.co.jp/	3-2
	http://www.kunijiban.pwri.go.jp/jp/	3-2
	http://www.kanto-geo.or.jp/	3-2
	http://www.biwa.ne.jp/~sanwa-ss/	3-2
	http://www.geocities.co.jp/SweetHome/8755/toti/houkoku.htm	3-2
	http://www.ads-network.co.jp/	3-2
課ホームページ＞トップ＞　建築基準法	http://www.pref.kagawa.lg.jp/content/etc/subsite/kenchikushidouka/	3-2
	http://law.e-gov.go.jp/	3-2
	http://www2q.biglobe.ne.jp/~moritake/arch/kinrin.htm#x	3-2
	http://www.sekisui-exterior.co.jp/plan0.html	3-5
	http://www.green-site.com/	3-5
	http://www.ii-ie2.net/	3-6
	http://www.mukai.com/madori2/madoriindex.html	3-7
	http://www.sumai-info.jp/	3-7
	https://www.daiken.jp/	3-7
	http://www.ads-network.co.jp/	3-8
	http://www.askanet.ne.jp/	3-10
	http://www.ads-network.co.jp/	3-11
	http://www.ads-network.co.jp/	3-11
	http://www.mlit.go.jp/jutakukentiku/house/torikumi/sisin02.htm	3-11
	https://www.daiken.jp/	3-12
	http://www.interior.or.jp/	3-12
	http://www.catalabo.org/	4-1
	http://www.ads-network.co.jp/	4-1
	http://www.dbnet.gr.jp/	4-3
	http://www.archimap.ne.jp	4-3
	https://www.nipponpaint.co.jp/index.html	4-4
	http://www2.rockpaint.co.jp/home_j/gijutu/siyousyo.html	4-4
	http://www.toryo.or.jp/index.html	4-4
	https://www.daiken.jp/	4-5
	http://build.ouchi.to/	4-5
	https://www.city.higashiomi.shiga.jp/0000002042.html	4-6
	http://www.ads-network.co.jp/	5-3
	http://www.homeskun.com/index.html	5-8
	http://www.howtec.or.jp/	5-8
	http://www.setsubi-forum.jp/	6-1
	http://www.biwa.ne.jp/~sanwa-ss/	7-3
	http://www.ads-network.co.jp/	7-3
	http://www.j-reform.com/	8-1
	http://www.sumai-info.jp/	8-1
	http://www.ads-network.co.jp/	8-1
	http://www.mamoris.jp	8-2
	http://www.sumai-info.jp/	8-2
	http://www.refonet.jp/	8-2
	http://www.ads-network.co.jp/	8-2
	http://www.ne.jp/asahi/net/rehome/	8-2
	http://www.chord.or.jp/	8-2

[CD-ROM について]

本デジタルテキストは，Acrobat を使用して作成してあります。
閲覧する場合は，必ず Acrobat Reader を使用してください。他の PDF 閲覧ソフトを使用した場合，正常に動作しないことがあります。

[起動方法]

閲覧するには以下の環境が必要です。
◇ Acrobat Reader がインストールされているコンピュータの場合の環境が必要です。
◇ Quick Time Player がインストールされているコンピュータの場合の環境が必要です。
◇ Macromedia Flash Player がインストールされているコンピュータの場合の環境が必要です。
◇インターネットに接続されているコンピュータの場合の環境が必要です。

〈オートスタート〉
・CD-ROM をドライブに挿入すると，自動的に起動するオートスタートになっています。
　CD-ROM を再生する環境が，オートスタートの機能の設定を有効にしている必要があります。
・デジタルテキストをご覧になる場合には，事前に Acrobat Reader の環境設定が必要になります。
　　　メニューバーの「編集」→「環境設定」→「マルチメディア（従来型式）」→優先的に使用するメディアプレーヤーで QuickTime を選択する。

〈オートスタート以外で起動させる〉
・Microsoft Windows を起動させて，CD-ROM 内の menu.pdf ファイルを開いてください。
・エクスプローラから CD-ROM 内の menu.pdf を選択して起動することも可能です。

〈CD-ROM 内の Web サイトから閲覧〉PDF をブラウザで表示する場合
Internet Explorer を使用して PDF を開きます。Edge でも開きますが，デジタルコンテンツに飛びません。
Mozilla Firefox，Apple Safari では Adobe Acrobat プラグインの設定が必要となります。Google Chrome は対応していません。詳しくは，helpx.adobe.com/jp/acrobat/using/display-pdf-in-browser.html を参照してください。

〈操作方法〉
・画面上のアイコンにポインタを合わせるとポインタの形が「手のひら」から「指をさす」形に変わります。その状態でアイコンを押すとコンテンツが開きます。
・ページ移動は画面内にボタンが準備してありますので，ボタンをクリックしてください。
・ボタンのない画面は右上の「×」のアイコンをクリックしてください。
・VR 画面は画面内をカーソルでドラッグすると 3D オブジェクトが 360°回転します。

〈著作権について〉
・本 CD-ROM，収録されているファイルおよびデータは著作権上の保護を受けています。
・本 CD-ROM，ファイルおよびデータを複写しての配布および Web サイトへの掲載はご遠慮ください。

〈免責について〉
・収録されたソフトウェア・データ等を使用したことによるいかなる損害に対しても出版社ならびに著作者は一切の責任を負いかねます。

新版 木造建築設計ワークブック

2017年11月25日　第1版第1刷発行

編　者　実学融合教育研究会©

発行者　石川泰章

発行所　株式会社 井上書院
　　　　東京都文京区湯島2-17-15　斉藤ビル
　　　　電話 (03)5689-5481　FAX (03)5689-5483
　　　　http://www.inoueshoin.co.jp/
　　　　振替 00110-2-100535

装　幀　藤本 宿
印刷所　美研プリンティング株式会社

ISBN 978-4-7530-1713-3 C3052　　　Printed in Japan

最新 建築設計製図

神代武彦
A3 判・240 頁・三色刷　本体 3800 円

学生のための基礎テキストとして，木造住宅，RC 造，集合住宅を例にあげ，28 の課題図面を描くことを目的としてまとめた。完成図面では使用する線の太さをカラーで区別し，「描法をサポートするページ」では課題を描くプロセスを何段階にも分解して平易に解説している。

建築透視図法ワークブック

森永智年
A4 判・172 頁・二色刷　本体 2800 円

建築透視図法（パース）の習得を目指す初学者のためのテキストとして，その原理としくみを作図手順に沿って丁寧に解説。図法の基礎知識や実践技術の理解に向けて基礎編，応用編，活用編と段階別の構成とし，35 題の演習課題を通して総合的にマスターできるよう配慮した。

図解 木造住宅の伏図［入門編］

鈴木秀三編，上中勝博・海江田勲著
A4 判・218 頁・二色刷　本体 3400 円

初心者でも伏図の基本がマスターできるよう，在来軸組工法による木造住宅モデルを例に，建物全体と各構造部位・部材との関係を 3D 表示した図を提示しながら図解。これら相互関係の検討過程から骨組構成，部材配置の原則・手順，部材断面や耐力壁の決定方法を理解していく。

新・木質構造建築読本
ティンバーエンジニアリングの実践と展開

木質構造研究会編
B5 判・280 頁　本体 4000 円

木質構造とは，木材と木質材料で主要構造部を構成する構造の総称である。本書では，在来構法，木質プレハブ構法，枠組壁工法，丸太組構法等を包含する木質構造の基本を説くとともに，木造建築，木質材料，木材資源をめぐる考え方や技術的進歩など最新の情報を収録した。

図解 建築の構造と構法［改訂版］

鈴木秀三編
岩下陽市・古本勝則・奥屋和彦・磯野重浩著
A4 判・168 頁・二色刷　本体 3200 円

建築構造全般の概要を建築生産工程の流れを通して無理なく学習できるよう徹底図解したテキスト。木造，S 造，RC 造ごとに特徴，材料，工法，施工，ディテール，法規等の基礎知識が整理しやすいよう一工程を見開きで構成し，各構法について共通プランを用いて解説する。

模型で学ぶ
建築構法入門 在来木造編［改訂版］

森永智年・京牟禮実
A4 判・52 頁　本体 3400 円

加工しやすいスチレンボードを使い，現場施工の手順に沿って模型を作製することにより，短期間で在来軸組工法の構法や部材名称，施工の流れが学習できる模型キット。学生の補助教材，若手社員の研修教材に最適。
●テキスト＋スチレンボード 7 枚＋部材切り出し用型紙

建築模型をつくろう

遠藤義則
A5 変形判・270 頁・カラー　本体 3200 円

建築模型における材料と道具，模型の種類とその利用効果，材料・構造別の模型製作のプロセスと基本テクニック，仕上げの表現方法など，模型製作に必要なノウハウを豊富な写真やイラストを中心に解説した入門書。卒業製作を控えた学生や若手設計者にも役立つ一冊。

法令集・年度版

基本建築関係法令集 ●試験場持込み可
国土交通省住宅局建築指導課・建築技術者試験研究会編
〈法令編〉A5 判・1690 頁　本体 2800 円
〈告示編〉A5 判・1440 頁　本体 2800 円

井上建築関係法令集 ●試験場持込み可
建築法令研究会編　A5 判・1750 頁　本体 2700 円
受験にも実務にも対応できるよう，「法令」および「主要告示」を一冊に収録。受験対策に役立つ付録が充実。

＊上記の本体価格に，別途消費税が加算されます。